读精品 品经典

主　编　刘上洋
副主编　陈东有

文学卷
WENXUE JUAN

夏汉宁　倪爱珍　黎　清
选　编

江西人民出版社

前　言

学习是文明传承之途、人生成长之梯、政党巩固之基、国家兴盛之要。我们党历来重视和善于学习。建设马克思主义学习型政党，是党的十七届四中全会提出的一项重大战略任务，是党中央从当前世情、国情、党情出发，进一步动员全党加强学习、开拓奋进的重大举措。胡锦涛总书记在"七一"讲话中，对建设学习型政党又提出了新的希望和要求，强调"全体党员、干部都要把学习作为一种精神追求"，"真正做到学以立德、学以增智、学以创业"。一个党员只有不断地通过读书丰富和完善自己的理论知识，汲取人类源源不尽的智慧精华，才能提升自身的素质与修养，才能不断适应新形势、新要求，才能在新的历史起点上开辟事业发展的新境界。

知识永无止境，书籍浩如烟海。要在有限的时间里通过读书学习获取最大的收获，就要在读书学习时做到有所选择、有所取舍。只有选取那些划时代的经典著作，特别是那些能够激活感性、启发知性、锤炼理性的经典名篇进行重点阅读，才能收到事半功倍的效果。大浪淘沙，真金自见。经过历史检验而巍然存世的经典名篇是古今中外的文化精华，是人类智慧的结晶。这些传世之作历久弥新，蕴涵着大量的治政理念、法治精神、哲学思考、经济思想、文学精髓、历史规律、科技知识和艺术感悟等,是我们取之不尽、用之不竭的文化源泉。阅读这些经典名篇,既能使我们博采众长,不断增加知识储备,又能使我们产生思想上的共振共鸣,得到精神上的愉悦享受。

为此,省委宣传部组织编辑出版了这套党员干部阅读系列丛书。该套丛书共分为政治卷、哲学卷、经济卷、历史卷、法律卷、文学卷、科技卷、艺术卷八卷,从古今中外浩繁的书籍中遴选了部分具有启迪、普及意义的经典名篇,以满足全省广大党员干部对高品位、高质量、多学科经典著作的阅读需要。同时,也借此在全社会大兴读书学习之风,推动各级党组织形成爱读书、乐读书、读好书、善读书的良好风气,促进全省学习型党组织建设活动广泛深入地开展,使广大党员干部更好地适应时代和社会发展的需要,为实现江西科学发展、进位赶超、绿色崛起贡献智慧和力量。

2011 年 10 月 13 日

目录

一、中国古代文学

管仲	治国之道	1
孟子	天时不如地利	4
庄子	逍遥游(节选)	6
荀子	劝学(节选)	9
王粲	登楼赋	11
曹丕	论文	13
诸葛亮	前出师表	15
李密	陈情表	17
刘伶	酒德颂	19
王羲之	兰亭集序	21
陶渊明	归去来兮辞并序	23
王勃	滕王阁序	25
李华	吊古战场文	27
韩愈	师说	29
韩愈	马说	31
刘禹锡	陋室铭	32
柳宗元	捕蛇者说	33

杜牧　阿房宫赋	35
范仲淹　岳阳楼记	37
欧阳修　醉翁亭记	39
苏洵　六国	41
周敦颐　爱莲说	43
曾巩　墨池记	44
王安石　游褒禅山记	46
苏轼　前赤壁赋	48
苏轼　石钟山记	50
苏辙　黄州快哉亭记	52
文天祥　《指南录》后序	54
宋濂　送东阳马生序	57
刘基　卖柑者言	59
江盈科　一个鸡蛋的家当	61
袁枚　黄生借书说	63
姚鼐　登泰山记	65
龚自珍　病梅馆记	67
薛福成　巴黎观油画记	69
梁启超　少年中国说(节选)	71
扩展阅读	74

二、中国现当代文学

鲁迅　藤野先生	77
鲁迅　秋夜	82
周作人　乌篷船	84
郁达夫　故都的秋	87
徐志摩　翡冷翠山居闲话	90
沈从文　鸭窠围的夜	93

叶圣陶 藕与莼菜	99
朱自清 桨声灯影里的秦淮河	102
朱自清 荷塘月色	109
冰心 寄小读者(七)	112
茅盾 风景谈	115
茅盾 白杨礼赞	119
老舍 想北平	121
巴金 爱尔克的灯光	124
巴金 怀念萧珊	128
梁实秋 雅舍	138
何其芳 雨前	141
李广田 山之子	143
杨朔 荔枝蜜	149
秦牧 土地	152
刘白羽 长江三日	158
张爱玲 更衣记	165
杨绛 下放记别	172
史铁生 我与地坛(1—3)	178
余秋雨 一个王朝的背影	185
扩展阅读	200

三、外国文学

蒙田 要生活得惬意	203
培根 论读书	205
夏多布里昂 别了,法兰西	207
雪莱 论爱	209
安徒生 皇帝的新装	211
狄更斯 尼亚加拉大瀑布	216

梭罗　蚂蚁大战	219
泰戈尔　人生旅途	222
高尔基　海燕	225
黑塞　红房子	227
川端康成　花未眠	229
茨威格　世间最美的坟墓	
——记1928年的一次俄国旅行	232
罗素　论老之将至	234
马丁·路德·金　我有一个梦想	237
扩展阅读	241
后　记	243

一
中国古代文学

管仲

治国之道

  凡有地牧民者,务在四时,守在仓廪①。国多财则远者来,地辟举②则民留处;仓廪实则知礼节,衣食足则知荣辱;上服度则六亲固③,四维④张则君令行。故省刑之要在禁文巧⑤,守国之度在饰⑥四维,顺⑦民之经在明鬼神、祇⑧山川、敬宗庙、恭祖旧。不务天时则财不生,不务地利则仓廪不盈。野芜旷则民乃菅⑨,上无量则民乃妄,文巧不禁则民乃淫,不璋两原⑩则刑乃繁。不明鬼神则陋民不悟,不祇山川则威令不闻,不敬宗庙则民乃上校⑪,不恭祖旧则孝悌不备。四维

---

① 牧民:治理国家,管理百姓。仓廪:指储存谷物粮食的仓库。
② 辟:开辟。举:尽,皆。
③ 上服度:意谓在上位者穿戴及所用的器物等不违背法度、规矩。
④ 四维:指礼、义、廉、耻四种维护国家存在的纲领。
⑤ 省刑:减少刑法。文巧:指奇技淫巧,过分奇巧而无益的事物。
⑥ 饬:通"饬",整治。
⑦ 顺:通"训",教化。
⑧ 祇(zhī):敬,恭敬。
⑨ 菅:当做"荒",懒惰。
⑩ 璋:当做"障",阻止。两原:两种罪恶的根源,即上面所说的无量(无限制)和文巧。原,通"源"。
⑪ 上校:冒犯、忤逆权上。

不张,国乃灭亡。

　　国有四维,一维绝则倾,二维绝则危,三维绝则覆,四维绝则灭。倾可正也,危可安也,覆可起也,灭不可复错①也。何谓四维? 一曰礼,二曰义,三曰廉,四曰耻。礼不逾节,义不自进,廉不蔽恶,耻不从枉②。故不逾节,则上位安;不自进,则民无巧诈;不蔽恶,则行自全;不从枉,则邪事不生。

　　政之所兴,在顺民心;政之所废,在逆民心。民恶忧劳,我佚乐之③;民恶贫贱,我富贵之;民恶危坠,我存安之;民恶灭绝,我生育之。能佚乐之,则民为之忧劳;能富贵之,则民为之贫贱;能存安之,则民为之危坠;能生育之,则民为之灭绝。故刑罚不足以畏其意④,杀戮不足以服其心。故刑罚繁而意不恐,则令不行矣;杀戮众而心不服,则上位危矣。故从其四欲⑤,则远者自亲;行其四恶⑥,则近者叛之。故知予之为取者,政之宝也。

　　以家为乡⑦,乡不可为也;以乡为国,国不可为也;以国为天下,天下不可为也。以家为家,以乡为乡,以国为国,以天下为天下。毋曰不同生⑧,远者不听;毋曰不同乡,远者不行;毋曰不同国,远者不从。如地如天,何私何亲? 如月如日,唯君之节⑨。

（选自李山译注《管子》,中华书局,2009 年版）

编选说明

　　本篇节选自《管子·牧民》,题目为编者所加。管仲(约前 725—前 645),名夷吾,字仲,春秋时齐国颍上(今安徽颍上)人,史称管子。著名的政治家、军事家。《管子》一书,为管仲及其后学的著述总集,内容庞杂,包括法家、儒家、道家、阴阳家、名家、兵家和农家的观点。

---

① 复错:再进行恢复。错,通"措",措施,举措。
② 枉:弯曲,不正。
③ 佚乐之:意谓使老百姓安逸快乐。
④ 畏其意:指使其心生畏惧。
⑤ 四欲:指上文所说的佚乐、富贵、存安、生育。
⑥ 四恶:指上文所说的忧劳、贫贱、危坠、灭绝。
⑦ 以家为乡:以管理家的方法去治理乡里。为,治理。
⑧ 生:通"姓"。
⑨ 以上四句意谓:君主的节度应该像天地日月那样包容万物,不偏不私。

本文专门谈如何治理国家的问题。文章认为,治国之道首要任务在于发展生产,解决人民的温饱,只有在此基础上,才能"仓廪实则知礼节,衣食足则知荣辱",从而建立起维系国家安危的四维——即礼、义、廉、耻。接下来,作者谈及顺应民心的重要性——"政之所兴,在顺民心;政之所废,在逆民心"。最后,作者希望当权者能够像天地日月那样包容万物,勿偏勿私。整篇文章语气舒缓,结构性强,句句入理,给人们以启发。

孟子

天时不如地利

孟子曰:"天时不如地利,地利不如人和。三里之城,七里之郭,环而攻之而不胜。夫环而攻之,必有得天时者矣;然而不胜者,是天时不如地利也。城非不高也,池非不深也,兵革非不坚利也,米粟非不多也;委而去之①,是地利不如人和也。故曰:域民②不以封疆之界,固国不以山溪之险,威天下不以兵革之利。得道者多助,失道者寡助。寡助之至,亲戚畔③之;多助之至,天下顺之。以天下之所顺,攻亲戚之所畔,故君子有不战,战必胜矣。"

(选自万丽华、蓝旭译注《孟子》,中华书局,2006年版)

编选说明

本篇节选自《孟子·公孙丑下》,篇名为编者所加。孟子(约前372—前289),名轲,字子舆,邹(今山东邹县东南)人。他曾受业于孔子之孙孔伋之门人,是孔子之后儒家重要的代表人物,被称为"亚圣"。《孟子》一书,乃孟子及其弟子共同所著,继承和发扬了孔子的儒家学说,主张法先王,行仁政。其文巧于辩论,善于设喻,极富文采和感染力,对后世散文影响较大。

本文主要论述在战争中,天时、地利与人和的重要性,其中人和更是起着决定性作用,这就是所谓的"天时不如地利,地利不如人和"。而能否获得人心,关键在于统治者是否"得道",即"得道者多助,失道者寡助"。这充分反映了孟

---

① 委:抛弃。去:逃离。
② 域:地域,此用做动词,指限制。
③ 畔:通"叛",背叛。

子的民本主义思想。文中"天时不如地利,地利不如人和""得道者多助,失道者寡助"成为人们耳熟能详的名言警句,警示着历代统治者。文章虽然短小,但逻辑严密,深入浅出,层层推进,行文轻快流利,富于说服力。

庄子

逍遥游（节选）

　　北冥有鱼,其名为鲲①。鲲之大,不知其几千里也。化而为鸟,其名为鹏。鹏之背,不知其几千里也。怒而飞,其翼若垂天之云。是鸟也,海运则将徙于南冥。南冥者,天池也。

　　《齐谐》者,志怪者也。《谐》之言曰:"鹏之徙于南冥也,水击三千里,抟扶摇而上者九万里,去以六月息者也②。"野马也,尘埃也,生物之以息相吹也③。天之苍苍,其正色邪?其远而无所至极邪?其视下也,亦若是则已矣。

　　且夫水之积也不厚,则其负大舟也无力。覆杯水于坳堂④之上,则芥为之舟,置杯焉则胶⑤,水浅而舟大也。风之积也不厚,则其负大翼也无力。故九万里则风斯在下矣,而后乃今培风;背负青天而莫之夭阏者,而后乃今将图南⑥。

　　蜩与学鸠笑之曰:"我决起而飞,抢榆枋,时则不至而控于地而已矣,奚以之九万里而南为?⑦"适莽苍者,三餐而反,腹犹果然;适百里者,宿舂粮;适千里者,三月聚粮。之二虫又何知⑧!

---

① 北冥:指北海。鲲:鱼卵,这里借作大鱼名。

② 《谐》:即《齐谐》,书名,出于齐国,主要记载诙谐怪异之事。抟(tuán):回旋上升。一作"搏",拍打。扶摇:风名,一种从地面上升的旋风。去以六月息:这句话的意思,一说是大鹏一飞半年,到天池休息,此时息为休息之意;一说为大鹏乘着六月的风去南海,此时息为风之意。

③ 野马:指游气。春天阳气发动,有气上扬,犹如奔马,故称野马。息:气息,风。

④ 坳(ào)堂:屋中的低洼处。坳,凹陷不平。

⑤ 胶:胶着不能动。

⑥ 培风:凭风,乘风。夭阏(è):阻碍。阏,遏止,阻止。图南:飞往南方。

⑦ 蜩(tiáo):即蝉。学鸠:小斑鸠。决起:疾速而起,奋起。抢(qiāng):突过。榆枋:榆树和檀树。

⑧ 适:到,往。莽苍:指郊野。果然:饱的样子。宿舂粮:春捣一宿的粮食,此指准备一整夜的粮食。

小知①不及大知，小年不及大年。奚以知其然也？朝菌不知晦朔，蟪蛄不知春秋，此小年也②。楚之南有冥灵者，以五百岁为春，五百岁为秋；上古有大椿者，以八千岁为春，八千岁为秋，此大年也。而彭祖乃今以久特闻，众人匹之，不亦悲乎③？

……

惠子谓庄子曰："吾有大树，人谓之樗④。其大本臃肿而不中绳墨，其小枝卷曲而不中规矩⑤。立之涂⑥，匠者不顾。今子之言，大而无用，众所同去也。"

庄子曰："子独不见狸狌⑦乎？卑身而伏，以候敖者⑧；东西跳梁，不避高下；中于机辟，死于罔罟⑨。今夫斄牛⑩，其大若垂天之云，此能为大矣，而不能执鼠。今子有大树，患其无用，何不树之于无何有之乡，广莫之野⑪，彷徨乎无为其侧，逍遥乎寝卧其下？不夭斤斧⑫，物无害者，无所可用，安所困苦哉！"

（节选自孙通海译注《庄子》，中华书局2007年版）

编选说明

本篇节选自《庄子·内篇·逍遥游》。庄子（约前369—前286），名周，宋国蒙（今河南商丘东北）人。我国古代伟大的思想家、哲学家、文学家，为老子之后道家学说的重要代表人物，与老子并称为"老庄"，著有《庄子》，亦称《南华真经》。

《逍遥游》为《庄子》的首篇，无论是从思想上还是艺术上讲，都是《庄子》

---

① 知：同"智"。
② 朝菌：朝生暮死的菌类。晦：夜晚。朔：旦，早晨。蟪蛄（huì gū）：即寒蝉，春生夏死，或夏生秋死。春秋：指一年。
③ 彭祖：传说中的长寿人物，寿七百余岁。匹之：与他相比。
④ 惠子：惠施，宋人，曾为梁惠王之相，是先秦名家的重要人物。樗（chū）：臭椿，一种劣质的大木。
⑤ 大本：指主干。臃肿：指木瘤集结。
⑥ 涂：同"途"，此指道路上。
⑦ 狸：野猫。狌（shēng）：黄鼠狼。
⑧ 敖者：指遨游的小动物，狸狌捕食的对象。
⑨ 机辟：泛指捕兽的工具。机，弩机。辟，陷阱。罔罟（gǔ）：网的通称。罔，同"网"。
⑩ 斄（lí）牛：即牦牛。
⑪ 无何有之乡：庄子虚设之地。莫：大。
⑫ 不夭斤斧：意谓不因斧斤砍伐而夭折。

中的代表作。它反映了庄子人生哲学的最高要求和最高境界,那就是:超越时空,超越物我的界限,无所羁绊,无所待以游无穷,获得精神上与物质上的绝对自由,这就是逍遥游。本文所节选的几段,作者首先以奇特的想象、夸张的手法,写鲲鹏腾飞九万里的大美;其次,举水负舟及风负翼为例,说明高飞南迁的大鹏亦是有所待的;接下来,通过蜩、学鸠与鲲鹏的对比,朝菌、蟪蛄与冥灵、大椿的对比,点出了小大之别;最后,以惠子与庄子的对话,来说明"无所可用"才能成就"无所困苦"的大用。全文构思新颖奇特,行文汪洋恣肆,仪态万千,以喻说理,反复申说,最终只为说明:无所待才能达到真正的逍遥游境界。清代林云铭在评《逍遥游》时就说:"忽而叙事,忽而引证,忽而譬喻,忽而议论。以为断而非断,以为续而非续,以为复而非复。只见云雾空间,往反纸上,顷刻之间,顿成异观(《庄子因》)。"

荀子

劝学（节选）

　　君子曰：学不可以已。青，取之于蓝而青于蓝；冰，水为之而寒于水。木直中绳，𫐓①以为轮，其曲中规，虽有槁暴，不复挺者，𫐓使之然也。故木受绳则直，金就砺则利，君子博学而日参省乎己，则知明而行无过矣②。

　　故不登高山，不知天之高也；不临深溪，不知地之厚也；不闻先王之遗言，不知学问之大也。干、越、夷、貉之子，生而同声，长而异俗，教使之然也。《诗》曰："嗟尔君子，无恒安息。靖共尔位，好是正直。神之听之，介尔景福③。"神莫大于化道，福莫长于无祸。

　　吾尝终日而思矣，不如须臾之所学也。吾尝跂④而望矣，不如登高之博见也。登高而招，臂非加长也，而见者远；顺风而呼，声非加疾也，而闻者彰。假舆马者⑤，非利足也，而致千里；假舟楫者，非能水也，而绝⑥江河。君子生非异也，善假于物也。

　　……

　　积土成山，风雨兴焉；积水成渊，蛟龙生焉；积善成德，而神明自得，圣心备

---

① 𫐓（róu）：使直木弯曲。
② 参省：对自己检查，省察。知：同"智"。
③ 靖共尔位：意谓谨守其位。靖共，即靖恭，恭谨地奉守。介尔景福：帮助你获得大的福气。介，佐助，帮助。景，大。
④ 跂（qí）：踮起脚。
⑤ 假：凭借。舆马：车马。
⑥ 绝：渡过。

焉。故不积跬步①,无以至千里;不积小流,无以成江海。骐骥一跃,不能十步;驽马十驾②,功在不舍。锲而舍之,朽木不折;锲而不舍,金石可镂。蚓无爪牙之利,筋骨之强,上食埃土,下饮黄泉,用心一也。蟹六跪③而二螯,非蛇鳝之穴无可寄托者,用心躁也。是故无冥冥之志者无昭昭之明;无惛惛之事者无赫赫之功④。行衢道者不至,事两君者不容。目不能两视而明,耳不能两听而聪。螣蛇⑤无足而飞,鼫鼠五技而穷。《诗》曰:"尸鸠在桑,其子七兮。淑人君子,其仪一兮。其仪一兮,心如结兮!"故君子结于一也。

(节选自安小兰译注《荀子》,中华书局2007年版)

编选说明

荀子(约前298—前238),名况,又称荀卿、孙卿,赵国人。他是先秦儒家思想的集大成者,与孔子、孟子一起,被称为先秦儒学最重要的三个人物,著有《荀子》。

《劝学》为《荀子》的首篇,主旨在于劝勉人们努力学习。本篇节选的是其中的四段。文章一开头,荀子便直陈"学不可以已"的观点,开宗明义,强调学习的重要性。接下来通过反复设喻,说明学习的重要意义:"知明而行无过矣""神莫大于化道""善假于物"。最后,荀子还指出了学习应具有的态度,那就是专一,即"结于一"。在文章中,荀子通过大量的比喻及排比句式,反复陈说学习的重要性及学习的方法,在增强文章气势的同时,亦能令人信服。此外,文中还出现了一些脍炙人口的名言警句,如"青,取之于蓝而青于蓝"(后化用为"青出于蓝而胜于蓝")、"不积跬步,无以至千里""锲而不舍,金石可镂"等。此篇可与《论语·学而第一》、颜真卿《劝学》、韩愈《劝学诗》等结合起来阅读。

---

① 跬(kuǐ)步:半步,相当于今天的一步。
② 十驾:指马行十日之程。
③ 跪:足。
④ 冥冥:精诚专一。惛(hūn)惛:专心致志。
⑤ 螣(téng)蛇:古代传说中一种能穿云驾雾的蛇。

王粲

登楼赋

　　登兹楼以四望兮,聊暇日以销忧。览斯宇之所处兮,实显敞而寡仇。挟清漳之通浦兮,倚曲沮之长洲。背坟衍①之广陆兮,临皋隰之沃流。北弥陶牧,西接昭丘②。华实蔽野,黍稷盈畴。虽信美而非吾土兮,曾何足以少留!

　　遭纷浊而迁逝兮,漫逾纪以迄今。情眷眷而怀归兮,孰忧思之可任!凭轩槛以遥望兮,向北风而开襟。平原远而极目兮,蔽荆山之高岑。路逶迤而修迥兮,川既漾而济深。悲旧乡之壅隔兮,涕横坠而弗禁。昔尼父之在陈兮,有"归欤"之叹音。钟仪幽而楚奏兮,庄舄③显而越吟。人情同于怀土兮,岂穷达而异心!

　　惟日月之逾迈兮,俟河清其未极。冀王道之一平兮,假高衢而骋力。惧匏瓜之徒悬兮,畏井渫之莫食④。步栖迟以徙倚兮,白日忽其将匿。风萧瑟而并兴兮,天惨惨而无色。兽狂顾以求群兮,鸟相鸣而举翼。原野阒其无人兮,征夫行而未息。心凄怆以感发兮,意忉怛⑤而惨恻。循阶除而下降兮,气交愤于胸臆。夜参半而不寐兮,怅盘桓以反侧。

(选自蒋凡主编《古代十大散文流派》第二卷,湖南文艺出版社1997年版)

---

① 坟衍:指水边和低下平坦的土地。
② 陶牧:陶朱公冢。昭丘:楚昭王墓。
③ 庄舄(xì):越国人,仕于楚国,而常作越吟。后人常以庄舄越吟来形容不忘故国和家园。
④ 渫(xiè):除去,淘去污泥。
⑤ 忉怛(dāo dá):忧伤,悲痛。

编选说明

王粲(177—217),字仲宣,山阳高平(今山东邹县西南)人。为"建安七子"之一,后人将其与曹植并称,合称为"曹王"。著有《王侍中集》。

本篇为王粲在荆州依刘表时登麦城(今湖北当阳县西南)城楼所作。赋中首先写到自己想借登楼以消忧,然而当看到眼前的美景时,思乡之情油然而生。接着作者正面描写了自己的离愁之情,一句"人情同于怀土兮",将思乡之情推向高潮,同时也更加坚定了作者离开荆州的决心。最后,叙说了自己抱负不得施展、功业未就的抑郁痛苦之情,这种感情在周围凄凉悲惨景象的映衬下,显得更加浓郁。文中情景交融,悲凉沉郁,极具感染力,为建安时代抒情小赋的代表作品。

曹丕

论　文

　　夫文人相轻,自古而然。傅毅之于班固,伯仲之间耳。而固小之,与弟超书曰:"武仲①以能属文,为兰台令史,下笔不能自休。"夫人善于自见,而文非一体,鲜能备善,是以各以所长,相轻所短。里语曰:"家有弊帚,享之千金。"斯不自见之患也。

　　今之文人,鲁国孔融文举、广陵陈琳孔璋、山阳王粲仲宣、北海徐干伟长、陈留阮瑀元瑜、汝南应玚德琏、东平刘桢公干,斯七子者,于学无所遗,于辞无所假,咸以自骋骥骥②于千里,仰齐足而并驰。以此相服,亦良难矣。盖君子审己以度人,故能免于斯累,而作论文。

　　王粲长于辞赋,徐干时有齐气,然粲之匹也。如粲之《初征》《登楼》《槐赋》《征思》,干之《玄猿》《漏卮》《圆扇》《橘赋》,虽张、蔡③不过也,然于他文,未能称是。陈琳、阮瑀之章表书记,今之隽也。应玚和而不壮,刘桢壮而不密,孔融体气高妙,有过人者;然不能持论,理不胜辞;以至乎杂以嘲戏,及其时有所善,扬、班④俦也。

　　常人贵远贱近,向声背实,又患闇⑤于自见,谓己为贤。夫文本同而末异,盖奏议宜雅,书论宜理,铭诔尚实,诗赋欲丽。此四科不同,故能之者偏也;唯通才

---

① 武仲:即傅毅,字武仲。东汉章帝时为兰台令史,拜郎中。
② 骥(lù):古代的一种快马。
③ 张、蔡:指东汉时著名的辞赋家张衡和蔡邕。
④ 扬、班:指扬雄和班固。
⑤ 闇:同"暗",指暗于自见,无自知之明。

能备其体。

　　文以气为主,气之清浊有体,不可力强而致。譬诸音乐,曲度虽均,节奏同检,至于引气不齐,巧拙有素,虽在父兄,不能以移子弟。

　　盖文章经国之大业,不朽之盛事。年寿有时而尽,荣乐止乎其身,二者必至之常期,未若文章之无穷。是以古之作者,寄身于翰墨,见意于篇籍,不假良史之辞,不托飞驰之势,而声名自传于后。故西伯幽而演《易》,周旦显而制《礼》,不以隐约而弗务,不以康乐而加思。夫然,则古人贱尺璧而重寸阴,惧乎时之过已。而人多不强力,贫贱则慑于饥寒,富贵则流于逸乐,遂营目前之务,而遗千载之功。日月逝于上,体貌衰于下,忽然与万物迁化,斯志士之大痛也! 融等已逝,唯干著论①,成一家言。

　　(选自傅亚庶注译《三曹诗文全集译注》,吉林文史出版社1997年版)

编选说明

　　本篇选自《三曹诗文全集译注·曹丕集·典论》。曹丕(187—226),字子桓,沛国谯县(今安徽亳县)人,曹操次子。公元220年,曹丕废汉登帝位,建立魏朝,谥号文帝。著有《魏文帝集》。

　　本篇作于建安二十二年(217)。文中首先指出了文人相轻的陋习,"是以各以所长,相轻所短";接着对"建安七子"的文学成就作出了评论,对奏议、书论、铭诔、诗赋几种文体的特点作出了说明,强调了"文以气为主"的观点;最后,点出了本文的重点,那就是文章为"经国之大业,不朽之盛事",高度评价了文学的功能和价值。该文首开古代文学批评之先河,打破了两汉以来重经轻文的观点。其中的许多观点,对后世有着深远的影响。近人郑振铎认为,曹丕是"感得'文章'具有独立生命与不朽的"第一人(插图本《中国文学史》)。

---

　　① 唯干著论:指徐干所著《中论》一书。

诸葛亮

前出师表

  臣亮言:先帝创业未半而中道崩殂①,今天下三分,益州疲弊,此诚危急存亡之秋也。然侍卫之臣不懈于内,忠志之士忘身于外者,盖追先帝之殊遇,欲报之于陛下也。诚宜开张圣听,以光先帝遗德,恢弘志士之气,不宜妄自菲薄,引喻失义,以塞忠谏之路也。宫中府中,俱为一体,陟罚臧否②,不宜异同。若有作奸犯科及为忠善者,宜付有司论其刑赏,以昭陛下平明之理,不宜偏私,使内外异法也。

  侍中、侍郎郭攸之、费祎、董允等,此皆良实,志虑忠纯,是以先帝简拔以遗③陛下。愚以为宫中之事,事无大小,悉以咨之,然后施行,必能裨补阙漏,有所广益。将军向宠,性行淑均,晓畅军事,试用于昔日,先帝称之曰能,是以众议举宠为督。愚以为营中之事,事无大小,悉以咨之,必能使行阵和穆,优劣得所也。亲贤臣,远小人,此先汉所以兴隆也;亲小人,远贤臣,此后汉所以倾颓也。先帝在时,每与臣论此事,未尝不叹息痛恨于桓、灵也。侍中、尚书、长史、参军,此悉贞亮死节之臣,愿陛下亲之信之,则汉室之隆,可计日而待也。

  臣本布衣,躬耕于南阳,苟全性命于乱世,不求闻达于诸侯。先帝不以臣卑鄙,猥④自枉屈,三顾臣于草庐之中,谘臣以当世之事,由是感激,遂许先帝以驱驰。后值倾覆,受任于败军之际,奉命于危难之间,尔来二十有一年矣。先帝知

---

① 殂(cú):死亡。
② 陟(zhì)罚臧否(zāng pǐ):指对下级的奖罚或提拔、处分。陟,提升。臧,表扬,褒奖。否,批评。
③ 遗(wèi):馈赠,给予。
④ 猥(wěi):谦辞,犹言辱。

臣谨慎,故临崩寄臣以大事也。受命以来,夙夜忧叹,恐托付不效,以伤先帝之明,故五月渡泸,深入不毛。今南方已定,兵甲已足,当奖帅三军,北定中原,庶竭驽钝,攘除奸凶,兴复汉室,还于旧都。此臣所以报先帝,而忠陛下之职分也。至于斟酌损益,进尽忠言,则攸之、祎、允之任也。愿陛下托臣以讨贼兴复之效;不效,则治臣之罪,以告先帝之灵。若无兴德之言,则责攸之、祎、允之咎,以彰其慢。陛下亦宜自谋,以咨诹①善道,察纳雅言,深追先帝遗诏。臣不胜受恩感激。今当远离,临表涕泣不知所云。

(选自吴楚材、吴调侯选注,安平秋点校《古文观止》,中华书局1987年版)

编选说明

诸葛亮(181—234),字孔明,号卧龙,琅琊阳都(今山东沂南县)人,蜀汉丞相,三国时期杰出的政治家、军事家。前后六次出师北伐曹魏,卒于军中,谥忠武侯。著有《诸葛亮集》。

本文作于蜀汉建兴五年(227),当时作者驻军汉中,准备出师北伐攻魏,临行前,上此表给后主刘禅。表,古代臣子对君主有所陈请的一种文书。在表中,诸葛亮反复劝勉刘禅继承先帝遗志,"亲贤臣,远小人",兴复汉室。同时,作者也表达了自己忠于蜀汉,北定中原的坚定决心。全文言辞恳切,感情诚挚,充分表达了作者鞠躬尽瘁、忧国尽忠之情,读之感人肺腑。刘勰曾评其为"志尽文畅","表之英也"(《文心雕龙·章表》)。本文可与《后出师表》参照阅读。

---

① 诹(zōu):征求意见,询问。

李密

陈情表

　　臣密言:臣以险衅,夙遭闵凶①。生孩六月,慈父见背;行年四岁,舅夺母志。祖母刘,愍②臣孤弱,躬亲抚养。臣少多疾病,九岁不行,零丁孤苦,至于成立。既无叔伯,终鲜兄弟。门衰祚薄,晚有儿息。外无期功③强近之亲,内无应门五尺之童,茕茕孑立,形影相吊。而刘夙婴疾病,常在床蓐,臣侍汤药,未尝废离。

　　逮奉圣朝,沐浴清化。前太守臣逵,察臣孝廉;后刺史臣荣,举臣秀才。臣以供养无主,辞不赴命。诏书特下,拜臣郎中;寻蒙国恩,除臣洗马。猥以微贱,当侍东宫,非臣陨首所能上报。臣具以表闻,辞不就职。诏书切峻,责臣逋慢;郡县逼迫,催臣上道;州司临门,急于星火。臣欲奉诏奔驰,则以刘病日笃;欲苟顺私情,则告诉不许。臣之进退,实为狼狈。

　　伏惟圣朝以孝治天下。凡在故老,犹蒙矜育,况臣孤苦,特为尤甚。且臣少事伪朝,历职郎署,本图宦达,不矜名节。今臣亡国贱俘,至微至陋,过蒙拔擢,宠命优渥,岂敢盘桓,有所希冀?但以刘日薄西山,气息奄奄,人命危浅,朝不虑夕。臣无祖母,无以至今日;祖母无臣,无以终余年。母孙二人,更相为命,是以区区不能废远。臣密今年四十有四,祖母刘今年九十有六,是臣尽节于陛下之日长,报养刘之日短也。乌鸟私情④,愿乞终养。

---

① 险衅:艰难祸患。闵凶:忧患凶祸,常指亲人亡故等。
② 愍:同"悯",怜悯,哀怜。
③ 期(jī)功:古代根据与死者血缘关系的远近而规定服丧时间的不同。期为一年的服丧期,功有九个月的大功和五个月的小功之分。
④ 乌鸟私情:相传乌鸦能反哺于母,古人以其为孝鸟。

臣之辛苦，非独蜀之人士及二州牧伯所见明知，皇天后土，实所共鉴。愿陛下矜愍愚诚，听臣微志。庶刘侥幸，卒保余年，臣生当陨首，死当结草①。臣不胜犬马怖惧之情，谨拜表以闻。

（选自吴楚材、吴调侯选注，安平秋点校《古文观止》，中华书局1987年版）

编选说明

李密（221—287），字令伯，三国时犍为郡武阳县（今四川彭山县东）人。父亲早亡，母亲改嫁，与祖母刘氏相依为命。

本文写于泰始初年。当时李密被晋武帝诏征为太子洗马，但由于祖母年岁已高，无人奉养，作者不肯应命，于是上呈此表。表中，作者首先叙述了祖母对他的养育之恩：无祖母则无自己今日。如今祖母年事已高且疾病缠身，自己实在脱不开身，不能应征。接下来，谈到西晋"以孝治天下"，请求朝廷"矜愍"他，容许他先尽孝道，以侍养祖母，因为"臣尽节于陛下之日长，报养刘之日短也"。全文感情真挚动人，陈词委婉曲折，文字朴实无华。吴楚材、吴调侯在《古文观止》中称其"历叙情事，俱从天真写出，无一字虚言驾饰"。

---

① 结草：典出《左传·宣公十五年》，比喻感恩报德，至死不忘。

刘伶

酒德颂

有大人先生,以天地为一朝,万期为须臾,日月为扃牖①,八荒为庭衢。行无辙迹,居无室庐,幕天席地,纵意所如。止则操卮执觚②,动则挈榼提壶③。唯酒是务,焉知其余?

有贵介公子、缙绅处士,闻吾风声,议其所以,乃奋袂攮襟,怒目切齿,陈说礼法,是非蜂起。先生于是捧罂承槽,衔杯漱醪,奋髯箕踞,枕麹藉糟,无思无虑,其乐陶陶。兀然而醉,怳④尔而醒,静听不闻雷霆之声,熟视不睹泰山之形,不觉寒暑之切肌,利欲之感情。俯观万物,扰扰焉若江海之载浮萍。二豪侍侧焉,如蜾蠃⑤之与螟蛉。

(选自蒋方编著《新古文观止丛书·魏晋文章选粹》,湖北人民出版社1998年版)

> **编选说明**
>
> 刘伶(生卒年不详),字伯伦,沛国(今江苏沛县)人,"竹林七贤"之一,平生嗜酒。西晋初,曾对朝廷策问,落选,后卒于家。
>
> 本文虚构了两组对立的人物形象,一是"唯酒是务"的大人先生,一是贵介

---

① 扃牖(jiōng yǒu):门窗。扃,从外面关门的闩、钩等,这里泛指门。
② 卮(zhī):古代盛酒的器皿。觚(gū):古代酒器。
③ 挈(qiè):用手提。榼(kē):古代盛酒的器具。
④ 怳:同"恍",昏瞆不明的样子。
⑤ 蜾蠃(guǒ luǒ):一种青黑色的细腰蜂,产卵于螟蛉幼虫体内。古人见蜾蠃之子从螟蛉幼虫体内孵出,误以为蜾蠃养螟蛉为子。

公子和缙绅处士,他们代表了两种处世态度。大人先生纵情任性,沉醉于酒中,睥睨万物,不受羁绊;而贵介公子和缙绅处士则拘泥礼教,死守礼法,不敢越雷池半步。此文以颂酒为名,表达了作者蔑视礼法的鲜明态度。文章短小精悍,语言幽默生动,不见雕琢之迹。

王羲之

兰亭集序

永和九年,岁在癸丑,暮春之初,会于会稽山阴之兰亭,修禊①事也。群贤毕至,少长咸集。此地有崇山峻岭,茂林修竹,又有清流激湍,映带左右,引以为流觞曲水,列坐其次。虽无丝竹管弦之盛,一觞一咏,亦足以畅叙幽情。是日也,天朗气清,惠风和畅,仰观宇宙之大,俯察品类之盛,所以游目骋怀,足以极视听之娱,信可乐也。

夫人之相与,俯仰一世,或取诸怀抱,晤言一室之内;或因寄所托,放浪形骸之外。虽取舍万殊,静躁不同,当其欣于所遇,暂得于己,快然自足,曾不知老之将至。及其所之既倦,情随事迁,感慨系之矣!向之所欣,俛仰之间,已为陈迹,犹不能不以之兴怀,况修短随化,终期于尽!古人云:"死生亦大矣",岂不痛哉!

每览昔人兴感之由,若合一契,未尝不临文嗟悼,不能喻之于怀。固知一死生②为虚诞,齐彭殇③为妄作,后之视今,亦犹今之视昔,悲夫!故列叙时人,录其所述,虽世殊事异,所以兴怀,其致一也。后之览者,亦将有感于斯文。

(选自吴楚材、吴调侯选注,安平秋点校《古文观止》,中华书局1987年版)

编选说明

王羲之(321—379),字逸少,琅琊临沂(今山东临沂)人,生于贵族世家,因

---

① 禊(xì):古代三月上巳日,人们来到水边沐浴,除去宿垢,被除不祥,这种活动便称为"禊"。魏以后则定在三月三日。
② 一死生:将生和死看做一样。
③ 齐彭殇:将长寿和夭折看做没有什么区别。彭,即彭祖,传说中的长寿之人。殇,夭折的儿童。

官右将军,故又称"王右军"。我国古代著名的书法家。著有《王右军集》。

本篇作于东晋永和九年(353)。当时作者与谢安、孙绰等四十一人于会稽(今浙江绍兴)兰亭举行文人集会,本序便为记录宴会情况而作。作者先写兰亭周边的自然风景;次写悠游快然过后,对人生短暂、"终期于尽"的感慨;最后他指出,"一死生为虚诞,齐彭殇为妄作",反映了人在生死自然规律面前的无奈甚至是无助。正因如此,作者才"故列叙时人,录其所述",以存于后世。本文虽为当时文人清谈雅集之作,但作者所表达的生命苍凉之感亦颇动人心。

陶渊明

归去来兮辞并序

　　余家贫,耕植不足以自给。幼稚盈室,瓶无储粟,生生所资,未见其术。亲故多劝余为长吏,脱然有怀,求之靡途①。会有四方之事,诸侯以惠爱为德;家叔以余贫苦,遂见用于小邑。于时风波未静,心惮远役。彭泽去家百里,公田之利,足以为酒,故便求之。及少日,眷然有归与之情。何则?质性自然,非矫厉②所得;饥冻虽切,违己交病。尝从人事,皆口腹自役。于是怅然慷慨,深愧平生之志。犹望一稔③,当敛裳宵逝。寻程氏妹丧于武昌,情在骏奔,自免去职。仲秋至冬,在官八十余日。因事顺心命篇,曰《归去来兮》。乙巳岁十一月也。

　　归去来兮,田园将芜胡不归!既自以心为形役,奚惆怅而独悲。悟已往之不谏④,知来者之可追。实迷途其未远,觉今是而昨非。舟遥遥以轻飏,风飘飘而吹衣。问征夫以前路,恨晨光之熹微。乃瞻衡宇,载欣载奔。僮仆欢迎,稚子侯门。三径就荒,松菊犹存。携幼入室,有酒盈樽。引壶觞以自酌,眄⑤庭柯以怡颜。倚南窗以寄傲,审容膝之易安。园日涉以成趣,门虽设而常关。策扶老以流憩,时矫首而遐观。云无心以出岫,鸟倦飞而知还。景翳翳以将入,抚孤松而盘桓。归去来兮,请息交以绝游。世与我而相违,复驾言兮焉求!悦亲戚之情话,乐琴书以消忧。农人告余以春及,将有事于西畴。或命巾车⑥,或棹孤舟。既窈

---

① 靡途:没有门径。靡,无,没有。
② 矫厉:勉强克制自己的情感欲望。
③ 一稔(rěn):公田收获一次。稔,谷物成熟。
④ 谏:匡正,挽回。
⑤ 眄(miǎn):斜着眼看。
⑥ 巾车:指有帷幕的车子。

窈以寻壑,亦崎岖而经丘。木欣欣以向荣,泉涓涓而始流。善万物之得时,感吾生之行休。已矣乎,寓形宇内复几时,曷不委心任去留?胡为乎遑遑欲何之?富贵非吾愿,帝乡不可期。怀良辰以孤往,或植杖而耘耔①。登东皋以舒啸,临清流而赋诗。聊乘化以归尽,乐夫天命复奚疑!

(选自蒋凡主编《古代十大散文流派》第二卷,湖南文艺出版社1997年版)

▎编选说明▎

　　陶渊明(365—427),一名潜,字元亮,浔阳柴桑(今江西九江西南)人,卒后,朋友私谥为"靖节"。我国古代著名的田园诗人,著有《陶渊明集》。
　　本篇作于义熙元年(405),时作者辞去彭泽令,准备归隐田园。在序言中,作者交代了自己为官和辞官的原因。接下来的正文,作者首先表达了自己不愿"以心为形役",混迹于当时污浊的官场;次写作者回家途中的喜悦心情,以及回家之后对田园生活的热爱。文字朴素,充满诗情画意,富有感染力。欧阳修高度评价此文,认为"晋无文章,惟陶渊明《归去来兮》一篇而已。"此文可与陶渊明诗《归园田居》参照阅读。

---

　　① 耘耔(yǔn zǐ):指从事田间劳动。耘,除草。耔,培土。

王勃

滕王阁序

南昌故郡，洪都新府。星分翼轸①，地接衡庐。襟三江而带五湖，控蛮荆而引瓯越。物华天宝，龙光射牛斗之墟②；人杰地灵，徐孺下陈蕃之榻。雄州雾列，俊采星驰。台隍枕夷夏之交，宾主尽东南之美。都督阎公之雅望，棨戟遥临；宇文新州之懿范，襜帷③暂驻。十旬休假，胜友如云；千里逢迎，高朋满座。腾蛟起凤，孟学士之词宗；紫电清霜，王将军之武库。家君作宰，路出名区；童子何知，躬逢胜饯。

时维九月，序属三秋。潦水尽而寒潭清，烟光凝而暮山紫。俨骖𬴂④于上路，访风景于崇阿；临帝子之长洲，得仙人之旧馆。层峦耸翠，上出重霄；飞阁流丹，下临无地。鹤汀凫渚，穷岛屿之萦回；桂殿兰宫，即冈峦之体势。披绣闼，俯雕甍，山原旷其盈视，川泽盱其骇瞩。闾阎扑地，钟鸣鼎食之家；舸舰弥津，青雀黄龙之轴。虹销雨霁，彩彻云衢。落霞与孤鹜齐飞，秋水共长天一色。渔舟唱晚，响穷彭蠡之滨；雁阵惊寒，声断衡阳之浦。

遥吟俯畅，逸兴遄飞。爽籁发而清风生，纤歌凝而白云遏。睢园绿竹，气凌彭泽之樽；邺水朱华，光照临川之笔。四美具，二难并。穷睇眄于中天，极娱游于暇日。天高地迥，觉宇宙之无穷；兴尽悲来，识盈虚之有数。望长安于日下，指吴会于云间。地势极而南溟深，天柱高而北辰远。关山难越，谁悲失路之人？萍水

---

① 翼轸(zhěn)：二十八宿中的翼宿和轸宿，古为楚之分野。
② 龙光射牛斗之墟：丰城有二剑，曰干将，曰莫邪。其龙文光彩，直射牛、斗二星之间。
③ 襜(zhān)帷：车上四周的帷帐，借指马车。
④ 𬴂(fēi)：古代驾车的马，在中间的叫服，在两旁的叫𬴂，也叫骖。

相逢,尽是他乡之客。怀帝阍①而不见,奉宣室以何年?

嗟乎!时运不济,命途多舛。冯唐易老,李广难封。屈贾谊于长沙,非无圣主;窜梁鸿于海曲,岂乏明时?所赖君子安贫,达人知命。老当益壮,宁移白首之心;穷且益坚,不坠青云之志。酌贪泉而觉爽,处涸辙以犹欢。北海虽赊②,扶摇可接;东隅已逝,桑榆非晚。孟尝高洁,空怀报国之心;阮籍猖狂,岂效穷途之哭!

勃,三尺微命,一介书生。无路请缨,等终军之弱冠;有怀投笔,慕宗悫之长风。舍簪笏于百龄,奉晨昏于万里。非谢家之宝树,接孟氏之芳邻。他日趋庭,叨陪鲤对;今晨捧袂,喜托龙门。杨意不逢,抚凌云而自惜;钟期既遇,奏流水以何惭?

呜呼!胜地不常,盛筵难再。兰亭已矣,梓泽丘墟③。临别赠言,幸承恩于伟饯;登高作赋,是所望于群公。敢竭鄙怀,恭疏短引。一言均赋,四韵俱成。

滕王高阁临江渚,佩玉鸣鸾罢歌舞。画栋朝飞南浦云,珠帘暮卷西山雨。闲云潭影日悠悠,物换星移几度秋。阁中帝子今何在?槛外长江空自流。

(选自吴楚材、吴调侯选注,安平秋点校《古文观止》,中华书局 1987 年版)

编选说明

王勃(650—676),字子安,绛州龙门(今山西河津县)人,祖父为隋末著名学者王通。王勃与杨炯、卢照邻、骆宾王齐名,并称为"初唐四杰",而王勃则号为"初唐四杰"之冠。著有《王子安集》。

本篇为唐高宗上元二年(675),作者赴交趾探望被贬谪的父亲,途径洪州豫章(今江西南昌)时,适逢阎都督在滕王阁设宴宴请宾客,作者于宴席间挥笔写就的名篇。文章首先描绘了滕王阁人杰地灵的胜概以及宴会之盛况,在登高望远中,作者抒发了自己"时运不济,命途多舛"的漂泊之感和"无路请缨"、壮志难酬的苦闷之情。全文由景入情,一唱三叹,极尽起伏跌宕之感。其"落霞与孤鹜齐飞,秋水共长天一色",已成为脍炙人口的千古名句。同时,该序与滕王阁互为倚重,《序》为名篇,阁为名阁,《序》与阁共传永恒。

---

① 帝阍(hūn):传说中掌管天门的人,此之君门。
② 赊:长,远。
③ 梓泽丘墟:指石崇的金谷园已经荒废为丘墟了。梓泽,石崇的金谷园。

李华

吊古战场文

　　浩浩乎平沙无垠,夐①不见人,河水萦带,群山纠纷。黯兮惨悴,风悲日曛。蓬断草枯,凛若霜晨。鸟飞不下,兽铤②亡群。亭长告余曰:"此古战场也。常覆三军,往往鬼哭,天阴则闻。"伤心哉!秦欤?汉欤?将近代欤?

　　吾闻夫齐、魏徭戍,荆、韩召募。万里奔走,连年暴露。沙草晨牧,河冰夜渡。地阔天长,不知归路。寄身锋刃,腷臆③谁诉?秦汉而还,多事四夷。中州耗斁④,无世无之。古称戎、夏,不抗王师。文教失宣,武臣用奇。奇兵有异于仁义,王道迂阔而莫为。呜呼噫嘻!

　　吾想夫北风振漠,胡兵伺便,主将骄敌,期门⑤受战。野竖旄旗,川回组练⑥。法重心骇,威尊命贱。利镞穿骨,惊沙入面。主客相搏,山川震眩,声析江河,势崩雷电。至若穷阴凝闭,凛冽海隅,积雪没胫,坚冰在须,鸷鸟休巢,征马踟蹰,缯纩⑦无温,堕指裂肤。当此苦寒,天假强胡,凭陵杀气,以相剪屠。径截辎重,横攻士卒。都尉新降,将军覆没。尸填巨港之岸,血满长城之窟。无贵无贱,同为枯骨。可胜言哉!鼓衰兮力尽,矢竭兮弦绝,白刃交兮宝刀折,两军蹙兮生死决。降矣哉?终身夷狄。战矣哉?暴骨沙砾。鸟无声兮山寂寂,夜正长兮风淅淅。

---

① 夐(xiòng):远,辽阔。
② 铤:快走的样子。
③ 腷(bì)臆:抑郁不舒的心情。
④ 斁(dù):败坏。
⑤ 期门:汉皇帝侍从官官名,汉武帝时置,掌执兵扈从护卫。
⑥ 组练:即组甲、被练,指将士的衣甲服装。此指将士的军容。
⑦ 缯纩(zēng kuàng):指用缯帛丝绵制作的寒衣。

魂魄结兮天沉沉,鬼神聚兮云幂幂。日光寒兮草短,月色苦兮霜白,伤心惨目,有如是耶?

　　吾闻之:牧用赵卒,大破林胡,开地千里,遁逃匈奴。汉倾天下,财殚力痡①。任人而已,其在多乎?周逐猃狁②,北至太原,既城朔方,全师而还。饮至策勋,和乐且闲,穆穆棣棣,君臣之间。秦起长城,竟海为关,荼毒生灵,万里朱殷。汉击匈奴,虽得阴山,枕骸遍野,功不补患。

　　苍苍蒸民,谁无父母?提携捧负,畏其不寿。谁无兄弟,如足如手?谁无夫妇,如宾如友?生也何恩?杀之何咎?其存其没,家莫闻知。人或有言,将信将疑。悁悁③心目,寝寐见之。布奠倾觞,哭望天涯。天地为愁,草木凄悲。吊祭不至,精魂何依?必有凶年,人其流离。呜呼噫嘻!时耶?命耶?从古如斯。为之奈何?守在四夷。

　　(选自吴楚材、吴调侯选注,安平秋点校《古文观止》,中华书局1987年版)

> **编选说明**
>
> 　　李华(715—766),字遐叔,赵州赞皇(今属河北)人,为著名散文家,与萧颖士齐名,世称"萧李"。其与萧颖士、颜真卿等共倡古义,开韩、柳古文运动之先河。著有《李遐叔文集》。
>
> 　　本篇作者在凭吊古战场时,想到历代战争给老百姓带来的无尽苦难,并由此抨击唐玄宗时期连年征战的社会现实。文中发出的"苍苍蒸民,谁无父母""谁无兄弟""谁无夫妇"的呼喊,反映了作者反对战争,希求和平的愿望。同时,作者也希望统治者能够"守在四夷",安定边境,使人民远离战事之祸。文章虽为骈体,但却不拘泥于对偶之工整,于骈文之中蕴含散文笔法,气势磅礴而悲壮,显示了盛唐时期骈文即将为散文所取代的文学发展趋向。《唐语林》评其"感激顿挫,虽是词赋,而健笔有纵横之气"。

---

① 痡(pū):过度疲劳、疲困。
② 猃狁(xiǎn yǔn):我国古代的一个民族,即犬戎,也称西戎,活动于今陕、甘一带,狁、岐之间。
③ 悁悁(yuān):忧忿。

韩愈

师　说

　　古之学者必有师。师者，所以传道受业解惑也。人非生而知之者，孰能无惑？惑而不从师，其为惑也，终不解矣。

　　生乎吾前，其闻道也固先乎吾，吾从而师之；生乎吾后，其闻道也亦先乎吾，吾从而师之。吾师道也，夫庸知①其年之先后生于吾乎？是故无贵无贱，无长无少，道之所存，师之所存也。

　　嗟乎！师道之不传也久矣，欲人之无惑也难矣。古之圣人，其出人也远矣，犹且从师而问焉；今之众人，其下圣人也亦远矣，而耻学于师。是故圣益圣，愚益愚。圣人之所以为圣，愚人之所以为愚，其皆出于此乎？

　　爱其子，择师而教之。于其身也，则耻师焉，惑矣！彼童子之师，授之书而习其句读②者，非吾所谓传其道、解其惑者也。句读之不知，惑之不解，或师焉，或不③焉，小学而大遗，吾未见其明也。

　　巫医乐师百工之人，不耻相师。士大夫之族，曰师曰弟子云者，则群聚而笑之。问之，则曰："彼与彼年相若也，道相似也。位卑则足羞，官盛则近谀。"呜呼！师道之不复，可知矣。巫医乐师百工之人，君子不齿，今其智乃反不能及，其可怪也欤！

　　圣人无常师。孔子师郯子、苌弘、师襄、老聃。郯子之徒，其贤不及孔子。孔

---

　　①　庸知：哪里知道，怎么知道。
　　②　句读(dòu)：古时称文辞停顿的地方叫做句或读。句是语意完整的一小段，读是句中语意未完，语气可停的更小的段落。
　　③　不：同"否"。

子曰:"三人行,则必有我师。"是故弟子不必不如师,师不必贤于弟子,闻道有先后,术业有专攻,如是而已。

李氏子蟠,年十七,好古文,六艺经传皆通习之,不拘于时,学于余。余嘉其能行古道,作《师说》以贻①之。

(选自吴楚材、吴调侯选注,安平秋点校《古文观止》,中华书局1987年版)

编选说明

本篇为韩愈赠李蟠之作。韩愈(768—824),字退之,河内河阳(今河南孟县)人,世称韩昌黎,因谥号文又称韩文公。为唐代古文运动的倡导者,"唐宋八大家"之首,与柳宗元并称为"韩柳"。宋代苏轼称其"文起八代之衰"。著有《昌黎先生集》。

本文从正面肯定了老师的作用以及从师学习的重要性,即"师者,所以传道受业解惑也"。同时,还批判了士大夫耻于互相师从的心理,以致"师道之不传也久矣"。在批判的基础上,作者提出了"道之所存,师之所存"和"弟子不必不如师,师不必贤于弟子,闻道有先后,术业有专攻"的观点。文章由古入今,古今对比,层层深入展开论述,为唐代古文运动中重要的名文之一。

---

① 贻(yí):赠给。

韩愈

马　说

　　世有伯乐，然后有千里马。千里马常有，而伯乐不常有。故虽有名马，祇①辱于奴隶人之手，骈死②于槽枥之间，不以千里称也。

　　马之千里者，一食或尽粟一石。食③马者不知其能千里而食也。是马也，虽有千里之能，食不饱，力不足，才美不外见，且欲与常马等不可得，安求其能千里也！

　　策之不以其道，食之不能尽其材，鸣之而不能通其意，执策而临之曰："天下无马。"呜呼！其真无马耶？其真不知马也！

（选自吴楚材、吴调侯选注，安平秋点校《古文观止》，中华书局1987年版）

编选说明

　　篇中，韩愈以古代伯乐相马的寓言加以展开，写千里马不为伯乐赏识的不幸遭遇，说明要取得人才必须要善于识辨人才、善于培育人才的道理。文中，韩愈亦以此表达了自己对当时社会压抑人才、摧残人才现象的不满和控诉。整篇文章以比喻的手法来说明道理，曲折畅达，语言犀利泼辣，在短小的篇幅中阐述了深刻的道理，这便是寓言所具有的魅力。明代茅坤曾评论说："《杂说》四首，并变幻奇诡，不可端倪。"文中"世有伯乐，然后有千里马"后成为人们经常引用的名句。

---

① 祇："只"的繁体字。
② 骈（pián）死：相比连而死，形容死者之多。
③ 食（sì）：饲养。

刘禹锡

陋室铭

　　山不在高,有仙则名;水不在深,有龙则灵。斯是陋室,惟吾德馨①。苔痕上阶绿,草色入帘青。谈笑有鸿儒,往来无白丁②。可以调素琴,阅金经。无丝竹之乱耳,无案牍③之劳形。南阳诸葛庐,西蜀子云亭。孔子云:"何陋之有?"

　　(选自吴楚材、吴调侯选注,安平秋点校《古文观止》,中华书局1987年版)

编选说明

　　刘禹锡(772—842),字梦得,彭城(今江苏徐州)人,曾任太子宾客,世称刘宾客。与白居易合称"刘白",有"诗豪"之称。著有《刘宾客文集》。

　　铭,是古代刻在器物上用来警戒自己或者称述功德的文字,后来逐渐演变成一种文体。本篇为开成元年(836),作者回洛阳担任分司闲官,于祖居"陋室"中作此文以自励。文中,作者抒写了自己身居陋室,却怡然自乐、洁身自好的情趣。同时,作者以诸葛亮和扬雄自况,表达了自己不慕荣利、安贫乐道的精神。全文虽只有八十一字,却短小精悍,气韵萧散,是一篇脍炙人口的小品名篇。

---

① 德馨:指因品德高尚而散发出馨香。
② 白丁:指平民百姓,亦指没学问的人。
③ 案牍:官府的文书、公文之类。

柳宗元

捕蛇者说

永州之野产异蛇,黑质而白章,触草木尽死,以啮人,无御之者。然得而腊之以为饵①,可以已大风、挛踠、瘘、疠,去死肌,杀三虫②。其始,太医以王命聚之,岁赋其二,募有能捕之者,当其租入。永之人争奔走焉。

有蒋氏者,专其利三世矣。问之,则曰:"吾祖死于是,吾父死于是。今吾嗣为之十二年,几死者数矣。"言之,貌若甚戚者。

余悲之,且曰:"若毒之乎?余将告于莅事者,更若役,复若赋,则何如?"蒋氏大戚,汪然出涕曰:"君将哀而生之乎?则吾斯役之不幸,未若复吾赋不幸之甚也。向吾不为斯役,则久已病矣。自吾氏三世居是乡,积于今六十岁矣,而乡邻之生日蹙③,殚其地之出,竭其庐之入,号呼而转徙,饥渴而顿踣④,触风雨,犯寒暑,呼嘘毒疠,往往而死者相藉也。曩与吾祖居者,今其室十无一焉;与吾父居者,今其室十无二三焉;与吾居十二年者,今其室十无四五焉。非死即徙尔。而吾以捕蛇独存。悍吏之来吾乡,叫嚣乎东西,隳突⑤乎南北,哗然而骇者,虽鸡狗不得宁焉。吾恂恂⑥而起,视其缶,而吾蛇尚存,则弛然而卧。谨食之,时而献焉。退而甘食其土之有,以尽吾齿。盖一岁之犯死者二焉,其余,则熙熙而乐。岂若吾乡邻之旦旦有是哉!今虽死乎此,比吾乡邻之死则已后矣,又安敢毒耶?"

---

① 腊:晾干。饵:这里指药饵,药引子。
② 三虫:小儿三种常见的肠道寄生虫病。
③ 蹙(cù):困窘。
④ 踣(bó):跌倒,摔倒。
⑤ 隳突:横行,骚扰。
⑥ 恂恂(xún):小心谨慎的样子。

余闻而愈悲,孔子曰:"苛政猛于虎也。"吾尝疑乎是,今以蒋氏观之,犹信。呜呼!孰知赋敛之毒,有甚是蛇者乎!故为之说,以俟夫观人风者得焉。

(选自吴楚材、吴调侯选注,安平秋点校《古文观止》,中华书局1987年版)

编选说明

本篇作于作者谪居永州期间。柳宗元(773—819),字子厚,祖籍河东(今山西永济)人,生于长安(今陕西西安),世称"柳河东""河东先生"。与刘禹锡并称为"刘柳","唐宋八大家"之一。著有《柳河东集》。

文章通过蒋氏三代捕蛇应租的遭遇,揭示了当时社会农村民不聊生、十室九空的凄惨景象,控诉了统治者横征暴敛的现象。表现了作者关心民生疾苦,希求改革的政治态度。文中运用对比衬托的手法,将蛇之毒与赋税之毒加以比较,最后作者悲愤指出"赋敛之毒,有甚是蛇者乎"!作者在文中充满了悲天悯人之心,言由心出,令人感动。

杜 牧

阿房宫赋

六王毕,四海一,蜀山兀,阿房出。覆压三百余里,隔离天日。骊山北构而西折,直走咸阳。二川溶溶,流入宫墙。五步一楼,十步一阁;廊腰缦回,檐牙高啄;各抱地势,钩心斗角。盘盘焉,囷囷①焉,蜂房水涡,矗不知其几千万落。长桥卧波,未云何龙?复道行空,不霁何虹?高低冥迷,不知西东。歌台暖响,春光融融;舞殿冷袖,风雨凄凄。一日之内,一宫之间,而气候不齐。

妃嫔媵嫱②,王子皇孙,辞楼下殿,辇来于秦。朝歌夜弦,为秦宫人。明星荧荧,开妆镜也;绿云扰扰,梳晓鬟也;渭流涨腻,弃脂水也;烟斜雾横,焚椒兰也;雷霆乍惊,宫车过也;辘辘远听,杳不知其所之也。一肌一容,尽态极妍,缦立远视,而望幸焉。有不得见者,三十六年。燕赵之收藏,韩魏之经营,齐楚之精英,几世几年,剽掠其人,倚叠如山。一旦不能有,输来其间,鼎铛玉石,金块珠砾,弃掷逦迤③,秦人视之,亦不甚惜。

嗟乎!一人之心,千万人之心也。秦爱纷奢,人亦念其家。奈何取之尽锱铢,用之如泥沙?使负栋之柱,多于南亩之农夫;架梁之椽,多于机上之工女;钉头磷磷,多于在庾之粟粒;瓦缝参差,多于周身之帛缕;直栏横槛,多于九土之城郭;管弦呕哑,多于市人之言语。使天下之人,不敢言而敢怒,独夫④之心,日益骄固。戍卒叫,函谷举,楚人一炬,可怜焦土!

---

① 囷囷(qūn):曲折回旋的样子。
② 媵嫱(yìng qiáng):指宫廷侍御。媵,古代随嫁的侍女。嫱,古代宫廷里的女官名。
③ 逦迤(lǐ yǐ):连续不断。
④ 独夫:指残暴无道、众叛亲离的统治者。

呜呼！灭六国者，六国也，非秦也。族秦者，秦也，非天下也。嗟夫！使六国各爱其人，则足以拒秦。秦复爱六国之人，则递三世，可至万世而为君，谁得而族灭也？秦人不暇自哀，而后人哀之；后人哀之而不鉴之，亦使后人而复哀后人也！

（选自吴楚材、吴调侯选注，安平秋点校《古文观止》，中华书局1987年版）

编选说明

杜牧（803—约852），字牧之，号樊川居士，京兆万年（今陕西西安）人，因晚年居住于长安南之樊川别墅，故后世称"杜樊川"。与李商隐并称为"小李杜"，以别于杜甫和李白。著有《樊川文集》。

本篇作于宝历元年（825），当时作者年仅二十三岁。文章首先写到阿房宫的壮伟雄丽以及富足奢靡的生活。接着文锋一转，写由于秦朝统治者的穷奢极欲，致使民怨沸腾，终于有陈胜等人的起义，将阿房宫付之一炬，秦王朝亦落得个国灭族亡的悲惨下场。最后作者指出，统治者唯有爱惜国人，方可保万世为君。而"后人哀之而不鉴之，亦使后人而复哀后人也"，则反映了作者希望当时的统治者从历史中汲取教训，以史为鉴，不再重蹈秦国灭亡的覆辙。全文夸张奇特，极尽雕饰之能事。

范仲淹

岳阳楼记

庆历四年春,滕子京谪守巴陵郡。越明年,政通人和,百废具兴。乃重修岳阳楼,增其旧制,刻唐贤、今人诗赋于其上。属①予作文以记之。

予观夫巴陵胜状,在洞庭一湖。衔远山,吞长江,浩浩汤汤②,横无际涯;朝晖夕阴,气象万千。此则岳阳楼之大观也。前人之述备矣。然则北通巫峡,南极潇湘,迁客骚人,多会于此,览物之情,得无异乎?

若夫霪雨霏霏,连月不开,阴风怒号,浊浪排空,日星隐曜,山岳潜形,商旅不行,樯倾楫摧,薄暮冥冥,虎啸猿啼。登斯楼也,则有去国怀乡,忧谗畏讥,满目萧然,感极而悲者矣。

至若春和景明,波澜不惊,上下天光,一碧万顷,沙鸥翔集,锦鳞③游泳,岸芷汀兰,郁郁青青。而或长烟一空,皓月千里,浮光跃金,静影沉璧,渔歌互答,此乐何极!登斯楼也,则有心旷神怡,宠辱皆忘,把酒临风,其喜洋洋者矣。

嗟夫!予尝求古仁人之心,或异二者之为。何哉?不以物喜,不以己悲。居庙堂之高,则忧其民;处江湖之远,则忧其君④。是进亦忧,退亦忧。然则何时而乐耶?其必曰"先天下之忧而忧,后天下之乐而乐"欤!噫!微⑤斯人,吾谁与归!

---

① 属:同"嘱",嘱咐,托付。
② 浩浩汤汤(shāng):水势壮阔的样子。
③ 锦鳞:鱼的美称。
④ 居庙堂之高:指在朝廷做官。处江湖之远:指贬谪在外做闲官或在野不做官。
⑤ 微:无,没有。

时六年九月十五日。

(选自吴楚材、吴调侯选注,安平秋点校《古文观止》,中华书局1987年版)

编选说明

范仲淹(989—1052),字希文,苏州吴县(今江苏吴县)人,谥文正,故又称为"范文正"。著有《范文正集》。

本篇作于庆历六年(1046),乃应滕子京之请而作。《记》中首先简叙重修岳阳楼的经过和作《记》的缘由;接着凭借自己的想象铺叙了岳阳楼周边的壮观优美景象,抒发了登临中"不以物喜,不以己悲"的思想,同时点明全文的主旨——"先天下之忧而忧,后天下之乐而乐"。这一千古名句,既是作者的自抒怀抱,又是劝勉当时遭受贬谪的滕子京,应有胸怀天下之志。文章语言流畅晓达,景色描写灵动而凝练,其中的名句"先天下之忧而忧,后天下之乐而乐",更是鼓舞了后世众多仁人志士为国分忧、为国尽瘁。

欧阳修

醉翁亭记

  环滁皆山也。其西南诸峰,林壑尤美。望之蔚然而深秀者,琅琊也。山行六七里,渐闻水声潺潺①,而泄出于两峰之间者,酿泉也。峰回路转,有亭翼然临于泉上者,醉翁亭也。作亭者谁?山之僧智仙也。名之者谁?太守自谓也。太守与客来饮于此,饮少辄醉,而年又最高,故自号曰醉翁也。醉翁之意不在酒,在乎山水之间也。山水之乐,得之心而寓之酒也。

  若夫日出而林霏开,云归而岩穴暝,晦明变化者,山间之朝暮也。野芳发而幽香,佳木秀而繁阴,风霜高洁,水落而石出者,山间之四时也。朝而往,暮而归,四时之景不同,而乐亦无穷也。

  至于负者歌于涂,行者休于树,前者呼,后者应,伛偻②提携,往来而不绝者,滁人游也。临溪而渔,溪深而鱼肥;酿泉为酒,泉香而酒洌。山肴野蔌,杂然而前陈者,太守宴也。宴酣之乐,非丝非竹,射者中,弈者胜,觥筹交错,坐起而喧哗者,众宾欢也。苍颜白发,颓乎其中者,太守醉也。

  已而夕阳在山,人影散乱,太守归而宾客从也。树林阴翳,鸣声上下,游人去而禽鸟乐也。然而禽鸟知山林之乐,而不知人之乐;人知从太守游而乐,而不知太守之乐其乐也。醉能同其乐,醒能述其文者,太守也。太守谓谁?庐陵欧阳修也。

  (选自吴楚材、吴调侯选注,安平秋点校《古文观止》,中华书局1987年版)

---

① 潺潺(chán):形容溪流、泉水等流动的声音。
② 伛偻(yǔ lǚ):弯腰驼背的人。后借指老年人。

编选说明

欧阳修(1007—1073),字永叔,号醉翁,又号六一居士,庐陵(今江西永丰)人,谥号文忠,世称文忠公。北宋著名的文学家、史学家,北宋古文运动的倡导者和领袖,被称为"一代文宗","唐宋八大家"之一。著有《欧阳文忠公文集》,编有《新唐书》《五代史》等。

本篇作于庆历六年(1046),作者当时贬官滁州。文章以"环滁皆山也"振起全文,随后写到醉翁亭的得名,接着转到"醉"与"乐"两字上,即:"醉翁之意不在酒,在乎山水之间也。山水之乐,得之心而寓之酒也。"然后作者以"乐"字贯穿全文,写到了四时之景不同,而乐亦无穷;宴会之乐;醉归之乐;人知从太守游而乐,而不知太守之乐其乐也。最后,作者隐晦地点出了醉翁之乐在于与民同乐这一主旨。全篇用语简练,而选用二十一个"也"字,更使文气具有回环往复之妙。

苏洵

六　国

　　六国破灭,非兵不利,战不善,弊在赂秦①。赂秦而力亏,破灭之道也。或曰:"六国互丧②,率赂秦耶?"曰:"不赂者以赂者丧。盖失强援,不能独完。故曰'弊在赂秦'也!"

　　秦以攻取之外,小则获邑,大则得城。较秦之所得,与战胜而得者,其实百倍;诸侯之所亡,与战败而亡者,其实亦百倍。则秦之所大欲,诸侯之所大患,固不在战矣。思厥③先祖父,暴霜露,斩荆棘,以有尺寸之地。子孙视之不甚惜,举以予人,如弃草芥。今日割五城,明日割十城,然后得一夕安寝。起视四境,而秦兵又至矣。然则诸侯之地有限,暴秦之欲无厌,奉之弥繁,侵之愈急。故不战而强弱胜负已判矣。至于颠覆,理固宜然。古人云:"以地事秦,犹抱薪救火,薪不尽,火不灭。"此言得之。

　　齐人未尝赂秦,终继五国迁灭,何哉? 与嬴④而不助五国也。五国既丧,齐亦不免矣。燕赵之君,始有远略,能守其土,义不赂秦。是故燕虽小国而后亡,斯用兵之效也。至丹以荆卿为计,始速祸焉。赵尝五战于秦,二败而三胜。后秦击赵者再,李牧连却之。洎⑤牧以谗诛,邯郸为郡,惜其用武而不终也。且燕赵处秦革灭殆尽之际,可谓智力孤危,战败而亡,诚不得已。向使三国⑥各爱其地,齐

---

① 赂秦:贿赂秦国,此指割地求和。
② 互丧:指相继丧国。
③ 厥:他们的,此指六国君王。
④ 与:交往,友好。嬴(yíng):秦王姓,此指秦国。
⑤ 洎(jì):等到。
⑥ 三国:此指韩、魏、楚三国。

人勿附于秦,刺客不行,良将犹在,则胜负之数,存亡之理,当与秦相较,或未易量。

呜呼!以赂秦之地封天下之谋臣,以事秦之心礼天下之奇才,并力西向,则吾恐秦人食之不得下咽也。悲夫!有如此之势,而为秦人积威之所劫,日削月割,以趋于亡。为国者无使为积威之所劫哉!

夫六国与秦皆诸侯,其势弱于秦,而犹有可以不赂而胜之之势。苟以天下之大,而从六国破亡之故事,是又在六国下矣!

(选自蒋凡主编《古代十大散文流派》第三卷,湖南文艺出版社1997年版)

编选说明

苏洵(1009—1066),字明允,号老泉,眉州眉山(今四川眉山)人。与苏轼、苏辙合称为"三苏","唐宋八大家"之一。著有《嘉祐集》。

六国,指的是战国时期的韩、赵、魏、齐、楚、燕,后均被秦国所灭。此文旨在探讨六国破灭的原因,即作者开篇所说:"六国破灭,非兵不利,战不善,弊在赂秦。"此后,在文中,作者反复申说六国破灭,"弊在赂秦"这一观点。结语"苟以天下之大,而从六国破亡之故事,是又在六国下矣",则暗示当时朝廷在与契丹和西夏交往中不应割地输币以求安,而应以六国破灭为鉴,不至重蹈六国之覆辙。全文借古鉴今,有感而发,论点鲜明,语言犀利。明代茅坤论之曰:"一篇议论,由《战国策》纵人之说来,却能与《战国策》相伯仲。"

周敦颐

爱莲说

水陆草木之花,可爱者甚蕃①。晋陶渊明独爱菊;自李唐来,世人甚爱牡丹;予独爱莲之出淤泥而不染,濯清涟而不妖②,中通外直,不蔓不枝,香远益清,亭亭净植,可远观而不可亵玩③焉。

予谓菊,花之隐逸者也;牡丹,花之富贵者也;莲,花之君子者也。噫!菊之爱,陶后鲜有闻;莲之爱,同予者何人?牡丹之爱,宜乎众矣!

(选自蒋凡等编著《古典散文今译与评析》,上海教育出版社2003年版)

编选说明

周敦颐(1017—1073),字茂叔,号濂溪,营道(今湖南道县)人,理学派开山鼻祖。著有《周元公集》《通书》等。

文章从陶渊明独爱菊、世人甚爱牡丹,引出自己独爱莲花"出淤泥而不染,濯清涟而不妖"。最后,作者抒发了自己爱莲而少有同道的感慨,以此表明自己洁身自爱、不同流合污的高尚情操。全文仅一百二十字,文笔精练,形象鲜明。莲出淤泥而不染的品格,亦为后世文人高士所推崇。

---

① 蕃(fán):繁多,众多。
② 濯(zhuó):洗涤。清涟:谓水清而有微波貌,亦代指清水。
③ 亵玩:玩弄。

曾巩

墨池记

　　临川之城东,有地隐然而高,以临于溪,曰新城。新城之上,有池洼然而方以长,曰王羲之之墨池者,荀伯子《临川记》云也。羲之尝慕张芝①,临池学书,池水尽黑,此为其故迹,岂信然邪?方羲之之不可强以仕②,而尝极东方,出沧海,以娱其意于山水之间,岂其徜徉肆恣,而又尝自休于此耶?

　　羲之之书,晚乃善;则其所能,盖亦以精力自致者,非天成也。然后世未有能及者,岂其学不如彼邪?则学固岂可以少哉!况欲深造道德者耶?

　　墨池之上,今为州学舍。教授王君盛恐其不章③也,书"晋王右军墨池"之六字于楹间以揭之,又告于巩曰:"愿有记。"推王君之心,岂爱人之善,虽一能不以废,而因以及乎其迹耶?其亦欲推其事,以勉其学者耶?夫人之有一能,而使后人尚之如此,况仁人庄士之遗风余思,被④于来世者如何哉!

　　庆历八年九月十二日,曾巩记。

（选自蒋凡主编《古代十大散文流派》第三卷,湖南文艺出版社1997年版）

| 编选说明 |

　　曾巩(1019—1083),字子固,建昌南丰(今江西南丰)人,世称"曾南丰",

---

① 张芝:字伯英,酒泉人,东晋著名书法家,有草圣之称。
② 强以仕:勉强做官。据《晋书·王羲之传》载,王羲之耻与骠骑将军王述为伍,遂称病辞职,并在父母墓前誓不再仕,此后隐居会稽山阴,纵情游乐。
③ 章:同"彰",彰明。
④ 被:施加、惠及。

"唐宋八大家"之一。著有《南丰类稿》。

　　本篇乃作者于庆历八年(1048)年应州学教授王君之请而作。此文首先交代了墨池的来由,作者虽对此表示疑问,但并未就此展开论述,而是笔锋一转写到王羲之书法的高妙,其书法成就的取得并非天成,而是苦学的结果。"学固岂可以少哉！况欲深造道德者耶？"则又一转,将论述的重点转移到州学教育中应以道德修为的培养为重这一主题上来。全文因小见大,层层转折,语简意深,辞气委婉纤徐,体现了作者独特的文风。

王安石

游褒禅山记

褒禅山亦谓之华山。唐浮图慧褒始舍于其址,而卒葬之,以故其后名之曰褒禅。今所谓慧空禅院者,褒之庐冢也。距其院东五里,所谓华阳洞者,以其在华山之阳名之也。距洞百余步,有碑仆道,其文漫灭①,独其为文犹可识,曰"花山"。今言"华"如"华实"之华者,盖音谬也。

其下平旷,有泉侧出,而记游者甚众,所谓前洞也。由山以上五六里,有穴窈然,入之甚寒,问其深,则其好游者不能穷也,谓之后洞。予与四人拥火以入,入之愈深,其进愈难,而其见愈奇。有怠而欲出者,曰:"不出,火且尽。"遂与之俱出。盖予所至,比好游者尚不能十一,然视其左右,来而记之者已少。盖其又深,则其至又加少矣。方是时,予之力尚足以入,火尚足以明也。既其出,则或咎其欲出者,而予亦悔其随之而不得极夫游之乐也。

于是予有叹焉。古人之观于天地、山川、草木、虫鱼、鸟兽,往往有得,以其求思之深而无不在也。夫夷以近,则游者众;险以远,则至者少。而世之奇伟瑰怪非常之观,常在于险远,而人之所罕至焉,故非有志者不能至也。有志矣,不随以止也,然力不足者,亦不能至也。有志与力,而又不随以怠,至于幽暗昏惑而无物以相②之,亦不能至也。然力足以至焉,于人为可讥,而在己为有悔。尽吾志也而不能至者,可以无悔矣,其孰能讥之乎?此予之所得也。

予于仆碑,又以悲夫古书之不存,后世之谬其传莫能名者,何可胜道也哉!

---

① 漫灭:磨灭,模糊不清。
② 相:辅助。

此所以学者不可以不深思而慎取之也。

四人者:庐陵肖君圭君玉①、长乐王回深父、予弟安国平父、安上纯父。

至和元年七月某日,临川王某记。

(选自蒋凡主编《古代十大散文流派》第三卷,湖南文艺出版社1997年版)

编选说明

　　王安石(1021—1086),字介甫,号半山,临川(今江西临川)人,封荆国公,世称"王荆公"。北宋杰出的政治家、文学家、改革家,"唐宋八大家"之一。著有《临川先生文集》。

　　本篇作于至和元年(1054)。文章写到自己游历褒禅山时,中途因为随众而出未能竟游,由此悔而生感发表议论:古人观察万物而有所得,那是在于"求思之深而无不在",并且"世之奇伟瑰怪非常之观,常在于险远",只有通过不懈努力才能获取。倘若人们经过努力而不能获得,那自己也将无悔,人们也不会讥笑。本文以游览探胜为喻,实则告诫人们无论是治学还是创业,都要有深入探索、百折不回的精神。本文设喻巧妙,颇具哲理。

---

① 　肖君圭君玉:即肖君圭,字君玉。

苏轼

前赤壁赋

  壬戌之秋,七月既望①,苏子与客泛舟游于赤壁之下。清风徐来,水波不兴。举酒属客,诵《明月》之诗,歌《窈窕》之章。少焉,月出于东山之上,徘徊于斗牛之间。白露横江,水光接天。纵一苇之所如,凌万顷之茫然。浩浩乎如冯②虚御风,而不知其所止;飘飘乎如遗世独立,羽化而登仙。

  于是饮酒乐甚,扣舷而歌之。歌曰:"桂棹兮兰桨,击空明兮溯流光。渺渺兮予怀,望美人兮天一方。"客有吹洞箫者,倚歌而和之,其声呜呜然,如怨如慕,如泣如诉;馀音袅袅,不绝如缕,舞幽壑之潜蛟,泣孤舟之嫠妇③。苏子愀然④,正襟危坐而问客曰:"何为其然也?"客曰:"'月明星稀,乌鹊南飞',此非曹孟德之诗乎?西望夏口,东望武昌。山川相缪⑤,郁乎苍苍,此非孟德之困于周郎者乎?方其破荆州,下江陵,顺流而东也,舳舻⑥千里,旌旗蔽空,酾⑦酒临江,横槊赋诗,固一世之雄也,而今安在哉?况吾与子渔樵于江渚之上,侣鱼虾而友麋鹿,驾一叶之扁舟,举匏樽⑧以相属。寄蜉蝣于天地,渺沧海之一粟。哀吾生之须臾,羡长江之无穷。挟飞仙以遨游,抱明月而长终。知不可乎骤得,托遗响于悲风。"

---

① 既望:指农历每月之十六日。望,每月十五日。
② 冯:同"凭",依靠,凭借。
③ 嫠(lí)妇:孤居的妇女,寡妇。
④ 愀(qiǎo)然:形容神色变得严肃或不愉快的样子。
⑤ 缪:同"缭",环绕。
⑥ 舳舻(zhú lú):船头和船尾的并称,此指战船。
⑦ 酾(shī):斟酒。
⑧ 匏(páo)樽:酒器。匏,葫芦的一种。

苏子曰："客亦知夫水与月乎？逝者如斯，而未尝往也；盈虚者如彼，而卒莫消长也。盖将自其变者而观之，而天地曾不能以一瞬；自其不变者而观之，则物与我皆无尽也，而又何羡乎？且夫天地之间，物各有主，苟非吾之所有，虽一毫而莫取。惟江上之清风，与山间之明月，耳得之而为声，目遇之而成色，取之无禁，用之不竭，是造物者之无尽藏①也，而吾与子之所共适。"

客喜而笑，洗盏更酌，肴核既尽，杯盘狼藉。相与枕藉乎舟中，不知东方之既白。

（选自吴楚材、吴调侯选注，安平秋点校《古文观止》，中华书局1987年版）

编选说明

苏轼（1037—1101），字子瞻，号东坡居士，眉州眉山（今四川眉山）人，与欧阳修并称"欧苏"，与黄庭坚并称"苏黄"，"唐宋八大家"之一。著有《东坡集》《东坡乐府》等。

本篇为元丰五年（1082）作者游黄冈城外赤壁时所作。此赋写秋夜与客泛舟游于赤壁之下，恍然有"遗世独立，羽化而登仙"之感。接下来，作者对历史英雄人物的功业发出感叹，兴发起一种人生无常的惆怅。最后，作者回悲为喜，以畅饮入睡作结。此时作者因"乌台诗案"贬谪于黄州，心情极为苦闷，故在文中略抒自己的不平之气，但又能以达观处之，反映了苏轼旷达的心胸。文中将情与景、主观与客观、古与今、幻想与现实有机地结合在一起，浑然一体。

---

① 无尽藏（zàng）：指无尽的宝藏。

苏轼

石钟山记

《水经》云:"彭蠡之口有石钟山焉。"郦元以为下临深潭,微风鼓浪,水石相搏,声如洪钟。是说也,人常疑之。今以钟磬置水中,虽大风浪不能鸣也,而况石乎!至唐李渤始访其遗踪,得双石于潭上,扣而聆之,南声函胡,北音清越,枹止响腾,馀韵徐歇①。自以为得之矣。然是说也,余尤疑之。石之铿然有声者,所在皆是也,而此独以钟名,何哉?

元丰七年六月丁丑,余自齐安舟行适临汝,而长子迈将赴饶之德兴尉,送之至湖口,因得观所谓石钟者。寺僧使小童持斧,于乱石间择其一二扣之,硿硿②然。余固笑而不信也。至其夜月明,独与迈乘小舟至绝壁下。大石侧立千尺,如猛兽奇鬼,森然欲搏人;而山上栖鹘,闻人声亦惊起,磔磔③云霄间;又有若老人欬④且笑于山谷中者,或曰:"此鹳鹤也。"余方心动欲还,而大声发于水上,噌吰⑤如钟鼓不绝。舟人大恐。徐而察之,则山下皆石穴罅⑥,不知其浅深,微波入焉,涵澹澎湃而为此也。舟回至两山间,将入港口,有大石当中流,可坐百人,空中而多窍,与风水相吞吐,有窾坎镗鞳⑦之声,与向之噌吰者相应,如乐作焉。因

---

① 函胡:即含糊。枹(fú):同"桴",鼓槌。
② 硿硿(kōng):撞击金石的声音。
③ 磔磔(zhé):鸟鸣声。
④ 欬(kài):大声咳嗽。
⑤ 噌吰(chéng hóng):形容钟鼓之声。
⑥ 罅(xià):裂缝,缝隙。
⑦ 窾(kuǎn)坎:击物声。镗鞳(tāng tà):钟鼓声。

笑谓迈曰:"汝识之乎?噌吰者,周景王之无射①也;窾坎镗鞳者,魏庄子之歌钟也。古之人不余欺也!"

事不目见耳闻而臆断其有无,可乎?郦元之所见闻殆与余同,而言之不详;士大夫终不肯以小舟夜泊绝壁之下,故莫能知;而渔工水师虽知而不能言,此世所以不传也。而陋者乃以斧斤考击而求之,自以为得其实。余是以记之,盖叹郦元之简,而笑李渤之陋也。

(选自吴楚材、吴调侯选注,安平秋点校《古文观止》,中华书局1987年版)

编选说明

本篇作于元丰七年(1084),作者游历石钟山并探讨石钟山名称的来由。作者经亲身考察,否定了郦道元及李渤所说,最终获得石钟山之名的真正来历。经过这一件事,作者不由发出"事不目见耳闻而臆断其有无,可乎"的感叹,揭示了实践的重要性。对于该文,清代方苞评价说:"潇洒自得,子瞻诸记中特出者。"

---

① 无射(yì):因钟声合乎无射的音律,故用无射作钟名。

苏 辙

黄州快哉亭记

江出西陵,始得平地,其流奔放肆大;南合沅、湘,北合汉沔,其势益张;至于赤壁之下,波流浸灌,与海相若。清河张君梦得谪居齐安,即其庐之西南为亭,以览观江流之胜,而余兄子瞻名之曰"快哉"。

盖亭之所见,南北百里,东西一舍。涛澜汹涌,风云开阖;昼则舟楫出没于其前,夜则鱼龙悲啸于其下;变化倏忽,动心骇目,不可久视。今乃得玩之几席之上,举目而足。西望武昌诸山,冈陵起伏,草木行列,烟消日出,渔夫樵父之舍,皆可指数,此其所以为"快哉"者也。至于长洲之滨,故城之墟,曹孟德、孙仲谋之所睥睨①,周瑜、陆逊之所骋骛②,其流风遗迹,亦足以称快世俗。

昔楚襄王从宋玉、景差于兰台之宫,有风飒然至者,王披襟当之,曰:"快哉此风!寡人所与庶人共者耶?"宋玉曰:"此独大王之雄风耳,庶人安得共之!"玉之言盖有讽焉。夫风无雌雄之异,而人有遇不遇之变。楚王之所以为乐,与庶人之所以为忧,此则人之变也,而风何与焉?士生于世,使其中不自得,将何往而非病?使其中坦然,不以物伤性③,将何适而非快?今张君不以谪为患,收会稽之馀④,而自放山水之间,此其中宜有以过人者。将蓬户瓮牖,无所不快,而况乎濯长江之清流,揖西山之白云,穷耳目之胜以自适也哉!不然,连山绝壑,长林古

---

① 睥睨(bì nì):侧目窥视。
② 骋骛:同"驰骛",奔走,追逐。
③ 不以物伤性:不因为外物的影响而伤害自己的心性。
④ 收会稽之馀:《栾城集》作"窃会计之馀功",谓工作的闲暇。

木,振之以清风,照之以明月,此皆骚人思士之所以悲伤憔悴而不能胜者,乌睹①其为快也哉!

(选自吴楚材、吴调侯选注,安平秋点校《古文观止》,中华书局1987年版)

编选说明

　　苏辙(1039—1112),字子由,自号颍滨遗老,眉州眉山(今四川眉山)人,"唐宋八大家"之一。著有《栾城集》《龙川志略》等。

　　本篇作于元丰六年(1083),时张梦得谪居黄州,建亭以览江流之胜,苏轼为之题为"快哉",苏辙为之作记。此文由快哉亭的建造与命名经过、缘由说起,紧扣"快哉"二字申发议论,强调人"自得"而无往不乐,其目的在于快慰谪居者。文章写景议论相结合,笔力酣畅。

---

① 乌睹:哪里看得出。

文天祥

《指南录》后序

  德祐二年二月十九日,予除右丞相兼枢密使,都督诸路军马。时北兵已迫修门①外,战、守、迁皆不及施。缙绅、大夫、士萃于左丞相府,莫知计所出。会使辙交驰②,北邀当国者相见。众谓予一行为可以纾祸③。国事至此,予不得爱身;意北亦尚可以口舌动也。初,奉使往来,无留北者,予更欲一觇④北,归而求救国之策。于是辞相印不拜,翌日,以资政殿学士行。

  初至北营,抗辞慷慨,上下颇惊动,北亦未敢遽轻吾国。不幸吕师孟构恶于前,贾余庆献谄于后,予羁縻⑤不得还,国事遂不可收拾。予自度不得脱,则直前诟虏帅失信,数吕师孟叔侄为逆。但欲求死,不复顾利害。北虽貌敬,实则愤怒。二贵酋名曰"馆伴⑥",夜则以兵围所寓舍,而予不得归矣。未几,贾余庆等以祈请使诣北。北驱予并往,而不在使者之目。予分当引决,然而隐忍以行。昔人云:"将以有为也"。

  至京口,得间⑦奔真州,即具以北虚实告东西二阃⑧,约以连兵大举。中兴机会,庶几在此。留二日,维扬帅下逐客之令。不得已,变姓名,诡踪迹,草行露宿,

---

① 修门:本指楚国郢都的城门,这里借指南宋都城临安的城门。
② 使辙交驰:指双方使臣往来频繁。
③ 纾(shū)祸:解除祸患。
④ 觇(chān):看,偷偷地察看。
⑤ 羁縻:指拘禁。羁,马笼头。縻,牛缰绳。
⑥ 馆伴:古指招待使者的小吏。
⑦ 间(jiàn):空隙。
⑧ 阃(kǔn):指统兵在外的将军。

日与北骑相出没于长淮间。穷饿无聊,追购又急,天高地迥,号呼靡及。已而得舟,避渚洲,出北海,然后渡扬子江,入苏州洋,展转四明、天台,以至于永嘉。

呜呼!予之及于死者不知其几矣!诋大酋当死;骂逆贼当死;与贵酋处二十日,争曲直,屡当死;去京口,挟匕首以备不测,几自刭死;经北舰十余里,为巡船所物色,几从鱼腹死;真州逐之城门外,几彷徨死;如扬州,过瓜洲扬子桥,竟使遇哨,无不死;扬州城下,进退不由,殆例送死;坐桂公塘土围中,骑数千过其门,几落贼手死;贾家庄几为巡徼所陵迫死;夜趋高邮,迷失道,几陷死;质明,避哨竹林中,逻者数十骑,几无所逃死;至高邮,制府檄下,几以捕系死;行城子河,出入乱尸中,舟与哨相后先,几邂逅死;至海陵,如高沙,常恐无辜死;道海安、如皋,凡三百里,北与寇往来其间,无日而非可死;至通州,几以不纳死;以小舟涉鲸波出,无可奈何,而死固付之度外矣!呜呼!死生,昼夜事也,死而死矣,而境界危恶,层见错出,非人世所堪。痛定思痛,痛何如哉!

予在患难中,间以诗记所遭,今存其本,不忍废,道中手自抄录。使北营,留北关外,为一卷;发北关外,历吴门、毗陵,渡瓜洲,复还京口,为一卷;脱京口,趋真州、扬州、高邮、泰州、通州,为一卷;自海道至永嘉来三山,为一卷。将藏之于家,使来者读之,悲予志焉。

呜呼!予之生也幸,而幸生也何所为?求乎为臣,主辱,臣死有余僇①;所求乎为子,以父母之遗体行殆②,而死有余责。将请罪于君,君不许;请罪于母,母不许。请罪于先人之墓,生无以救国难,死犹为厉鬼以击贼,义也。赖天之灵,宗庙之福,修我戈矛,从王于师,以为前驱,雪九庙之耻,复高祖之业,所谓誓不与贼俱生,所谓鞠躬尽力,死而后已,亦义也。嗟夫,若予者,将无往而不得死所矣!向也,使予委骨于草莽,予虽浩然无所愧怍,然微以自文于君亲,君亲其谓予何?诚不自意返吾衣冠,重见日月,使旦夕得正丘首,复何憾哉!复何憾哉!

是年夏五,改元景炎,庐陵文天祥自序其诗,名曰《指南录》。

(选自邓碧清译注《文天祥诗文选译》,巴蜀书社1990年版)

---

① 僇:同"戮",羞辱,愧疚。

② 殆:危险。

编选说明

文天祥(1236—1283),初名云孙,字天祥,改字履善,号文山,吉州庐陵(今江西吉安)人。南宋著名爱国名臣,组织义兵勤王抗元,终以身殉国。

本篇首先叙述了自己出使元营,后被羁留,以及在元营抗争、辗转逃回的经过,其中历数了种种几濒于死的险境。全文在叙述个人遭遇的过程中,抒发了自己的家国之痛,表现了作者坚贞不屈、视死如归的民族主义和爱国精神。文中,作者还喊出了"生无以救国难,死犹为厉鬼以击贼"的心声,表达了自己对侵略者的无比痛恨,以及对南宋王朝的忠诚。全文记载史事翔实,极具沉郁顿挫之气。

宋濂

送东阳马生序

　　余幼时即嗜学。家贫无从致书以观，每假借于藏书之家，手自笔录，计日以还①。天大寒，砚冰坚，手指不可屈伸，弗之怠。录毕，走送之，不敢稍逾约。以是人多以书假余，余因得遍观群书。既加冠，益慕圣贤之道，又患无硕师、名人与游，尝趋百里外，从乡之先达执经叩问。先达德隆望尊，门人弟子填其室，未尝稍降辞色②。余立侍左右，援疑质理，俯身倾耳以请；或遇其叱咄，色愈恭，礼愈至，不敢出一言以复。俟其忻③悦，则又请焉。故余虽愚，卒获有所闻。

　　当余之从师也，负箧曳屣，行深山巨谷中。穷冬烈风，大雪深数尺，足肤皲裂而不知。至舍，四支僵劲不能动，媵人④持汤沃灌，以衾拥覆，久而乃和。寓逆旅主人，日再食，无鲜肥滋味之享⑤。同舍生皆被绮绣，戴朱缨宝饰之帽，腰白玉之环，左佩刀，右备容臭⑥，烨然若神人。余则缊袍敝衣⑦处其间，略无慕艳意，以中有足乐者，不知口体之奉不若人也。盖余之勤且艰若此。今虽耄老，未有所成，犹幸预君子之列，而承天子之宠光，缀公卿之后，日侍坐备顾问，四海亦谬称其氏名，况才之过于余者乎！

---

① 计日以还：按照规定的时间归还。
② 未尝稍降辞色：指言辞态度非常严肃。
③ 忻：同"欣"，高兴。
④ 媵（yìng）人：姬妾、婢女。
⑤ 这句话的意思是：寄居在客舍主人那里，每天只吃两顿饭，而且没有鱼肉之类的美味享受。逆旅，客舍。再，两次。
⑥ 容臭（xiù）：香囊。臭，气味，后特指臭味。
⑦ 缊（yùn）袍：以乱麻为絮的袍子。敝衣：破旧的衣服。

今诸生学于太学,县官日有廪稍①之供,父母岁有裘葛之遗,无冻馁之患矣;坐大厦之下而诵诗书,无奔走之劳矣;有司业、博士为之师,未有问而不告、求而不得者也。凡所宜有之书,皆集于此,不必若余之手录、假诸人而后见也。其业有不精、德有不成者,非天质之卑,则心不若余之专耳,岂他人之过哉!东阳马生君则,在太学已二年,流辈甚称其贤。余朝京师,生以乡人子谒余,撰长书以为贽,辞甚畅达;与之论辨,言和而色夷。自谓少时用心于学甚劳,是可谓善学者矣。其将归见其亲也,余故道为学之难以告之。谓余勉乡人以学者,余之志也;诋我夸际遇之盛而骄乡人者,岂知余者哉!

(选自熊礼汇等选注《新古文观止丛书·明清散文集粹》,湖北人民出版社1999年版)

编选说明

宋濂(1310—1381),字景濂,号潜溪,别号玄真子,浦江(今浙江义乌)人。被朱元璋誉为"开国文臣之首",与高启、刘基并称为"明初诗文三大家"。著有《宋学士文集》。

本文以自己少年时代求学的艰辛经历来现身说法,劝告他人珍惜时间努力学习。文章用简洁生动的语言叙述了自己的求学经历,注重细节描写,如通过砚池结冰和手指冻僵等细节,将求学的艰苦氛围渲染而出。同时,通过对比的手法,阐述了年轻后生没有理由不好好学习的道理。作者以事说理,语气亲切诚恳,具有很强的说服力。

---

① 廪稍:官府供给的伙食。

刘 基

卖柑者言

杭有卖果者,善藏柑,涉寒暑不溃,出之烨然①,玉质而金色。剖其中,乾②若败絮。予怪而问之曰:"若所市于人者,将以实笾豆③,奉祭祀,供宾客乎？将衒④外以惑愚瞽乎？甚矣哉为欺也！"

卖者笑曰:"吾业是有年矣。吾赖是以食⑤吾躯。吾售之,人取之,未闻有言,而独不足子所乎？世之为欺者不寡矣,而独我也乎？吾子未之思也。今夫佩虎符、坐皋比者,洸洸乎干城之具也,果能授孙、吴之略耶⑥？峨大冠、拖长绅者,昂昂乎庙堂之器也,果能建伊、皋之业耶⑦？盗起而不知御,民困而不知救,吏奸而不知禁,法斁而不知理,坐縻廪粟而不知耻⑧。观其坐高堂,骑大马,醉醇醴而饫肥鲜者⑨,孰不巍巍乎可畏、赫赫乎可象也？又何往而不金玉其外、败絮其中也哉！今子是之不察,而以察吾柑！"

予默然无以应。退而思其言,类东方生滑稽之流。岂其忿世疾邪者耶？而托于柑以讽耶？

---

① 烨然:光彩鲜明的样子。
② 乾:同"干",没有水分或水分少。
③ 笾(biān)豆:古代祭祀和宴会用来盛物的器皿。
④ 衒(xuàn):同"炫",炫耀。
⑤ 食(sì):供养。
⑥ 虎符:虎形的兵符,古代以此征调兵将。皋比(pí):虎皮。洸洸(guāng):威武的样子。干城之具:指捍卫国家的将才。
⑦ 峨(é)大冠:指戴着高高的官帽。绅:古代士大夫束在腰间的带子。
⑧ 法斁(dù):法令败坏。坐縻廪粟:坐着消耗国家仓库里的粮食。縻,同"靡",浪费。
⑨ 醇醴:美酒。饫(yù):饱食。

（选自吴楚材、吴调侯选注，安平秋点校《古文观止》，中华书局1987年版）

▎编选说明▎

  刘基(1311—1375)，字伯温，谥文成，青田(今浙江文成)人，封诚意伯。著有《诚意伯文集》。

  文中虚构作者同卖柑者的一场争辩：卖柑者以外观极好而却难以入口的柑橘卖给作者，作者指责其为欺骗；而卖柑者则以"世之为欺者不寡矣"来为自己辩护。并进而以柑喻人，将矛头直指那些欺世盗名、外强中干的当政者。文章精干泼辣，比喻贴切，切中要害，极具批判锋芒。清吴楚材、吴调侯在《古文观止》中评曰："青田此言，为世人盗名者发，而借卖柑影喻。满腔愤世之心，而以痛哭流涕出之。"

江盈科

一个鸡蛋的家当

　　见卵求夜①,庄周以为早计;及观恒人②之情,更有早计于庄周者。一市人贫甚,朝不谋夕。偶一日拾得一鸡卵,喜而告其妻曰:"我有家当矣。"妻问安在,持卵示之,曰:"此是。然须十年,家当乃就。"因与妻计曰:"我持此卵,借邻人伏鸡乳之。待彼雏成,就中取一雌者,归而生卵,一月可得十五鸡,两年之内,鸡又生鸡,可得鸡三百,堪易十金。我以十金易五牸③,牸复生牸,三年可得二十五牛。牸所生者,又复生牸,三年可得百五十牛,堪易三百金矣。吾持此金举责④,三年间,半千金可得也。就中以三之二市田宅,以三之一市僮仆,买小妻,我乃与尔优游以终余年,不亦快乎!"妻闻欲买小妻,怫然⑤大怒,以手击卵碎之,曰:"毋留祸种。"夫怒挞⑥其妻,仍质于官,曰:"立败我家者,此恶妇也。请诛之。"官司问家何在?败何状?其人历数自鸡卵起,至小妻止。官司曰:"尔家当尚未说完。"其人曰:"完矣。"官曰:"尔小妻生子,读书登科,出仕取富贵,独不入算耶?如许大家当,碎于恶妇一拳,真可诛。"命烹之。妻号曰:"夫所言皆未然事,奈何见烹?"官司曰:"你夫言买妾,亦未然事,奈何见妒?"妇曰:"固然,第除祸欲早耳。"官笑而释之。

---

　　① 见卵求夜:出自《庄子·齐物论》:"女亦大早计,见卵而求时夜,见弹而求鸮炙。"意思是,看到鸡蛋,就希求蛋化为鸡,来司晨报晓。比喻言之过早。
　　② 恒人:常人,一般人。
　　③ 牸(zì):母牛。
　　④ 举责:借贷。责,同"债"。
　　⑤ 怫(fú)然:愤怒的样子。
　　⑥ 挞(tà):用鞭子或棍子打。

噫,兹人之计利,贪心也;其妻之毁卵,妒心也;总之,皆妄心也。知其为妄,泊然无嗜,颓然无起,则见在者,且属诸幻,况未来乎!噫,世之妄意早计,希图非望者,独一算鸡卵之人乎!

(选自黄仁生辑校《江盈科集》下册,岳麓书社1997年版)

编选说明

  本篇原题作"妄心",此题为编者所加。江盈科(1555—1605),字进之,号渌萝山人,桃源(今属湖南)人。著有《江盈科集》《雪涛小说》等。

  本文作者围绕一个鸡蛋所引起的"家当事件"阐发开来,批判了世人的贪妄之心。并指出"世之妄意早计,希图非望者",在我们周围还大量存在,并不仅仅只是一个"算鸡卵之人"。文章看似滑稽可笑,但在笑过之后却能给人以深刻的反思。

  文中的这一故事,在邓拓《一个鸡蛋的家当》(《燕山夜话》)中曾被作者所引用。并且,他在文中最后指出:历来只有真正老实的劳动者,才懂得劳动产生财富的道理,才能够摒除一切想入非非的发财梦想,而踏踏实实地用自己的辛勤劳动,为社会也为自己创造财富和积累财富。邓拓之文,使这一故事在新的时代焕发出了新的生命力。

袁枚

黄生借书说

　　黄生允修借书，随园主人授以书而告之曰："书非借不能读也。子不闻藏书者乎？七略四库，天子之书，然天子读书者有几？汗牛塞屋，富贵家之书，然富贵人读书者有几？其他祖父积、子孙弃者无论焉。非独书为然，天下物皆然。非夫人之物，而强假焉，必虑人逼取，而惴惴焉摩玩之不已，曰今日存，明日去，吾不得而见之矣。若业为吾所有，必高束焉，庋藏焉①，曰姑俟异日观云尔。"

　　余幼好书，家贫难致。有张氏藏书甚富，往借不与，归而形诸梦，其切如是。故有所览，辄省记。通籍②后，俸去书来，落落大满，素蟫③灰丝，时蒙卷轴。然后叹借者之用心专，而少时之岁月为可惜也。

　　今黄生贫类予，其借书亦类予，惟予之公书，与张氏之吝书，若不相类。然则予固不幸而遇张乎，生固幸而遇予乎。知幸与不幸，则其读书也必专，而其归书也必速，为一说，使与书俱。

　　（选自熊礼汇等选注《新古文观止丛书·明清散文集粹》，湖北人民出版社1999年版）

| 编选说明 |

　　袁枚（1716—1797），字子才，号简斋、随园老人，浙江钱塘（今浙江杭州）

---

① 业：已经。庋（guǐ）藏：收藏，放置保存。
② 通籍：指做官。
③ 蟫（yín）：一种啃噬书籍的昆虫。

人,与赵翼、蒋士铨合称为"乾隆三大家",性灵派代表人物。著有《小仓山房集》《随园诗话》等。

本篇围绕"书非借不能读"这一论点展开论述。首先作者认为,那些富有藏书的人往往不会认真去读书,总以为书是自己的,可以"姑俟异日观"。接下来,作者讲述了自身的读书经历,年少无书时,通过借书往往能够认真读书,后来做官以后,书多了,反而书读得少了。通过以上这些事实,作者深刻认识到"书非借不能读"这一观点。最后,作者以黄生与自己进行对比,"知幸与不幸",勉励借书之黄生能够珍惜时光,专心读书。本文以事见理,层次分明,委婉道来,颇感亲切。

姚鼐

登泰山记

泰山之阳,汶水西流;其阴①,济水东流,阳谷皆入汶,阴谷皆入济;当其南北分者,古长城也。最高日观峰,在长城南十五里。

余以乾隆三十九年十二月,自京师乘风雪,历齐河、长清,穿泰西北谷,越长城之限,至于泰安。是月丁未,与知府朱孝纯子颖由南麓登。四十五里,道皆砌石为磴②,其级七千有余。泰山正南面有三谷:中谷绕泰安城下,郦道元所谓环水也。余始循以入,道少半,越中岭,复循西谷,遂至其巅。古时登山,循东谷入,道有天门。东谷者,古谓之天门溪水,余所不至也。今所经中岭及山巅崖限当道者,世皆谓之天门云。道中迷雾冰滑,磴几不可登。及既上,苍山负雪,明烛天南,望晚日照城廓,汶水、徂徕如画,而半山居雾若带然。

戊申晦,五鼓,与子颖坐日观亭待日出。大风扬积雪击面,亭东自足下皆云漫。稍见云中白若樗蒲③数十立者,山也。极天云一线异色,须臾成五彩。日上,正赤如丹,下有红光,动摇承之。或曰:"此东海也。"回视日观以西峰,或得日,或否,绛皓驳色④,而皆若偻。亭西有岱祠,又有碧霞元君祠。皇帝行宫在碧霞元君祠东。

是日,观道中石刻,自唐显庆以来,其远古刻尽漫失,僻不当道者皆不及往。

---

① 阳:古时山的南面或水的北面称阳。阴:古时山的北面或水的南面称阴。
② 磴(dēng):石头台阶。
③ 樗(chū)蒲:一种赌具,像后来的骰子。
④ 绛皓驳色:指红白色相杂。

山多石少土，石苍黑色，多平方，少圜①。少杂树，多松，生石罅，皆平顶。冰雪，无瀑水，无鸟兽音迹。至日观数里内无树，而雪与人膝齐。桐城姚鼐记。

（选自蒋凡主编《古代十大散文流派》第五卷，湖南文艺出版社1997年版）

编选说明

姚鼐（1732—1815），字姬传，一字梦谷，世称"惜抱先生"，安徽桐城（今安徽桐城）人。与方苞、刘大櫆并称为"桐城三祖"，乃桐城派集大成者。著有《惜抱轩全集》。

本篇作于乾隆四十年（1775）。全文叙写了泰山的地势、登山的经过以及在观日亭所见的日出景象。本文记叙精练准确，写景颇具特色，采用了侧面烘托的手法。例如，写泰山的高峻，先用"其级七千有余"暗暗点出，然后借山顶俯视所见"云中白若樗蒱数十立者，山也"，从侧面加以烘托。又如写雪，除"冰雪""雪与人膝齐"等正面描写外，又以"绛皓驳色"等作侧面烘托，给人以想象，生动有趣。作者论文标举"义理、考证、辞章"并重，本文可以说很好地体现了他的这一主张。王先谦在《续古文辞类纂》中评价该文说："字字精确，移置他山不得。"该文可与薛福成《登泰山记》参照阅读。

---

① 圜：同"圆"。

龚自珍

病梅馆记

　　江宁之龙蟠，苏州之邓尉，杭州之西谿，皆产梅。或曰：梅以曲为美，直则无姿；以欹①为美，正则无景；以疏为美，密则无态。固也。此文人画士，心知其意，未可明诏大号，以绳②天下之梅也；又不可以使天下之民，斫直、删密、锄正，以夭梅、病梅为业以求钱也③。梅之欹、之疏、之曲，又非蠢蠢求钱之民，能以其智力为也。有以文人画士孤癖之隐，明告鬻④梅者，斫其正，养其旁条，删其密，夭其稚枝，锄其直，遏其生气，以求重价，而江、浙之梅皆病。文人画士之祸之烈至此哉！

　　予购三百盆，皆病者，无一完者。既泣之三日，乃誓疗之，纵之，顺之，毁其盆，悉埋于地，解其棕缚；以五年为期，必复之全之。予本非文人画士，甘受诟厉⑤。辟病梅之馆以贮之。呜呼！安得使予多暇日，又多闲田，以广贮江宁、杭州、苏州之病梅，穷予生之光阴以疗梅也哉！

　　（选自熊礼汇等选注《新古文观止丛书·明清散文集粹》，湖北人民出版社1999年版）

---

① 欹（qī）：倾斜。
② 绳：衡量之意。
③ 斫（zhuó）：用刀、斧等砍劈。夭：同"夭"，使……夭折。
④ 鬻（yù）：卖。
⑤ 诟厉：辱骂，憎恶。

编选说明

龚自珍(1792—1841),一名巩祚,字璱人,号定庵,浙江仁和(今浙江杭州)人。主张革除弊政,抵制外国侵略,曾全力支持林则徐禁除鸦片。著有《龚自珍全集》。

在文中,作者记述了由于当时文人画士以病梅为审美取向,导致育梅者将健康之梅摧残成病梅。作者对于这种摧残本性的行为深感痛心,于是建病梅馆作为治疗病梅之所。作者以病梅为喻,揭示了当时社会千方百计压抑、摧残人才甚至毁灭人才的现象,表达了作者追求个性发展,力图改革的迫切愿望。全篇托物言志,极具冲击力。

薛福成

巴黎观油画记

光绪十六年春闰二月甲子,余游巴黎蜡人馆,见所制蜡人,悉仿生人,形体态度发肤颜色长短丰瘠,无不毕肖。自王公卿相以至工艺杂流,凡有名者,往往留像于馆,或立或卧,或坐或俯,或笑或哭,或饮或博,骤视之,无不惊为生人者。余亟①叹其技之奇妙。

译者称:"西人绝技,尤莫逾油画,盍②驰往油画院,一观普法交战图乎?"其法为一大圜室,以巨幅悬之四壁,由屋顶放光明入室。人在室中,极目四望,则见城堡冈峦、溪涧树林,森然布列。两军人马杂遝③;驰者、伏者、奔者、追者、开枪者、燃炮者、搴④大旗者、挽炮车者,络绎相属。每一巨弹堕地,则火光迸裂,烟焰迷漫。其被轰击者,则断壁危楼,或黔其庐,或赭其垣⑤。而军士之折臂断足,血流殷地,偃仰僵仆者,令人目不忍睹。仰视天,则明月斜挂,云霞掩映;俯视地,则绿草如茵,川原无际。几自疑身外即战场,而忘其在一室中者。迨以手扪之,始知其为壁也,画也,皆幻也。

余闻法人好胜,何以自绘败状,令人丧气若此?译者曰:"所以昭炯戒⑥,激众愤、图报复也。"则其意深长矣。夫普法之战,迄今虽为陈迹,而其事信而有征。然则此画果真邪?幻邪?幻者而同于真邪?真者而同于幻邪?斯二者盖皆

---

① 亟(qì):屡屡,连连。
② 盍(hé):何不。
③ 杂遝(tà):众多杂乱的样子。
④ 搴(qiān):举。
⑤ 或黔其庐,或赭(zhě)其垣:意为有的房屋被烧焦了,有的墙壁被烧成了红色。
⑥ 炯戒:彰明昭著的警戒。

有之。

(选自蒋凡主编《古代十大散文流派》第五卷,湖南文艺出版社 1997 年版)

‖ 编选说明 ‖

薛福成(1838—1894),字叔耘,号庸庵,江苏无锡人。近代外交家,曾出任英、法、比、意四国大使,与张裕钊、黎庶昌、吴汝伦并称为"曾门四弟子"。著有《庸庵全集》《出使日记》等。

本篇作于 1890 年 4 月 13 日,作者参观巴黎蜡人馆和油画院后,写下这篇观后感。文章先写蜡人馆所制蜡人无不毕肖,令作者不得不叹服其技之奇妙。接下来文章重点写参观油画院,观看巨幅油画《普法战争图》,并详细描绘了油画中惊心动魄的战争场景。作者通过法国人自绘败状之事,借译者之口,寄寓了作者"昭炯戒,激众愤、图报复"的思想。文章文笔生动,详略得当,绘声绘色,结尾更是令人深思。

梁启超

少年中国说（节选）

  日本人之称我中国也,一则曰老大帝国,再则曰老大帝国。是语也,盖袭译欧西人之言也。呜呼!我中国其果老大矣乎?梁启超曰:恶①是何言!是何言!吾心目中有一少年中国在。

  欲言国之老少,请先言人之老少。老年人常思既往,少年人常思将来。惟思既往也,故生留恋心;惟思将来也,故生希望心。惟留恋也,故保守;惟希望也,故进取。惟保守也,故永旧;惟进取也,故日新。惟思既往也,事事皆其所已经者,故惟知照例;惟思将来也,事事皆其所未经者,故常敢破格。老年人常多忧虑,少年人常好行乐。惟多忧也,故灰心;惟行乐也,故盛气。惟灰心也,故怯懦;惟盛气也,故豪壮。惟怯懦也,故苟且;惟豪壮也,故冒险。惟苟且也,故能灭世界;惟冒险也,故能造世界。老年人常厌事,少年人常喜事。惟厌事也,故常觉一切事无可为者;惟好事也,故常觉一切事无不可为者。老年人如夕照,少年人如朝阳;老年人如瘠牛②,少年人如乳虎;老年人如僧,少年人如侠;老年人如字典,少年人如戏文;老年人如鸦片烟,少年人如泼兰地酒③;老年人如别行星之陨石,少年人如大洋海之珊瑚岛;老年人如埃及沙漠之金字塔,少年人如西伯利亚之铁路;老年人如秋后之柳,少年人如春前之草;老年人如死海之潴④为泽,少年人如长江之初发源。此老年人与少年人性格不同之大略也。梁启超曰:人固有之,国亦

---

① 恶(wù):叹词,表示惊讶。
② 瘠牛:瘦弱的牛。
③ 泼兰地酒:即白兰地酒。
④ 潴(zhū):水积聚的地方。

宜然。

……

梁启超曰:造成今日之老大中国者,则中国老朽之冤业也;制出将来之少年中国者,则中国少年之责任也。彼老朽者何足道,彼与此世界作别之日不远矣,而我少年乃新来而与世界为缘。如僦①屋者然,彼明日将迁居他方,而我今日始入此室处。将迁居者,不爱护其窗栊,不洁治其庭庑,俗人恒情,亦何足怪。若我少年者前程浩浩,后顾茫茫,中国而为牛、为马、为奴、为隶,则烹脔鞭棰②之惨酷,惟我少年当之;中国如称霸宇内,主盟地球,则指挥顾盼之尊荣,惟我少年享之。于彼气息奄奄、与鬼为邻者何与焉?彼而漠然置之,犹可言也;我而漠然置之,不可言也。使举国之少年而果为少年也,则吾中国为未来之国,其进步未可量也;使举国之少年而亦为老大也,则吾中国为过去之国,其澌亡③可翘足而待也。故今日之责任,不在他人,而全在我少年。少年智则国智,少年富则国富,少年强则国强,少年独立则国独立,少年自由则国自由,少年进步则国进步;少年胜于欧洲,则国胜于欧洲,少年雄于地球,则国雄于地球。红日初升,其道大光;河出伏流,一泻汪洋;潜龙腾渊,鳞爪飞扬;乳虎啸谷,百兽震惶;鹰隼试翼,风尘吸张;奇花初胎,矞矞皇皇④;干将发硎⑤,有作其芒;天戴其苍,地履其黄;纵有千古,横有八荒;前途似海,来日方长。美哉,我少年中国,与天不老!壮哉,我中国少年,与国无疆!

(节选自蒋凡主编《古代十大散文流派》第五卷,湖南文艺出版社 1997 年版)

编选说明

梁启超(1873—1929),字卓如,号任公,又号饮冰室主人,广东新会人。曾倡导文体改良的"诗界革命"和"小说界革命"。著作合编为《饮冰室合集》。

---

① 僦(jiù):租赁。
② 烹脔(luán)鞭棰:古代的四种酷刑。
③ 澌(sī)亡:灭绝消亡。
④ 矞(yù)矞皇皇:形容色彩艳丽的样子。
⑤ 发硎(xíng):意谓刀刃刚磨好。硎,磨刀石。

本篇通过老年人与少年人的对比,指出"造成今日之老大中国者,则中国老朽之冤业也,制出将来之少年中国者,则中国少年之责任也"。作者对中国少年和未来中国充满信心,希望少年能够担负起中国复兴强盛的伟大历史责任,以实际行动驳斥外国人的"老大帝国"之称,树立起新的少年中国形象。文章感情炽烈,充满强烈的爱国情感,使用大量的排比句式,增强了文章的气势,使全篇读来气势恢宏。

扩展阅读

1. 程俊英译注:《诗经》,上海古籍出版社2006年版。
2. 夏延章、唐满先、刘方元译注:《四书今译》,江西人民出版社1986年版。
3. 孙武著:《孙子兵法》,上海古籍出版社2006年版。
4. 刘向著:《战国策》,中华书局2006年版。
5. 司马迁著:《史记》,湖北辞书出版社2010年版。
6. 饶尚宽译注:《老子》,中华书局2006年版。
7. 方勇译注:《庄子》,中华书局2010年版。
8. 孟二东译注:《陶渊明集译注》,吉林文史出版社1996年版。
9. 沈海波译注:《世说新语》,中华书局2009年版。
10. 陈延嘉、王同策、左振坤编著:《全上古三代秦汉三国六朝文》,河北教育出版社1997年版。
11. 梁满仓译注:《人物志》,中华书局2009年版。
12. 马银琴、周广荣译注:《搜神记》,中华书局2009年版。
13. 鲁迅校录:《古小说钩沉》,齐鲁书社1997年版。
14. 罗贯中著:《三国演义》,人民文学出版社1973年版。
15. 施耐庵著:《水浒传》,人民文学出版社1997年版。
16. 吴承恩著:《西游记》,人民文学出版社2009年版。
17. 冯梦龙、凌濛初著:《批评本三言二拍》,齐鲁书社1995年版。
18. 蒲松龄著:《全本新注聊斋志异》,朱其铠主编,人民文学出版社1989年版。
19. 吴敬梓著,张慧剑校注:《儒林外史》,人民文学出版社1958年版。
20. 曹雪芹著,高鹗续:《红楼梦》,人民文学出版社2008年版。

21. 吴楚材、吴调侯选注:《古文观止》,中华书局1987年版。
22. 吴趼人著:《二十年目睹之怪现状》,人民文学出版社1959年版。
23. 李宝嘉著:《官场现形记》,人民文学出版社1957年版。
24. 刘鹗著:《老残游记》,人民文学出版社2006年版。
25. 曾朴著:《孽海花》,人民文学出版社2006年版。
26. 袁枚著:《随园诗话》,人民文学出版社2006年版。
27. 王实甫著:《西厢记》,齐鲁出版社2004年版。
28. 汤显祖著:《牡丹亭》,人民文学出版社2005年版。
29. 孔尚任著:《桃花扇》,人民文学出版社2005年版。
30. 洪昇著:《长生殿》,人民文学出版社2005年版。

二
中国现代文学

鲁迅

藤野先生

东京也无非是这样。上野的樱花烂熳的时节，望去确也像绯红的轻云，但花下也缺不了成群结队的"清国留学生"的速成班，头顶上盘着大辫子，顶得学生制帽的顶上高高耸起，形成一座富士山。也有解散辫子，盘得平的，除下帽来，油光可鉴，宛如小姑娘的发髻一般，还要将脖子扭几扭。实在标致极了。

中国留学生会馆的门房里有几本书买，有时还值得去一转；倘在上午，里面的几间洋房里倒也还可以坐坐的。但到傍晚，有一间的地板便常不免要咚咚咚地响得震天，兼以满房烟尘斗乱；问问精通时事的人，答道："那是在学跳舞。"

到别的地方去看看，如何呢？

我就往仙台的医学专门学校去。从东京出发，不久便到一处驿站，写道：日暮里。不知怎地，我到现在还记得这名目。其次却只记得水户了，这是明的遗民朱舜水先生客死的地方。

仙台是一个市镇，并不大；冬天冷得厉害；还没有中国的学生。

大概是物以稀为贵罢。北京的白菜运往浙江，便用红头绳系住菜根，倒挂在水果店头，尊为"胶菜"；福建野生着的芦荟，一到北京就请进温室，且美其名曰"龙舌兰"。我到仙台也颇受了这样的优待，不但学校不收学费，几个职员还为我的食宿操心。我先是住在监狱旁边一个客店里的,初冬已经颇冷,蚊子却还多,后来用被盖了全身,用衣服包了头脸,只留两个鼻孔出气。在这呼吸不息的地方,蚊子竟无从插嘴,居然睡安稳了。饭食也不坏。但一位先生却以为这客店也包办囚人的饭食,我住在那里不相宜,几次三番,几次三番地说。我虽然觉得客店兼办囚人的饭食和我不相干,然而好意难却,也只得别寻相宜的住处了。于是搬到别一家,离监狱也很远,可惜每天总要喝难以下咽的芋梗汤。

从此就看见许多陌生的先生,听到许多新鲜的讲义。解剖学是两个教授分任的。最初是骨学。其时进来的是一个黑瘦的先生,八字须,戴着眼镜,挟着一迭大大小小的书。一将书放在讲台上,便用了缓慢而很有顿挫的声调,向学生介绍自己道——

"我就是叫做藤野严九郎的……"

后面有几个人笑起来了。他接着便讲述解剖学在日本发达的历史,那些大大小小的书,便是从最初到现今关于这一门学问的著作。起初有几本是线装的;还有翻刻中国译本的,他们的翻译和研究新的医学,并不比中国早。

那坐在后面发笑的是上学年不及格的留级学生,在校已经一年,掌故颇为熟悉的了。他们便给新生讲演每个教授的历史。这藤野先生,据说是穿衣服太模胡了,有时竟会忘记带领结;冬天是一件旧外套,寒颤颤的,有一回上火车去,致使管车的疑心他是扒手,叫车里的客人大家小心些。

他们的话大概是真的,我就亲见他有一次上讲堂没有带领结。

过了一星期,大约是星期六,他使助手来叫我了。到得研究室,见他坐在人骨和许多单独的头骨中间,——他其时正在研究着头骨,后来有一篇论文在本校的杂志上发表出来。

"我的讲义,你能抄下来么?"他问。

"可以抄一点。"

"拿来我看!"

我交出所抄的讲义去,他收下了,第二三天便还我,并且说,此后每一星期要送给他看一回。我拿下来打开看时,很吃了一惊,同时也感到一种不安和感激。原来我的讲义已经从头到末,都用红笔添改过了,不但增加了许多脱漏的地方,连文法的错误,也都一一订正。这样一直继续到教完了他所担任的功课:骨学、血管学、神经学。

可惜我那时太不用功，有时也很任性。还记得有一回藤野先生将我叫到他的研究室里去，翻出我那讲义上的一个图来，是下臂的血管，指着，向我和蔼地说道：

"你看，你将这条血管移了一点位置了。——自然，这样一移，的确比较的好看些，然而解剖图不是美术，实物是那么样的，我们没法改换它。现在我给你改好了，以后你要全照着黑板上那样的画。"

但是我还不服气，口头答应着，心里却想道：

"图还是我画的不错；至于实在的情形，我心里自然记得的。"

学年试验完毕之后，我便到东京玩了一夏天，秋初再回学校，成绩早已发表了，同学一百余人之中，我在中间，不过是没有落第。这回藤野先生所担任的功课，是解剖实习和局部解剖学。

解剖实习了大概一星期，他又叫我去了，很高兴地，仍用了极有抑扬的声调对我说道：

"我因为听说中国人是很敬重鬼的，所以很担心，怕你不肯解剖尸体。现在总算放心了，没有这回事。"

但他也偶有使我很为难的时候。他听说中国的女人是裹脚的，但不知道详细，所以要问我怎么裹法，足骨变成怎样的畸形，还叹息道："总要看一看才知道。究竟是怎么一回事呢？"

有一天，本级的学生会干事到我寓里来了，要借我的讲义看。我检出来交给他们，却只翻检了一通，并没有带走。但他们一走，邮差就送到一封很厚的信，拆开看时，第一句是：

"你改悔罢！"

这是《新约》上的句子罢，但经托尔斯泰新近引用过的。其时正值日俄战争，托老先生便写了一封给俄国和日本的皇帝的信，开首便是这一句。日本报纸上很斥责他的不逊，爱国青年也愤然，然而暗地里却早受了他的影响了。其次的话，大略是说上年解剖学试验的题目，是藤野先生讲义上做了记号，我预先知道的，所以能有这样的成绩。末尾是匿名。

我这才回忆到前几天的一件事。因为要开同级会，干事便在黑板上写广告，末一句是"请全数到会勿漏为要",而且在"漏"字旁边加了一个圈。我当时虽然觉到圈得可笑,但是毫不介意,这回才悟出那字也在讥刺我了,犹言我得了教员漏泄出来的题目。

我便将这事告知了藤野先生;有几个和我熟识的同学也很不平,一同去诘责干事托辞检查的无礼,并且要求他们将检查的结果,发表出来。终于这流言消灭了,干事却又竭力运动,要收回那一封匿名信去。结末是我便将这托尔斯泰式的信退还了他们。

中国是弱国,所以中国人当然是低能儿,分数在六十分以上,便不是自己的能力了:也无怪他们疑惑。但我接着便有参观枪毙中国人的命运了。第二年添教霉菌学,细菌的形状是全用电影来显示的,一段落已完而还没有到下课的时候,便影几片时事的片子,自然都是日本战胜俄国的情形。但偏有中国人夹在里边:给俄国人做侦探,被日本军捕获,要枪毙了,围着看的也是一群中国人;在讲堂里的还有一个我。

"万岁!"他们都拍掌欢呼起来。

这种欢呼,是每看一片都有的,但在我,这一声却特别听得刺耳。此后回到中国来,我看见那些闲看枪毙犯人的人们,他们也何尝不酒醉似的喝彩,——呜呼,无法可想!但在那时那地,我的意见却变化了。

到第二学年的终结,我便去寻藤野先生,告诉他我将不学医学,并且离开这仙台。他的脸色仿佛有些悲哀,似乎想说话,但竟没有说。

"我想去学生物学,先生教给我的学问,也还有用的。"其实我并没有决意要学生物学,因为看得他有些凄然,便说了一个慰安他的谎话。

"为医学而教的解剖学之类,怕于生物学也没有什么大帮助。"他叹息说。

将走的前几天,他叫我到他家里去,交给我一张照相,后面写着两个字道"惜别",还说希望将我的也送他。但我这时适值没有照相了;他便叮嘱我将来照了寄给他,并且时时通信告诉他此后的状况。

我离开仙台之后,就多年没有照过相,又因为状况也无聊,说起来无非使他失望,便连信也怕敢写了。经过的年月一多,话更无从说起,所以虽然有时想写信,却又难以下笔,这样的一直到现在,竟没有寄过一封信和一张照片。从他那一面看起来,是一去之后,杳无消息了。

但不知怎地,我总还时时记起他,在我所认为我师的之中,他是最使我感激,给我鼓励的一个。有时我常常想:他的对于我的热心的希望,不倦的教诲,小而言之,是为中国,就是希望中国有新的医学;大而言之,是为学术,就是希望新的医学传到中国去。他的性格,在我的眼里和心里是伟大的,虽然他的姓名并不为许多人所知道。

他所改正的讲义,我曾经订成三厚本,收藏着的,将作为永久的纪念。不幸七年前迁居的时候,中途毁坏了一口书箱,失去半箱书,恰巧这讲义也遗失在内了。责成运送局去找寻,寂无回信。只有他的照相至今还挂在我北京寓居的东墙上,书桌对面。每当夜间疲倦,正想偷懒时,仰面在灯光中瞥见他黑瘦的面貌,似乎正要说出抑扬顿挫的话来,便使我忽又良心发现,而且增加勇气了,于是点上一支烟,再继续写些为"正人君子"之流所深恶痛疾的文字。

(选自鲁迅著《朝花夕拾》,人民文学出版社 1979 年 12 月版)

编选说明

鲁迅(1881—1936),原名周树人,字豫才,浙江绍兴人。中国现代文学的奠基人。主要代表作有:小说集《呐喊》《彷徨》《故事新编》,散文诗集《野草》,散文集《朝花夕拾》,杂文集《坟》等。《藤野先生》是一篇回忆散文,记录了作者从东京到仙台学医的几个生活片段,以藤野先生为中心,通过直接描写和间接表现、正面记叙与反面衬托,深情地赞颂了藤野先生正直热诚、治学严谨、没有狭隘的民族偏见的高尚品质,同时也追述了自己弃医从文的思想变化历程,流露出强烈的爱国主义感情。本文通过选取"我"与先生交往的四件小事来表现先生的人格魅力,语言朴实无华,却感人至深。

鲁迅

秋　夜

　　在我的后园,可以看见墙外有两株树,一株是枣树,还有一株也是枣树。

　　这上面的夜的天空,奇怪而高,我生平没有见过这样的奇怪而高的天空,他仿佛要离开人间而去,使人们仰面不再看见。然而现在却非常之蓝,闪闪地睒着几十个星星的眼,冷眼。他的口角上现出微笑,似乎自以为大有深意,而将繁霜洒在我的园里的野花草上。

　　我还不知道那些花草真叫什么名字,人们叫他们什么名字。我记得有一种开过极细小的粉红花,现在还在开着,但是更极细小了,她在冷的夜气中,瑟缩地做梦,梦见春的到来,梦见秋的到来,梦见瘦的诗人将眼泪擦在她最末的花瓣上,告诉她秋虽然来,冬虽然来,而此后接着还是春,蝴蝶乱飞,蜜蜂都唱起春词来了。她于是一笑,虽然颜色冻得红惨惨地,仍然瑟缩着。

　　枣树,他们简直落尽了叶子。先前,还有一两个孩子来打别人打剩的枣子,现在是一个也不剩了,连叶子也落尽了。他知道小粉红花的梦,秋后要有春。他也知道落叶的梦,春后面还是秋。他简直落尽叶子,单剩干子,然而脱了当初满树是果实和叶子时候的弧形,欠伸得倒很舒服。但是,有几枝还低亚着,护定他从打枣的竿梢所得的皮伤,而最直最长的几枝,却已默默地铁似地直刺着奇怪而高的天空,使天空闪闪地鬼䀹眼;直刺着天空中圆满的月亮,使月亮窘得发白。

　　鬼䀹眼的天空越加非常之蓝,不安了,仿佛想离去人间,避开枣树,只将月亮剩下。然而月亮也暗暗地躲到东边去了。而一无所有的干子,却仍然默默地铁似地直刺着奇怪而高的天空,一意要制他的死命,不管他各式各样地夹着许多蛊惑的眼睛。

哇的一声，夜游的恶鸟飞过了。

我忽而听到夜半笑声，吃吃地，似乎不愿意惊动睡着的人，然而四周的空气都应和着笑。夜半，没有别的人，我即刻听出这声音就在我嘴里，我也即刻被这笑声所驱逐，回进自己的房。灯火的带子也即刻被我旋高了。

后窗的玻璃上丁丁地响，还有许多小飞虫乱撞。不多久，几个进来了，许是从窗纸的破孔进来的。他们一进来，又在玻璃的灯罩上撞得丁丁地响。一个从上面撞进去了，他于是遇到火，而且我以为这火是真的。两三个却休息在灯的纸罩上喘气。那罩是昨晚新换的罩，雪白的纸，折出波浪纹的叠痕，一角还画出一枝猩红色的栀子。

猩红的栀子开花时，枣树又要做小粉红花的梦，青葱地弯成弧形了……我又听到夜半的笑声；我赶紧砍断我的心绪，看那老在白纸罩上的小青虫，头大尾小，向日葵似的，只有半粒小麦那么大，遍身的颜色苍翠得可爱，可怜。

我打一个呵欠，点起一支纸烟，喷出烟来，对着灯默默地敬奠这些苍翠精致的英雄们。

（选自高永年编著《二十世纪中国现当代文学作品选·散文卷》，江苏教育出版社2003年2月版）

| 编选说明 |

《秋夜》是鲁迅散文诗集《野草》的第一篇。《野草》写于"五四"退潮后的苦闷彷徨期，表现了作者苦闷中求索、失望中抗争、孤独中前行的韧性斗争精神。《秋夜》描绘了一幅严霜肃杀的深秋图景，以此象征当时的社会现实。枣树是一个顽强抗拒黑暗、不克厌敌战斗不止的清醒、冷静、有韧性的战斗者形象，也是鲁迅人格精神和战斗豪情的诗意写照。小粉红花靠"做着春天的梦"来生存，象征那些既想反抗又缺乏勇气，既向往未来又感到前途渺茫的一类人。小青虫则是为追求光明而英勇献身的烈士象征。与枣树相比，它们不够成熟，对于它们的牺牲，作者表示了敬意。本文运用写实与象征相结合的手法，融情入景，创造了一个冷峻幽深的艺术境界。

周作人

乌篷船

子荣君：

　　接到手书，知道你要到我的故乡去，叫我给你一点什么指导。老实说，我的故乡，真正觉得可怀恋的地方，并不是那里；但是因为在那里生长，住过十多年，究竟知道一点情形，所以写这一封信告诉你。

　　我所要告诉你的，并不是那里的风土人情，那是写不尽的，但是你到那里一看也就会明白的，不必啰唆地多讲。我要说的是一种很有趣的东西，这便是船。你在家乡平常总坐人力车、电车，或是汽车，但在我的故乡那里这些都没有，除了在城内或山上是用轿子以外，普通代步都是用船。船有两种，普通坐的都是"乌篷船"，白篷的大抵作航船用，坐夜航船到西陵去也有特别的风趣，但是你总不便坐，所以我就可以不说了。乌篷船大的为"四明瓦"（Symenngoa），小的为脚划船（划读 uoa）亦称小船。但是最适用的还是在这中间的"三道"，亦即三明瓦。篷是半圆形的，用竹片编成，中夹竹箬，上涂黑油，在两扇"定篷"之间放着一扇遮阳，也是半圆的，木作格子，嵌着一片片的小鱼鳞，径约一寸，颇有点透明，略似玻璃而坚韧耐用，这就称为明瓦。三明瓦者，谓其中舱有两道，后舱有一道明瓦也。船尾用橹，大抵两支，船首有竹篙，用以定船。船头着眉目，状如老虎，但似在微笑，颇滑稽而不可怕，唯白篷船则无之。三道船篷之高大约可以使你直立，舱宽可以放下一顶方桌，四个人坐着打马将，——这个恐怕你也已学会了罢？小船则真是一叶扁舟，你坐在船底席上，篷顶离你的头有两三寸，你的两手可以搁在左右的骇上，还把手都露出在外边。在这种船里仿佛是在水面上坐，靠近田岸去时泥土便和你的眼鼻接近,而且遇着风浪,或是坐得少不小心,就会船底朝天,发生危险,但是也颇有趣味,是水乡的一种特色。不过你总可以不必去坐,最好还是坐那三道船罢。

你如坐船出去,可是不能像坐电车的那样性急,立刻盼望走到。倘若出城,走三四十里路(我们那里的里程是很短,一里才及英哩三分之一),来回总要预备一天。你坐在船上,应该是游山的态度,看看四周物色,随处可见的山,岸旁的乌桕,河边的红蓼和白蘋、渔舍,各式各样的桥,困倦的时候睡在舱中拿出随笔来看,或者冲一碗清茶喝喝。偏门外的鉴湖一带,贺家池,壶筋左近,我都是喜欢的,或者往娄公埠骑驴去游兰亭(但我劝你还是步行,骑驴或者于你不很相宜),到得暮色苍然的时候进城上都挂着薜荔的东门来,倒是颇有趣味的事。倘若路上不平静,你往杭州去时可于下午开船,黄昏时候的景色正最好看,只可惜这一带地方的名字我都忘记了。夜间睡在舱中,听水声橹声,来往船只的招呼声,以及乡间的犬吠鸡鸣,也都很有意思。雇一只船到乡下去看庙戏,可以了解中国旧戏的真趣味,而且在船上行动自如,要看就看,要睡就睡,要喝酒就喝酒,我觉得也可以算是理想的行乐法。只可惜讲维新以来这些演剧与迎会都已禁止,中产阶级的低能人别在"布业会馆"等处建起"海式"的戏场来,请大家买票看上海的猫儿戏。这些地方你千万不要去。——你到我那故乡,恐怕没有一个人认得,我又因为在教书不能陪你去玩,坐夜船,谈闲天,实在抱歉而且惆怅。川岛君夫妇现在偶山下,本来可以给你介绍,但是你到那里的时候他们恐怕已经离开故乡了。初寒,善自珍重,不尽。

十五年十一月十八日夜,于北京。

〔选自钱谷融编著《中国现当代文学作品选》(上下卷),华东师范大学出版社2008年6月版〕

编选说明

周作人(1885—1967),浙江绍兴人,鲁迅胞弟,散文集主要有《自己的园地》《雨天的书》等。《乌篷船》是周作人小品文的代表作之一。它以书信体的形式,在亲切随意的话语中娓娓道出自己家乡的一种很有趣的东西——乌篷船。不但说明"乌篷"与"白篷"的区别,乌篷船中大船和小船的不同,而且连它的形状、材料、结构、用途等都作了具体描述。如数家珍的介绍中流露出对家乡的深情,表达了一种隐逸闲适的人生态度。周作人是五四时期"美文"理论的倡导者和实践者。他的作品平和冲淡,舒卷自如,朴素隽永,对五四以来的散文创作产生了重要影响。

郁达夫

故都的秋

　　秋天,无论在什么地方的秋天,总是好的;可是啊,北国的秋,却特别地来得清,来得静,来得悲凉。我的不远千里,要从杭州赶上青岛,更要从青岛赶上北平来的理由,也不过想饱尝一尝这"秋",这故都的秋味。

　　江南,秋当然也是有的,但草木凋得慢,空气来得润,天的颜色显得淡,并且又时常多雨而少风;一个人夹在苏州上海杭州,或厦门香港广州的市民中间,混混沌沌地过去,只能感到一点点清凉,秋的味,秋的色,秋的意境与姿态,总看不饱,尝不透,赏玩不到十足。秋并不是名花,也并不是美酒,那一种半开、半醉的状态,在领略秋的过程上,是不合适的。

　　不逢北国之秋,已将近十余年了。在南方每年到了秋天,总要想起陶然亭的芦花,钓鱼台的柳影,西山的虫唱,玉泉的夜月,潭柘寺的钟声。在北平即使不出门去吧,就是在皇城人海之中,租人家一椽破屋来住着,早晨起来,泡一碗浓茶,向院子一坐,你也能看得到很高很高的碧绿的天色,听得到青天下驯鸽的飞声。从槐树叶底,朝东细数着一丝一丝漏下来的日光,或在破壁腰中,静对着像喇叭似的牵牛花(朝荣)的蓝朵,自然而然地也能够感觉到十分的秋意。说到了牵牛花,我以为以蓝色或白色者为佳,紫黑色次之,淡红色最下。最好,还要在牵牛花底,教长着几根疏疏落落的尖细且长的秋草,使作陪衬。

　　北国的槐树,也是一种能使人联想起秋来的点缀。像花而又不是花的那一种落蕊,早晨起来,会铺得满地。脚踏上去,声音也没有,气味也没有,只能感出一点点极微细极柔软的触觉。扫街的在树影下一阵扫后,灰土上留下来的一条条扫帚的丝纹,看起来既觉得细腻,又觉得清闲,潜意识下并且还觉得有点儿落窠，古人所说的梧桐一叶而天下知秋的遥想，大约也就在这些深沉的地方。

秋蝉的衰弱的残声，更是北国的特产，因为北平处处全长着树，屋子又低，所以无论在什么地方，都听得见它们的啼唱。在南方是非要上郊外或山上去才听得到的。这嘶叫的秋蝉，在北方可和蟋蟀、耗子一样，简直像是家家户户都养在家里的家虫。

还有秋雨哩。北方的秋雨，也似乎比南方的下得奇，下得有味，下得更像样。在灰沉沉的天底下，忽而来一阵凉风，便息列索落地下起雨来了。一层雨过，云渐渐地卷向了西去，天又晴了，太阳又露出脸来了，着着很厚的青布单衣或夹袄的都市闲人，咬着烟管，在雨后的斜桥影里，上桥头树底下去一立，遇见熟人，便会用了缓慢悠闲的声调，微叹着互答着地说：

"唉，天可真凉了……"（这了字念得很高，拖得很长。）

"可不是吗？一层秋雨一层凉了！"

北方人念阵字，总老像是层字，平平仄仄起来，这念错的歧韵，倒来得正好。

北方的果树，到秋天，也是一种奇景。第一是枣子树，屋角，墙头，茅房边上，灶房门口，它都会一株株地长大起来。像橄榄又像鸽蛋似的这枣子颗儿，在小椭圆形的细叶中间，显出淡绿微黄的颜色的时候，正是秋的全盛时期，等枣树叶落，枣子红完，西北风就要起来了，北方便是沙尘灰土的世界，只有这枣子、柿子、葡萄，成熟到八九分的七八月之交，是北国的清秋的佳日，是一年之中最好也没有的 Golden Days。

有些批评家说，中国的文人学士，尤其是诗人，都带着很浓厚的颓废的色彩，所以中国的诗文里，赞颂秋的文字特别的多。但外国的诗人，又何尝不然？我虽则外国诗文念的不多，也不想开出账来，做一篇秋的诗歌散文钞，但你若去一翻英德法意等诗人的集子，或各国的诗文的 Anthology 来，总能够看到许多关于秋的歌颂和悲啼。各著名的大诗人的长篇田园诗或四季诗里，也总以关于秋的部分，写得最出色而最有味。足见有感觉的动物，有情趣的人类，对于秋，总是一样地特别能引起深沉、幽远、严厉、萧索的感触来的。不单是诗人，就是被关闭在牢狱里的囚犯，到了秋天，我想也一定能感到一种不能自已的深情。秋之于人，何尝有国别，更何尝有人种阶级的区别呢？不过在中国，文字里有一个"秋士"的成语，读本里又有着很普遍的欧阳子的《秋声》与苏东坡的《赤壁赋》等，就觉得中国的文人，与秋的关系特别深了。可是这秋的深味，尤其是中国的秋的深味，非要在北方，才感受得到底。

南国之秋，当然也是有它的特异的地方的，比如廿四桥的明月，钱塘江的秋潮，普陀山的凉雾，荔枝湾的残荷等等，可是色彩不浓，回味不永。比起北国的秋来，正像是黄酒之与白干，稀饭之与馍馍，鲈鱼之与大蟹，黄犬之与骆驼。

秋天，这北国的秋天，若留得住的话，我愿把寿命的三分之二折去，换得一个三分之一的零头。

一九三四年八月，在北平

（选自高永年编著《二十世纪中国现当代文学作品选·散文卷》，江苏教育出版社2003年2月版）

编选说明

郁达夫（1896—1945），原名郁文，浙江富阳人。提倡"自叙传"的小说观念，在新文学运动中影响甚大，是中国现代抒情小说的开创者，《沉沦》是其成名作同时也是其代表作。《故都的秋》典型地体现了郁达夫散文的独特个性和美学价值。文章开头和结尾都以北国之秋和江南之秋作对比，表达对北国之秋的向往之情。中间部分按照"清""静""悲凉"三个层次逐一展开，描绘了北国秋的"色""味""意境"和"姿态"，表达了对故都的眷恋之情和对美的追求，流露出沉静、落寞的心境。作品情景交相融会，语言清新典雅，具有诗一样的韵律美。

徐志摩

翡冷翠山居闲话

在这里出门散步去，上山或是下山，在一个晴好的五月的向晚，正像是去赴一个美的宴会，比如去一果子园，那边每株树上都是满挂着诗情最秀逸的果实，假如你单是站着看还不满意时，只要你一伸手就可以采取，可以恣尝鲜味，足够你性灵的迷醉。阳光正好暖和，决不过暖；风息是温驯的，而且往往因为他是从繁花的山林里吹度过来，他带来一股幽远的淡香，连着一息滋润的水气，摩挲着你的颜面，轻绕着你的肩腰，就这单纯的呼吸已是无穷的愉快；空气总是明净的，近谷内不生烟，远山上不起霭，那美秀风景的全部正像画片似的展露在你的眼前供你闲暇的鉴赏。

作客山中的妙处，尤在你永不须踌躇你的服色与体态；你不妨摇曳着一头的蓬草，不妨纵容你满腮的苔藓；你爱穿什么就穿什么；扮一个牧童，扮一个渔翁，装一个农夫，装一个走江湖的桀卜闪，装一个猎户；你再不必提心整理你的领结，你尽可以不用领结，给你的颈根与胸膛一半日的自由，你可以拿一条这边艳色的长巾包在你的头上，学一个太平军的头目，或是拜伦那埃及装的姿态；但最要紧的是穿上你最旧的旧鞋，别管他模样不佳，他们是顶可爱的好友，他们承着你的体重却不叫你记起你还有一双脚在你的底下。

这样的玩顶好是不要约伴，我竟想严格的取缔，只许你独身；因为有了伴多少总得叫你分心，尤其是年轻的女伴，那是最危险最专制不过的旅伴，你应得躲避她像你躲避青草里一条美丽的花蛇！平常我们从自己家里走到朋友的家里，或是我们执事的地方，那无非是在同一个大牢里从一间狱室移到另一间狱室去，拘束永远跟着我们，自由永远寻不到我们；但在这春夏间美秀的山中或乡间你要是有机会独身闲逛时,那才是你福星高照的时候,那才是你实际领受,亲口尝味,自由与自在的时候,那才是你肉体与灵魂行动一致的时候;朋友们,我们多长一岁年纪往往只是加重我们头上的枷,加紧我们脚胫上的链,我们见小孩子在草里在沙堆里在浅水里打滚作乐,或是看见小猫追他自己的尾巴,何尝没有羡慕的时候,但我们的枷,我们的链永远是制定我们行动的上司!所以只有你单身奔赴大自然的怀抱时,像一个裸体的小孩扑入他母亲的怀抱时,你才知道灵魂的愉快是怎样的,单是活着的快乐是怎样的,单就呼吸单就走道单就张眼看耸耳听的幸福是怎样的。因此你得严格的为己,极端的自私,只许你,体魄与性灵,与自然同在一个脉搏里跳动,同在一个音波里起伏,同在一个神奇的宇宙里自得。我们浑朴的天真是像含羞草似的娇柔,一经同伴的抵触,他就卷了起来,但在澄静的日光下,和风中,他的恣态是自然的,他的生活是无阻碍的。

  你一个人漫游的时候,你就会在青草里坐地仰卧,甚至有时打滚,因为草的和暖的颜色自然的唤起你童稚的活泼;在静僻的道上你就会不自主的狂舞,看着你自己的身影幻出种种诡异的变相,因为道旁树木的阴影在他们纤徐的婆娑里暗示你舞蹈的快乐;你也会得信口的歌唱,偶尔记起断片的音调,与你自己随口的小曲,因为树林中的莺燕告诉你春光是应得赞美的;更不必说你的胸襟自然会跟着漫长的山径开拓,你的心地会看着澄蓝的天空静定,你的思想和着山壑间的水声,山罅里的泉响,有时一澄到底的清澈,有时激起成章的波动,流,流,流入凉爽的橄榄林中,流入妩媚的阿诺河去……

  并且你不但不须约伴,每逢这样的旅行,你也不必带书。书是理想的伴侣,但你应得带书,是在火车上,在你住处的客室里,不是在你独身漫步的时候。什么伟大的深沉的鼓舞的清明的优美的思想的根源不是可以在风籁中,云彩里,山势与地形的起伏里,花草的颜色与香息里寻得?自然是最伟大的一部书,葛德说,在他每一页的字句里我们读得最深奥的消息。并且这书上的文字是人人懂得的;阿尔帕斯与五老峰,雪西里与普陀山,莱茵河与扬子江,梨梦湖与西子湖,建兰与琼花,杭州西溪的芦雪与威尼市夕照的红潮,百灵与夜莺,更不提一般黄的黄麦,一般紫的紫藤,一般青的青草同在大地上生长,同在和风中波动——他们应用的符号是永远一致的,他们的意义是永远明显的,只要你自己心灵上不长疮瘢,眼不盲,耳不塞,这无形迹的最高等教育便永远是你的名分,这不取费的最珍贵的补剂便永远供你的受用;只要你认识了这一部书,你在这世界上寂寞时便不寂寞,穷困时不穷困,苦恼时有安慰,挫折时有鼓励,软弱时有督责,迷失时有南针。

〔选自钱谷融编著《中国现当代文学作品选》(上下卷),华东师范大学出版社 2008 年版〕

编选说明

　　徐志摩(1897—1931),浙江海宁人,新月派代表诗人,著有诗集《志摩的诗》《翡冷翠的一夜》等,其散文成就不亚于诗歌。"翡冷翠"即意大利著名城市佛罗伦萨。本文是一篇富有田园牧歌情调的诗化小品散文。全文以与隐含读者"你"闲话的口吻展开写景和抒情,抒发了做客山中亲近大自然所带来的自由与快乐,"你永不须踌躇你的肤色与体态","你不但不须约伴,每逢这样的旅行,你也不必带书",因为"自然是最伟大的一部书"!文章写得悠闲纡徐,从容自适。徐志摩曾把自己的笔比成"一匹最不受羁绊的野马",但从此文可以看出,他也并非信马由缰。开头写景为下文抒情作铺垫,中间部分从外在行动和内在思想两方面书写投入自然的感受,结尾升华主题,收束全篇。

沈从文

鸭窠围的夜

　　天快黄昏时落了一阵雪子,不久就停了。天气真冷,在寒气中一切都仿佛结了冰。便是空气,也像快要冻结的样子。我包定的那一只小船,在天空大抛撒着雪子时已泊了岸,从桃源县沿河而上这已是第五个夜晚。看情形晚上还会有风有雪,故船泊岸边时候便从各处挑选好地方。沿岸除了某一处有片沙岨宜于泊船以外,其余地方全是黛色如屋的大岩石。石头既然那么大,船又那么小,我们都希望寻觅得到一个能作小船风雪屏障,同时要上岸又还方便的处所。凡是可以泊船的地方早已被当地渔船占去了。小船上的水手,把船上下各处撑去,钢钻头敲打着沿岸大石头,发出好听的声音,结果这只小船,还是不能不同许多大小船只一样,在正当泊船处插了篙子,把当做锚头用的石碇抛到沙上去,尽那行将来到的风雪,摊派到这只船上。

　　这地方是个长潭的转折处,两岸是高大壁立千丈的山,山头上长着小小竹子,长年翠色逼人。这时节两山只剩余一抹深黑,赖天空微明为画出一个轮廓。但在黄昏里看来如一种奇迹的,却是两岸高处去水已三十丈上下的吊脚楼。这些房子莫不俨然悬挂在半空中,借着黄昏的余光,还可以把这稀奇的楼房形体,看得出个大略。这些房子同沿河一切房子有个共通相似处,便是从结构上说来,处处显出对于木材的浪费。房屋子既在半山上,不用那么多木料,便不能成为房子吗? 半山上也用吊脚楼形式,这形式是必须的吗? 然而这条河水的大宗出口是木料,木材比石块还不值价。因此,即或是河水永远长不到处,吊脚楼房子依然存在,似乎也不应当有何惹眼惊奇了。但沿河因为有了这些楼房,长年与流水斗争的水手,奇身船中枯闷成疾的旅行者,以及其他过路人,却有了落脚处了。

这些人的疲劳与寂寞是从这些房子中可以一律解除的。地方既好看，也好玩。

河面大小船只泊定后，莫不点了小小的油灯，拉了篷。各个船上皆在后舱烧了火，用铁鼎罐煮红米饭。饭焖熟后，又换锅子熬油，哗的把菜蔬倒进热锅里去。一切齐全了，各人蹲在舱板上三碗五碗把腹中填满后，天已夜了。水手们怕冷怕动的。收拾碗盏后，就莫不在舱板上摊开了被盖，把身体钻进那个预先卷成一筒又冷又湿的硬棉被里去休息。至于那些想喝一杯的，发了烟瘾得靠靠灯，船上烟灰又翻尽了的，或一无所为，只是不甘寂寞，好事好玩想到岸上去烤烤火谈谈天的，便莫不提了桅灯，或燃一段废缆子，摇晃着从船头跳上了岸，从一堆石头间的小路径，爬到半山上吊脚楼房子那边去，找寻自己的熟人，找寻自己的熟地。陌生人自然也有来到这条河中来到这种吊脚楼房子里的时节，但一到地，在火堆旁小柏树凳上一坐，便是陌生人，即刻也就可以称为熟人乡亲了。

这河边两岸除了停泊有上下行的大小船只三十左右以外，还有无数在日前趁融雪涨水放下形体大小不一的木筏。较小的木筏，上面供给人住宿过夜的棚子也不见，一到了码头，便各自上岸找住处去了。大一些的木筏呢，则有房屋，有船只，有小小菜园与养猪养鸡栅栏，还有女眷和小孩子。

黑夜占领了全个河面时，还可以看到木筏上的火光，吊脚楼窗口的灯光，以及上岸下船在河岸大石间飘忽动人的火炬红光。这时节岸上船上都有人说话，吊脚楼上且有妇人在黯淡灯光下唱小曲的声音，每次唱完一支小曲时，就有人笑嚷。什么人家吊脚楼下有匹小羊叫，固执而且柔和的声音，使人听来觉得忧郁。我心中想着："这一定是从别一处牵来的，另外一个地方，那小畜生的母亲，一定也那么固执的鸣着吧。"算算日子，再过十一天便过年了。"小畜生明不明白只能在这个世界上活过十天八天？明白也罢，不明白也罢，这小畜生是为了过年而赶来，应在这个地方死去的。此后固执而又柔和的声音，将在我耳边永远不会消失。我觉得忧郁起来了。我仿佛触着了世界上一点东西，看明白了这世界上一点东西，心里软和得很。

但我不能这样子打发这个长夜。我把我的想象，追随了一个唱曲时清中夹沙的妇女声音，到她的身边去了。于是仿佛看到了一个床铺，下面是草荐，上面摊了一床用旧帆布或别的旧货做成脏而又硬的棉被，搁在床正中被单上面的是一个长方木托盘，盘中有一把小茶盏，一个小烟盒，一支烟枪，一块小石头，一盏灯。盘边躺着一个人在烧烟。唱曲子的妇人，或是袖了手捏着自己的膀子站在吃烟者的面前，或是靠在男子对面的床头，为客人烧烟。房子分两进，前面临街，地是土地，后面临河，便是所谓吊脚楼了。这些人房子窗口既一面临河，可以凭了窗口呼喊河下船中人，当船上人过了瘾，胡闹已够，下船时，或者尚有些事情嘱托，或有其他原因，一个晃着火炬停顿在大石间，一个便凭立在窗口："大老你记着，船下行时又来。""好，我来的，我记着的。""你见了顺顺就说：会呢，完了；孩子大牛呢，脚膝骨好了。细粉带三斤。""记得到，记得到，大娘你放心，我见了顺顺大爷就说：会呢，完了。大牛呢，好了。细粉来三斤，冰糖来三斤。""杨氏，杨氏，一共四吊七，莫错账！""是的，放心呵，你说四吊七就四吊七，年三十夜莫会要你多的！你自己记着就是了！"这样那样的说着，我一一都可听到，而且一面还可以听着黑暗中某一处咩咩的羊鸣。我明白这些回船的人是上岸吃过"荤烟"了的。

  我还估计得出，这些人不吃"荤烟"，上岸时只去烤烤火的，到了那些屋子里时，便多数只在临街那一面铺子里。这时节天气太冷，大门必已上好了，屋里一隅或点了小小油灯，屋中土地上必就地掘了浅凹火炉膛，烧了些树根柴声。火光煜煜，且时时刻刻爆炸着一种难于形容的声音。火旁矮板凳上坐有船上人，木筏上人，有对河住家的熟人。且有虽为天所厌弃还不自弃年过七十的老妇人，闭着眼睛蜷成一团蹲在火边，悄悄的从大袖筒里取出一片薯干或一枚红枣，塞到嘴里去咀嚼。有穿着肮脏身体瘦弱的孩子，手擦着眼睛傍着火旁的母亲打盹。屋主人有为退伍的老军人，有翻船背运的老水手，有单身寡妇，借着火光灯光，可以看得出这屋中的大略情形，三堵木板壁上，一面必有个供奉祖宗的神龛，神龛下空处或另一面，必贴了一些大小不一的红白名片。这些名片倘若有那些好事者加以注意，用小油灯照着，去仔细检查检查，便可以发现许多动人的名衔，军队上的连副，上士，一等兵，商号中的管事，当地的团总，保正，催租吏，以及照例姓滕的船主，洪江的木牌商人，与其他各行各业人物，无所不有。这是近一二十年来经过此地若干人中一小部分的题名录。这些人各用一种不同的生活，来到这个地方且同样的来到这些屋子里，坐在火边或靠近床边，逗留过若干时间。这些人离开了此地后，在另一世界里还是继续活下去，但除了同自己的生活圈子中人发生关系以外，与一同在这个世界上其他的人，却仿佛便毫无关系可言了。他们如今也许早已死掉了；水淹死的，枪打死的，被外妻用砒霜谋杀的，然而这些名片却依然将好好的保留下去。也许有些人已成了富人名人，成了当地的小军阀；这些名片却仍然写着催租人，上士等等的衔头。……除了这些名片，那屋子里是不是还有比它更引人注意的东西呢？锯子，小捞兜，香烟大画片，装干栗子的口袋……

　　提起这些问题时使人心中很激动。我到船头上去眺望了一阵，河面静静的，木筏上火光小了，船上的灯光已很少了，远近一切只能借着水面微光看出个大略情形。另外一处的吊脚楼上，又有了妇人唱小曲的声音，灯光摇摇不定，且有猜拳声音。我估计那些灯光同声音所在处，不是木筏上的牌头在取乐，就是水手们和商人在喝酒。妇人手指上说不定还戴了水手特别为她从常德府捎带来的镀金戒指，一面唱曲一面把那只手理着鬓角，多动人的一幅画图！我认识他们的哀乐，这一切我也有份。看他们在那里把每个日子打发下去，也是眼泪也是笑，离我虽么远，同时又与我那么相近。这正是同读一篇描写西伯利亚的农人生活动人作品一样，使人掩卷引起无言的哀戚。我如今只用想象去领味这些人生活的表面姿态，却用过去一分经验，接触着了这种人的灵魂。

　　羊还固执的鸣着。远处不知什么地方有锣鼓声音，那一定是某个人家禳土酬神还愿巫师的锣鼓。声音所在处必有灯火与九品蜡烛照耀争辉。眩目火光下必有头包红布的老巫师独立作旋风舞，门上架上有黄钱，平地有装满了谷米的平斗。有新宰的猪羊伏在木架上，头上插着小小五色纸旗。有行将为巫师用口把头咬下的活生公鸡，缚了双脚与翼翅，在土坛边无可奈何的躺卧。主人锅灶边则热了满锅猪血稀粥，灶中正火光熊熊。

　　邻近一只在船上，水手们已静静的睡下了，只剩余一个人吸着烟，且时时刻刻把烟管敲着船舷。也像听着吊脚楼的声音，为那点声音所激动，引起种种联想，忽然按捺自己不住了，只听到他轻轻的骂着野话，擦了支自来火，点上一段废缆，跳上岸往吊脚楼那里去了。他在岸上大石间走动时，火光便从船篷空处漏进我的船中。也是同样的情形吧，在一只装载棉军服向上行驶的船上，泊到同样的岸边，躺在成束成捆的军服上面，夜既太长，水手们爱玩牌的各蹲坐在舱板上小油灯光下玩天九，睡既不成，便胡乱穿了两套棉军服，空手上岸，借着石块间还未融尽残雪返照的微光，直向高岸上有火光处走去。到了街上，除了从人家门罅里露出的灯光成一条长线横卧着，此外一无所有。在计算中以为应可见到的小摊上成堆的花生，用哈德门长烟盒装着干瘪瘪的小橘子，切成小方块的片糖，以及在灯光下看守摊子把眉毛扯得极细的妇人（这些妇人无事可做时还会在灯光下做点针线的），如今什么也没有，既不敢冒昧闯进一个人家里面去，便只好又回转河边船上了。但上山时向灯光凝聚处走去，方向不会错误。下河时可糟了。糊糊涂涂在大石小石间走了许久，且大声喊着，才走近自己所坐的一只船。上船时，两脚全是泥，刚攀上船舷还不及脱鞋落舱，就有人在棉被中大喊："伙计哥子们，脱鞋呀！"把鞋脱了还不即睡，便镶到水手身旁去看牌，一直看到半夜，——十五年前自己的事，在这样地方温习起来，使人对命运感到十分惊异。我懂得那个忽然独自跑上岸去的人，为什么上去的理由！

等了一会，邻船上那人还不回到他自己的船上来，我明白他所得的必比我多了一些。我想听听他回来时，是不是也像别的船上人，有一个妇人在吊脚楼窗口喊叫他。许多人都陆续回到船上了，这人却没有下船。我记起"柏子"。但是同样是水上人，一个那么快乐的赶到岸上去，一个是那么寂寞的跟着别人后面走上岸去，到了那些地方，情形不会同柏子一样，也是很显然的事了。

为了我想听听那人上船时那点推篷声音，我打算着，在一切声音全已安静时，我仍然不能睡觉。我等待那点声音。大约到午夜十二点，水面上却起了另外一种声音。仿佛鼓声，也仿佛汽油船马达转动声，声音慢慢的近了，可是慢慢的又远了。像是一个有魔力的歌唱，单纯到不可比方，也便是那种固执的单调，以及单调的延长，使一个身临其境的人，想用一组文字去捕捉那点声音，以及捕捉在那长潭深夜一个人为那声音所迷惑时节的心情，实近于一种徒劳无功的努力。那点声音使我不得不再从那个业已用被单塞好原空罅的舱门，到船头去搜索它的来源。河面一片红光，古怪声音也就从红光一面掠水而来。原来日里隐藏在大岩石下的一些小渔船，在半夜前早已静悄悄的下了拦江网。到了半夜，把一个从船头伸在水面的铁兜，盛上燃着熊熊烈火的油柴，一面用木棒槌有节奏的敲着船舷各处漂去。身在水中见了火光而来与受了柝声吃惊的四窜的鱼类，便在这种情形中触了网，成为渔人的俘虏。当地人把这种捕鱼方法叫"赶白"。

一切光，一切声音，到这时节已为黑夜所抚慰而安静了，只有水面上那一分红光与那一派声音。那种声音与光明，正为着水中的鱼和水面的渔人生存的搏战，已在这河面上存在了若干年，且将在接连而来的每个夜晚依然继续存在。我弄明白了,回到舱中以后,依然默听着那个单调的声音。我所看到的仿佛是一种原始人与自然战争的情景。那声音,那火光,都近于原始人类的战争,把我带到四五千年那个"过去"时间里去。

不知在什么时候开始落了很大的雪,船上人细语着,我心想,第二天我一定可以看到邻船上那个人上船时节,在岸边雪地上留下那一行足迹,那寂寞的足迹,事实上我却不曾见到,因为第二天到我醒来时,小船已离开那个泊船处很远了。

〔选自钱谷融编著《中国现当代文学作品选》(上下卷),华东师范大学出版社2008年版〕

编选说明

沈从文(1902—1988),原名沈岳焕,湖南凤凰人,现代小说家,散文家。他用小说《边城》、散文《湘行散记》构筑的"湘西"是中国现代文学中最具特色与光彩的文学世界之一。《湘行散记》是由作者于1934年1月回乡探亲途中写给妻子张兆和的近五十封信整理而成的。本文是其中一篇,描写了夜宿鸭窠围的所见所闻及其引发的联想与沉思。他的弟子汪曾祺曾说:"沈先生擅长用一些颜色、一些声音来描绘这种安静的诗情。在这方面,他在近代散文作家中可称圣手。"譬如文中吊脚楼窗口边充满人间烟火味的叮咛,即将被屠宰的小羊那固执而柔和的叫声等。沈从文常以"乡下人"自居,批判都市文明,坚持从乡村中寻找人性之美,"我要表现的本是一种'人生的形式',一种'优美,健康,自然,而又不悖乎人性的人生形式'"。

叶圣陶

藕与莼菜

　　同朋友喝酒,嚼着薄片的雪藕,忽然怀念起故乡来了。若在故乡,每当新秋的早晨,门前经过许多的乡人:男的紫赤的臂膊和小腿肌肉突起,躯干高大且挺直,使人想起健康的感觉;女的往往裹着白地青花的头巾,虽然赤脚,却穿短短的夏布裙,躯干固然不及男的这样高,但是别有一种健康的美的风致;他们各挑着一副担子,盛着鲜嫩玉色的长节的藕。在产藕的池塘里,在城外曲曲弯弯的小河边,他们把这些藕一再洗濯,所以这样洁白。仿佛他们以为这是供人品味的珍品,这是清晨的画境里的重要题材,倘若涂满污泥,就把人家欣赏的浑凝之感打破了;这是一件罪过的事,他们不愿意担在身上,故而先把它们濯得这样洁白了,才挑进城里来。他们要稍稍休息的时候,就把竹扁担横在地上,自己坐在上面,随便拣择担里的过嫩的藕或是较老的藕,大口地嚼着解渴。过路的人就站住了,红衣衫的小姑娘拣一节,白头发的老公公买两支,清淡的甘美的滋味于是普遍于家家户户了。这种情形差不多是平常的日课,要到叶落秋深的时候。

　　在这里上海,藕这东西几乎是珍品了。大概也是从我们的故乡运来的。但是数量不多,自有那些伺候豪华公子硕腹巨贾的帮闲茶房们把大部分抢去了;其余的便要供在较大一点的水果铺里,位置在金山苹果吕宋香芒之间,专待善价而沽。至于挑着担子在街上叫卖的,也并不是没有,但不是瘦得像乞丐的臂和腿,便涩得像未熟的柿子,实在无从欣羡。因此,除了仅有的一回,我们今年竟不曾吃过藕。

　　这仅有的一回不是买来吃的,是邻舍送给我们吃的。他们也不是自己买的,是从故乡来的亲戚带来的。这藕离开它的家乡大约有好些时候了,所以不复呈玉样的颜色,却满被着许多锈斑。削去皮的时候,刀锋过处,很不爽利。切成片送入口里嚼着,有些儿甘味,但是没有一种鲜嫩的感觉,而且似乎含了满口的渣,第二片就不想吃了。只有孩子很高兴,他把这许多片嚼完,居然有半点钟工夫不再作别的要求。

想起了藕就联想到莼菜。在故乡的春天,几乎天天吃莼菜。莼菜本身没有味道,味道全在于好的汤。但这样嫩绿的颜色与丰富的诗意,无味之味真足令人心醉。在每条街旁的小河里,石埠头总歇着一两条没篷船,满舱盛着莼菜,是从太湖里捞来的。当然能得日餐一碗了。

而在这里上海又不然,非上馆子就难以吃到这东西。我们当然不上馆子,偶然有一两回去叨扰朋友的酒席,恰又不是莼菜上市的时候,所以今年竟不曾吃过。直到最近,伯祥的杭州亲戚来了,送他几瓶装瓶的西湖莼菜,他送给我一瓶,我才算也尝了新了。

向来不恋故乡的我,想到这里,觉得故乡可爱极了。我自己也不明白,为什么会起这么深浓的情绪?再一思索,实在很浅显的:因为在故乡有所恋,而所恋又只在故乡有,就萦系着不能割舍了。譬如亲密的家人在那里,知心的朋友在那里,怎得不恋恋?怎得不怀念?但是仅仅为了爱故乡么?不是的,不过在故乡的几个人把我们牵着罢了。若无所牵系,更何所恋念?像我现在,偶然被藕与莼菜所牵系,所以就怀念起故乡来了。

所恋在哪里,哪里就是我们的故乡了。

〔选自钱谷融编著《中国现当代文学作品选》(上下卷),华东师范大学出版社2008年版〕

编选说明

叶圣陶(1894—1988),原名叶绍钧,江苏苏州人,著名作家、教育家、出版家、社会活动家。代表作有长篇小说《倪焕之》,童话集《稻草人》等。本文是一篇借物抒情、托物言志的美文。作者开篇由偶然嚼着薄片的雪藕引发对故乡的怀念,在想象中描绘了一幅故乡新秋图,接下来将这里的藕与故乡的藕在数量、价格、外形和口感上进行对比,抒发对故乡的藕的怀念,进而又由故乡的藕联想到故乡的莼菜,又将这里的莼菜与故乡的莼菜作了一番对比。被藕与莼菜所牵,向来不恋故乡的"我",觉得故乡可爱极了,"所恋在哪里,哪里就是我们的故乡了"。叶圣陶先生的散文以写实为主,很少直接抒情,只把一些琐事用亲切朴素的语言娓娓道来,真情至性自然流露其中。

朱自清

桨声灯影里的秦淮河

一九二三年八月的一晚,我和平伯同游秦淮河;平伯是初泛,我是重来了。我们雇了一只"七板子",在夕阳已去,皎月方来的时候,便下了船。于是桨声汩——汩,我们开始领略那晃荡着蔷薇色的历史的秦淮河的滋味了。

秦淮河里的船,比北京颐和园的船好,比西湖的船好,比扬州瘦西湖的船也好。这几处的船不是觉着笨,就是觉着简陋、局促;都不能引起乘客们的情韵,如秦淮河的船一样。秦淮河的船约略可分为两种:一是大船;二是小船,就是所谓"七板子"。大船舱口阔大,可容二三十人。里面陈设着字画和光洁的红木家具,桌上一律嵌着冰凉的大理石面。窗格雕镂颇细,使人起柔腻之感。窗格里映着红色蓝色的玻璃;玻璃上有精致的花纹,也颇悦人目。"七板子"规模虽不及大船,但那淡蓝色的栏干,空敞的舱,也足系人情思。而最出色处却在它的舱前。舱前是甲板上的一部。上面有弧形的顶,两边用疏疏的栏干支着。里面通常放着两张藤的躺椅。躺下,可以谈天,可以望远,可以顾盼两岸的河房。大船上也有这个,便在小船上更觉清隽罢了。舱前的顶下,一律悬着灯彩;灯的多少,明暗,彩苏的精粗,艳晦,是不一的。但好歹总还你一个灯彩。这灯彩实在是最能钩人的东西。夜幕垂垂地下来时,大小船上都点起灯火。从两重玻璃里映出那辐射着的黄黄的散光,反晕出一片朦胧的烟霭;透过这烟霭,在黯黯的水波里,又逗起缕缕的明漪。在这薄霭和微漪里,听着那悠然的间歇的桨声,谁能不被引入他的美梦去呢?只愁梦太多了,这些大小船儿如何载得起呀?我们这时模模糊糊的谈着明末的秦淮河的艳迹,如《桃花扇》及《板桥杂记》里所载的。我们真神往了。我们仿佛亲见那时华灯映水,画舫凌波的光景了。于是我们的船便成了历史的重载了。我们终于恍然秦淮河的船所以雅丽过于他处,而又有奇异的吸引力的,实在是许多历史的影象使然了。

秦淮河的水是碧阴阴的;看起来厚而不腻,或者是六朝金粉所凝么?我们初上船的时候,天色还未断黑,那漾漾的柔波是这样的恬静,委婉,使我们一面有水阔天空之想,一面又憧憬着纸醉金迷之境了。等到灯火明时,阴阴的变为沉沉了:黯淡的水光,像梦一般;那偶然闪烁着的光芒,就是梦的眼睛了。我们坐在舱前,因了那隆起的顶棚,仿佛总是昂着首向前走着似的;于是飘飘然如御风而行的我们,看着那些自在的湾泊着的船,船里走马灯般的人物,便像是下界一般,迢迢的远了,又像在雾里看花,尽朦朦胧胧的。这时我们已过了利涉桥,望见东关头了。沿路听见断续的歌声:有从沿河的妓楼飘来的,有从河上船里度来的。我们明知那些歌声,只是些因袭的言词,从生涩的歌喉里机械的发出来的;但它们经了夏夜的微风的吹漾和水波的摇拂,袅娜着到我们耳边的时候,已经不单是她们的歌声,而混着微风和河水的密语了。于是我们不得不被牵惹着,震撼着,相与浮沉于这歌声里了。从东关头转弯,不久就到大中桥。大中桥共有三个桥拱,都很阔大,俨然是三座门儿;使我们觉得我们的船和船里的我们,在桥下过去时,真是太无颜色了。桥砖是深褐色,表明它的历史的长久;但都完好无缺,令人太息于古昔工程的坚美。桥上两旁都是木壁的房子,中间应该有街路?这些房子都破旧了,多年烟熏的迹,遮没了当年的美丽。我想象秦淮河的极盛时,在这样宏阔的桥上,特地盖了房子,必然是髹漆得富富丽丽的;晚间必然是灯火通明的。现在却只剩下一片黑沉沉!但是桥上造着房子,毕竟使我们多少可以想见往日的繁华;这也慰情聊胜无了。过了大中桥,便到了灯月交辉,笙歌彻夜的秦淮河;这才是秦淮河的真面目哩。

大中桥外,顿然空阔,和桥内两岸排着密密的人家的大异了。一眼望去,疏疏的林,淡淡的月,衬着蓝蔚的天,颇像荒江野渡光景;那边呢,郁丛丛的,阴森森的,又似乎藏着无边的黑暗:令人几乎不信那是繁华的秦淮河了。但是河中眩晕着的灯光,纵横着的画舫,悠扬着的笛韵,夹着那吱吱的胡琴声,终于使我们认识绿如茵陈酒的秦淮水了。此地天裸露着的多些,故觉夜来的独迟些;从清清的水影里,我们感到的只是薄薄的夜——这正是秦淮河的夜。大中桥外,本来还有一座复成桥,是船夫口中的我们的游踪尽处,或也是秦淮河繁华的尽处了。我的脚曾踏过复成桥的脊,在十三四岁的时候。但是两次游秦淮河,却都不曾见着复成桥的面;明知总在前途的,却常觉得有些虚无缥缈似的。我想,不见倒也好。这时正是盛夏。我们下船后,借着新生的晚凉和河上的微风,暑气已渐渐消散;到了此地,豁然开朗,身子顿然轻了——习习的清风荏苒在面上,手上,衣上,这便又感到了一缕新凉了。南京的日光,大概没有杭州猛烈;西湖的夏夜老是热蓬蓬的,水像沸着一般,秦淮河的水却尽是这样冷冷地绿着。任你人影的憧憧,歌声的扰扰,总像隔着一层薄薄的绿纱面幂似的;它尽是这样静静的,冷冷的绿着。我们出了大中桥,走不上半里路,船夫便将船划到一旁,停了桨由它宕着。他以为那里正是繁华的极点,再过去就是荒凉了;所以让我们多多赏鉴一会儿。他自己却静静的蹲着。他是看惯这光景的了,大约只是一个无可无不可。这无可无不可,无论是升的沉的,总之,都比我们高了。

那时河里闹热极了;船大半泊着,小半在水上穿梭似的来往。停泊着的都在近市的那一边,我们的船自然也夹在其中。因为这边略略的挤,便觉得那边十分的疏了。在每一只船从那边过去时,我们能画出它的轻轻的影和曲曲的波,在我们的心上;这显着是空,且显着是静了。那时处处都是歌声和凄厉的胡琴声,圆润的喉咙,确乎是很少的。但那生涩的,尖脆的调子能使人有少年的,粗率不拘的感觉,也正可快我们的意。况且多少隔开些儿听着,因为想象与渴慕的做美,总觉更有滋味;而竞发的喧嚣,抑扬的不齐,远近的杂沓,和乐器的嘈嘈切切,合成另一意味的谐音,也使我们无所适从,如随着大风而走。这实在因为我们的心枯涩久了,变为脆弱;故偶然润泽一下,便疯狂似的不能自主了。但秦淮河确也腻人。即如船里的人面,无论是和我们一堆儿泊着的,无论是从我们眼前过去的,总是模模糊糊的,甚至渺渺茫茫的;任你张圆了眼睛,揩净了眦垢,也是枉然。这真够人想呢。在我们停泊的地方,灯光原是纷然的;不过这些灯光都是黄而有晕的。黄已经不能明了,再加上了晕,便更不成了。灯愈多,晕就愈甚;在繁星般的黄的交错里,秦淮河仿佛笼上了一团光雾。光芒与雾气腾腾的晕着,什么都只剩了轮廓了;所以人面的详细的曲线,便消失于我们的眼底了。但灯光究竟夺不了那边的月色;灯光是浑的,月色是清的,在浑沌的灯光里,渗入了一派清辉,却真是奇迹!那晚月儿已瘦削了两三分。她晚妆才罢,盈盈的上了柳梢头。天是蓝得可爱,仿佛一汪水似的;月儿便更出落得精神了。岸上原有三株两株的垂杨树,淡淡的影在水里摇曳着。它们那柔细的枝条浴着月光,就像一支支美人的臂膊,交互的缠着,挽着;又像是月儿披着的发。而月儿偶然也从它们的交叉处偷偷窥看我们,大有小姑娘怕羞的样子。岸上另有几株不知名的老树,光光的立着;在月光里照起来,却又俨然是精神矍铄的老人。远处——快到天际线了,才有一两片白云,亮得现出异彩,像美丽的贝壳一般。白云下便是黑黑的一带轮廓;是一条随意画的不规则的曲线。这一段光景,和河中的风味大异了。但灯与月竟能并存着,交融着,使月成了缠绵的月,灯射着渺渺的灵辉;这正是天之所以厚秦淮河,也正是天之所以厚我们了。

　　这时却遇着了难解的纠纷。秦淮河上原有一种歌妓,是以歌为业的。从前都在茶舫上,唱些大曲之类。每日午后一时起;什么时候止,却忘记了。晚上照样也有一回,也在黄晕的灯光里。我从前过南京时,曾随着朋友去听过两次。因为茶舫里的人脸太多了,觉得不大适意,终于听不出所以然。前年听说歌妓被取缔了,不知怎的,颇涉想了几次——却想不出什么。这次到南京,先到茶舫上去看看,觉得颇是寂寥,令我无端的怅怅了。不料她们却仍在秦淮河里挣扎着,不料她们竟会纠缠到我们,我于是很张皇了。她们也乘着"七板子",她们总是坐在舱前的。舱前点着石油汽灯,光亮眩人眼目;坐在下面的,自然是纤毫毕见了——引诱客人们的力量,也便在此了。舱里躲着乐工等人,映着汽灯的余辉蠕动着;他们是永远不被注意的。每船的歌妓大约都是二人;天色一黑,她们的船就在大中桥外往来不息的兜生意。无论行着的船,泊着的船,都要来兜揽的。这都是我后来推想出来的。那晚不知怎样,忽然轮着我们的船了。我们的船好好的停着,一只歌舫划向我们来的;渐渐和我们的船并着了。铄铄的灯光逼得我们皱起了眉头;我们的风尘色全给它托出来了,这使我踧踖不安了。那时一个伙计跨过船来,拿着摊开的歌折,就近塞向我的手里,说:"点几出吧!"他跨过来的时候,我们船上似乎有许多眼光跟着。同时相近的别的船上也似乎有许多眼睛炯炯的向我们船上看着。我真窘了!我也装出大方的样子,向歌妓们瞥了一眼,但究竟是不成的!我勉强将那歌折翻了一翻,却不曾看清了几个字;便赶紧递还那伙计,一面不好意思地说:"不要,我们……不要。"他便塞给平伯。平伯掉转头去,摇手说:"不要!"那人还腻着不走。平伯又回过脸来,摇着头道:"不要!"于是那人重到我处。我窘着再拒绝了他。他这才有所不屑似的走了。我的心立刻放下,如释了重负一般。我们就开始自白了。

我说我受了道德律的压迫,拒绝了她们;心里似乎很抱歉的。这所谓抱歉,一面对于她们,一面对于我自己。她们于我们虽然没有很奢的希望;但总有些希望。我们拒绝了她们,无论理由如何充足,却使她们的希望受了伤;这总有几分不做美了。这是我觉得很怅怅的。至于我自己,更有一种不足之感。我这时被四面的歌声诱惑了,降服了;但是远远的,远远的歌声总仿佛隔着重衣搔痒似的,越搔越搔不着痒处。我于是憧憬着贴耳的妙音了。在歌舫划来时,我的憧憬,变为盼望;我固执地盼望着,有如饥渴。虽然从浅薄的经验里,也能够推知,那贴耳的歌声,将剥去了一切的美妙;但一个平常的人像我的,谁愿凭了理性之力去丑化未来呢?我宁愿自己骗着了。不过我的社会感性是很敏锐的;我的思想能拆穿道德律的西洋镜,而我的感情却终于被它压服着,我于是有所顾忌了,尤其是在众目昭彰的时候。道德律的力,本来是民众赋予的;在民众的面前,自然更显出它的威严了。我这时一面盼望,一面却感到了两重的禁制:一,在通俗的意义上,接近妓者总算一种不正当的行为;二,妓是一种不健全的职业,我们对于她们,应有哀矜勿喜之心,不应赏玩的去听她们的歌。在众目睽睽之下,这两种思想在我心里最为旺盛。她们暂时压倒了我的听歌的盼望,这便成就了我的灰色的拒绝。那时的心实在异常状态中,觉得颇是昏乱。歌舫去了,暂时宁静之后,我的思绪又如潮涌了。两个相反的意思在我心头往复:卖歌和卖淫不同,听歌和狎妓不同,又干道德甚事?——但是,但是,她们既被逼的以歌为业,她们的歌必无艺术味的;况她们的身世,我们究竟该同情的。所以拒绝倒也是正当。但这些意思终于不曾撇开我的听歌的盼望。它力量异常坚强;它总想将别的思绪踏在脚下。从这重重的争斗里,我感到了浓厚的不足之感。这不足之感使我的心盘旋不安,起坐都不安宁了。唉!我承认我是一个自私的人!平伯呢,却与我不同。他引周启明先生的诗:"因为我有妻子,所以我爱一切的女人,因为我有子女,所以我爱一切的孩子。"他的意思可以见了。他因为推及的同情,爱着那些歌妓,并且尊重着她们,所以拒绝了她们。在这种情形下,他自然以为听歌是对于她们的一种侮辱。但他也是想听歌的,虽然不和我一样,所以在他的心中,当然也有一番小小的争斗;争斗的结果,是同情胜了。至于道德律,在他是没有什么的;因为他很有蔑视一切的倾向,民众的力量在他是不大觉着的。这时他的心意的活动比较简单,又比较松弱,故事后还怡然自若;我却不能了。这里平伯又比我高了。

在我们谈话中间,又来了两只歌舫。伙计照前一样的请我们点戏,我们照前一样的拒绝了。我受了三次窘,心里的不安更甚了。清艳的夜景也为之减色。船夫大约因为要赶第二趟生意,催着我们回去;我们无可无不可地答应了。我们渐渐和那些晕黄的灯光远了,只有些月色冷清清的随着我们的归舟。我们的船竟没个伴儿,秦淮河的夜正长哩!到大中桥近处,才遇着一只来船。这是一只载妓的板船,黑漆漆的没有一点光。船头上坐着一个妓女;暗里看出,白地小花的衫子,黑的下衣。她手里拉着胡琴,口里唱着青衫的调子。她唱得响亮而圆转;当她的船箭一般驶过去时,余音还袅袅的在我们耳际,使我们倾听而向往。想不到在弩末的游踪里,还能领略到这样的清歌!这时船过大中桥了,森森的水影,如黑暗张着巨口,要将我们的船吞了下去,我们回顾那渺渺的黄光,不胜依恋之情;我们感到了寂寞了!这一段地方夜色甚浓,又有两头的灯火招邀着;桥外的灯火不用说了,过了桥另有东关头疏疏的灯火。我们忽然仰头看见依人的素月,不觉深悔归来之早了!走过东关头,有一两只大船湾泊着,又有几只船向我们来着。嚣嚣的一阵歌声人语,仿佛笑我们无伴的孤舟哩。东关头转弯,河上的夜色更浓了;临水的妓楼上,时时从帘缝里射出一线一线的灯光;仿佛黑暗从酣睡里眨了一眨眼。我们默然的对着,静听那汨——汨的桨声,几乎要入睡了;朦胧里却温寻着适才的繁华的余味。我那不安的心在静里愈显活跃了!这时我们都有了不足之感,而我的更其浓厚。我们却只不愿回去,于是只能由懊悔而怅惘了。船里便满载着怅惘了。直到利涉桥下,微微嘈杂的人声,才使我豁然一惊;那光景却又不同。右岸的河房里,都大开了窗户,里面亮着晃晃的电灯,电灯的光射到水上,蜿蜒曲折,闪闪不息,正如跳舞着的仙女的臂膊。我们的船已在她的臂膊里了;如睡在摇篮里一样,倦了的我们便又入梦了。那电灯下的人物,只觉像蚂蚁一般,更不去萦念。这是最后的梦;可惜是最短的梦!黑暗重复落在我们面前,我们看见傍岸的空船上一星两星的,枯燥无力又摇摇不定的灯光。我们的梦醒了,我们知道就要上岸了;我们心里充满了幻灭的情思。

1923年10月11日作完,于温州。

〔选自钱谷融编著《中国现当代文学作品选》(上下卷),华东师范大学出版

社2008年6月版〕

编选说明

朱自清(1898—1948),字佩弦,江苏东海人,散文集主要有《踪迹》《背影》《欧游杂记》等。《桨声灯影里的秦淮河》记叙了作者与俞平伯夏夜泛舟秦淮河的见闻感受,细腻地描绘了秦淮河的绰约风姿,画舫、桥涵、碧水、灯光、月影……如诗如画的美景引发着作者的思古幽情。历史的影子依然徘徊在秦淮河上,歌妓们正忙着兜揽生意呢。作者把自己那种想听歌又碍于道德律的束缚,想超越现实又不能忘却现实的矛盾心理剖析得淋漓尽致,真挚感人。朱自清长于对自然风光的精确观察,对声、色、光、影的感受非常敏锐,其笔下的风景常常具有工笔画的特色。

朱自清

荷塘月色

这几天心里颇不宁静。今晚在院子里坐着乘凉,忽然想起日日走过的荷塘,在这满月的光里,总该另有一番样子吧。月亮渐渐地升高了,墙外马路上孩子们的欢笑,已经听不见了;妻在屋里拍着闰儿,迷迷糊糊地哼着眠歌。我悄悄地披了大衫,带上门出去。

沿着荷塘,是一条曲折的小煤屑路。这是一条幽僻的路;白天也少人走,夜晚更加寂寞。荷塘四面,长着许多树,蓊蓊郁郁的。路的一旁,是些杨柳,和一些不知道名字的树。没有月光的晚上,这路上阴森森的,有些怕人。今晚却很好,虽然月光也还是淡淡的。

路上只我一个人,背着手踱着。这一片天地好像是我的;我也像超出了平常的自己,到了另一个世界里。我爱热闹,也爱冷静;爱群居,也爱独处。像今晚上,一个人在这苍茫的月下,什么都可以想,什么都可以不想,便觉是个自由的人。白天里一定要做的事,一定要说的话,现在都可不理。这是独处的妙处,我且受用这无边的荷香月色好了。

曲曲折折的荷塘上面,弥望的是田田的叶子。叶子出水很高,像亭亭的舞女的裙。层层的叶子中间,零星地点缀着些白花,有袅娜地开着的,有羞涩地打着朵儿的;正如一粒粒的明珠,又如碧天里的星星,又如刚出浴的美人。微风过处,送来缕缕清香,仿佛远处高楼上渺茫的歌声似的。这时候叶子与花也有一丝的颤动,像闪电般,霎时传过荷塘的那边去了。叶子本是肩并肩密密地挨着,这便宛然有了一道凝碧的波痕。叶子底下是脉脉的流水,遮住了,不能见一些颜色;而叶子却更见风致了。

月光如流水一般，静静地泻在这一片叶子和花上。薄薄的青雾浮起在荷塘里。叶子和花仿佛在牛乳中洗过一样；又像笼着轻纱的梦。虽然是满月，天上却有一层淡淡的云，所以不能朗照；但我以为这恰是到了好处——酣眠固不可少，小睡也别有风味的。月光是隔了树照过来的，高处丛生的灌木，落下参差的斑驳的黑影，峭楞楞如鬼一般；弯弯的杨柳的稀疏的倩影，却又像是画在荷叶上。塘中的月色并不均匀；但光与影有着和谐的旋律，如梵婀玲（英语violin小提琴的译音）上奏着的名曲。

荷塘的四面，远远近近，高高低低都是树，而杨柳最多。这些树将一片荷塘重重围住；只在小路一旁，漏着几段空隙，像是特为月光留下的。树色一例是阴阴的，乍看像一团烟雾；但杨柳的丰姿，便在烟雾里也辨得出。树梢上隐隐约约的是一带远山，只有些大意罢了。树缝里也漏着一两点路灯光，没精打采的，是渴睡人的眼。这时候最热闹的，要数树上的蝉声与水里的蛙声；但热闹是他们的，我什么也没有。

忽然想起采莲的事情来了。采莲是江南的旧俗，似乎很早就有，而六朝时为盛；从诗歌里可以约略知道。采莲的是少年的女子，她们是荡着小船，唱着艳歌去的。采莲人不用说很多，还有看采莲的人。那是一个热闹的季节，也是一个风流的季节。梁元帝《采莲赋》里说得好：

于是妖童媛女，荡舟心许；鹢首徐回，兼传羽杯；櫂将移而藻挂，船欲动而萍开。尔其纤腰束素，迁延顾步；夏始春余，叶嫩花初，恐沾裳而浅笑，畏倾船而敛裾。

可见当时嬉游的光景了。这真是有趣的事，可惜我们现在早已无福消受了。

于是又记起《西洲曲》里的句子：

采莲南塘秋，莲花过人头；低头弄莲子，莲子清如水。

今晚若有采莲人，这儿的莲花也算得"过人头"了；只不见一些流水的影子。这令我到底惦着江南了。

这样想着，猛一抬头，不觉已是自己的门前；轻轻地推门进去，什么声息也没有，妻已睡熟好久了。

（选自高永年编著《二十世纪中国现当代文学作品选·散文卷》，江苏教育出版社2003年2月版）

编选说明

《荷塘月色》写于1927年7月,正值"四·一二"蒋介石背叛革命之时。作者借对"荷塘月色"的细腻描绘,含蓄而委婉地抒发了不满现实,渴望自由,想超脱现实而又不能的复杂感情,表达了内心的苦闷、彷徨与寂寞。朱自清认为,要使景物显得自然逼真,就要写得"气韵生动","惟其'气韵生动',才能自然,才是活的不是死的"。本文写月下荷塘之景,就在"活"字上做足了功夫。田田荷叶,亭亭荷花,缕缕荷香,脉脉流水,再点染上淡淡月光,如梦如幻,如诗如画。本文语言朴素典雅,优美生动,意蕴丰富,多种修辞手法特别是通感手法的运用给人一种新异之感。

冰心

寄小读者（七）

亲爱的小朋友：

八月十七的下午，约克逊号邮船无数的窗眼里，飞出五色飘扬的纸带，远远的抛到岸上，任凭送别的人牵住的时候，我的心是如何的飞扬而凄恻！

痴绝的无数的送别者，在最远的江岸，仅仅牵着这终于断绝的纸条儿，放这庞然大物，载着最重的离愁，飘然西去！

船上生活，是如何的清新而活泼。除了三餐外，只是随意游戏散步。海上的头三日，我竟完全回到小孩子的境地中去了，套圈子，抛沙袋，乐此不疲，过后又绝然不玩了。后来自己回想很奇怪，无他，海唤起了我童年的回忆，海波声中，童心和游伴都跳跃到我脑中来。我十分的恨这次舟中没有几个小孩子，使我童心来复的三天中，有无猜畅好的游戏！

我自少住在海滨，却没有看见过海平如镜。这次出了吴淞口，一天的航程，一望无际尽是粼粼的微波。凉风习习，舟如在冰上行。到过了高丽界，海水竟似湖光。蓝极绿极，凝成一片。斜阳的金光，长蛇般自天边直接到阑旁人立处。上自穹苍，下至船前的水，自浅红至于深翠，幻成几十色，一层层，一片片的漾开了来。……小朋友，恨我不能画，文字竟是世界上最无用的东西，写不出这空灵的妙景！

八月十八夜，正是双星渡河之夕。晚餐后独倚阑旁，凉风吹衣。银河一片星光，照到深黑的海上。远远听得楼阑下人声笑语，忽然感到家乡渐远。繁星闪烁着，海波吟啸着，凝立悄然，只有惆怅。

十九日黄昏，已近神户，两岸青山，不时的有渔舟往来。日本的小山多半是圆扁的,大家说笑,便道是"馒头山"。这馒头山沿途点缀,直到夜里,远望灯光灿然,已抵神户。船徐徐停住,便有许多人上岸去。我因太晚,只自己又到最高层上,初次看见这般璀璨的世界,天上微月的光,和星光,岸上的灯光,无声相映。不时的还有一串光明从山上横飞过,想是火车周行。……舟中寂然,今夜没有海潮音,静极心绪忽起:"倘若此时母亲也在这里……"我极清晰的忆起北京来。小朋友,恕我,不能往下再写了。

冰心
一九二三年八月二十日,神户

  朝阳下转过一碧无际的草坡,穿过深林,已觉得湖上风来,湖波不是昨夜欲睡如醉的样子了。——悄然的坐在湖岸上,伸开纸,拿起笔,抬起头来,四围红叶中,四面水声里,我要开始写信给我久违的小朋友。小朋友猜我的心情是怎样的呢?

  水面闪烁着点点的银光,对岸意大利花园里亭亭层列的松树,都证明我已在万里外。小朋友,到此已逾一月了,便是在日本也未曾寄过一字,说是对不起呢,我又不愿!

  我平时写作,喜在人静的时候。船上却处处是公共的地方,舱面阑边,人人可以来到。海景极好,心胸却难得清平。我只能在晨间绝早,船面无人时,随意写几个字,堆积至今,总不能整理,也不愿草草整理,便迟延到了今日。我是尊重小朋友的,想小朋友也能尊重原谅我!

  许多话不知从哪里说起,而一声声打击湖岸的微波,一层层的没上杂立的潮石,直到我蔽膝的毡边来,似乎要求我将她介绍给我的小朋友。小朋友,我真不知如何的形容介绍她!她现在横在我的眼前。湖上的月明和落日,湖上的浓阴和微雨,我都见过了,真是仪态万千。小朋友,我的亲爱的人都不在这里,便只有她——海的女儿,能慰安我了。Lake Waban,谐音会意,我便唤她做"慰冰"。每日黄昏的游泛,舟轻如羽,水柔如不胜桨。岸上四围的树叶,绿的,红的,黄的,白的,一丛一丛的倒影到水中来,覆盖了半湖秋水。夕阳下极其艳冶,极其柔媚。将落的金光,到了树梢,散在湖面。我在湖上光雾中,低低的嘱咐它,带我的爱和慰安,一同和它到远东去。

小朋友！海上半月，湖上也过半月了，若问我爱哪一个更甚，这却难说。——海好像我的母亲，湖是我的朋友。我和海亲近在童年，和湖亲近是现在。海是深阔无际，不着一字，她的爱是神秘而伟大的，我对她的爱是归心低首的。湖是红叶绿枝，有许多衬托，她的爱是温和妩媚的，我对她的爱是清淡相照的。这也许太抽象，然而我没有别的话来形容了！

小朋友，两月之别，你们自己写了多少，母亲怀中的乐趣，可以说来让我听听么？——这便算是沿途书信的小序。此后仍将那写好的信，按序寄上，日月和地方，都因其旧，"弱游"的我，如何自太平洋东岸的上海绕到大西洋东岸的波士顿来，这些信中说得很清楚，请在那里看罢！

不知这几百个字，何时方达到你们那里，世界真是太大了！

冰心

1932年10月14日，慰冰湖畔，威尔斯利

〔选自钱谷融编著《中国现当代文学作品选》（上下卷），华东师范大学出版社2008年6月版〕

编选说明

冰心（1900—1999），原名谢婉莹，福建福州人。冰心的小说、散文有一个共同的主题——"爱的哲学"，即歌颂母爱、童真和自然。《寄小读者》是冰心1923年至1926年旅美期间为《晨报副刊》的"儿童世界"专栏所写的通讯集。此篇上文写海之美，海的空灵妙景，月、星、灯光交相辉映的璀璨世界；下文写湖之美，湖的仪态万千，夕阳下湖的艳冶与柔媚；最后将海与湖对比，大自然在作者笔下具有了人的灵性。在对自然的歌颂中，融入了对祖国、故乡、亲人的怀念。"爱的哲学"，抒情诗和风景画的情致，纤细澄澈的感情，温柔的忧伤，轻灵的笔调，清丽典雅的语言，这就是常为人称道的"冰心体"。

茅盾

风景谈

前夜看了《塞上风云》的预告片,便又回忆起猩猩峡外的沙漠来了。那还不能被称为"戈壁",那在普通地图上,还不过是无名的小点,但是人类的肉眼已经不能望到它的边际,如果在中午阳光正射的时候,那单纯而强烈的返光会使你的眼睛不舒服;没有隆起的沙丘,也不见有半间泥房,四顾只是茫茫一片,那样的平坦,连一个"坎儿井"也找不到;那样的纯然一色,即使偶尔有些驼马的枯骨,它那微小的白光,也早溶入了周围的苍茫;又是那样的寂静,似乎只有热空气在作哄哄的火响。然而,你不能说,这里就没有"风景"。当地平线上出现了第一个黑点,当更多的黑点成为线,成为队,而且当微风把铃铛的柔声,丁当,丁当,送到你的耳鼓,而最后,当那些昂然高步的骆驼,排成整齐的方阵,安详然而坚定地愈行愈近,当骆驼队中领队驼所掌的那一杆长方形猩红大旗耀入你眼帘,而且大小丁当的谐和的合奏充满了你耳管,——这时间,也许你不出声,但是你的心里会涌上了这样的感想的:多么庄严,多么妩媚呀!这里是大自然的最单调最平板的一面,然而加上了人的活动,就完全改观,难道这不是"风景"吗?自然是伟大的,然而人类更伟大。

于是我又回忆起另一个画面,这就在所谓"黄土高原"!那边的山多数是秃顶的,然而层层的梯田,将秃顶装扮成稀稀落落有些黄毛的癞头,特别是那些高秆植物颀长而整齐,等待检阅的队伍似的,在晚风中摇曳,别有一种惹人怜爱的姿态。可是更妙的是三五月明之夜,天是那样的蓝,几乎透明似的,月亮离山顶,似乎不过几尺,远看山顶的小米丛密挺立,宛如人头上的怒发,这时候忽然从山脊上长出两支牛角来,随即牛的全身也出现,捎着犁的人形也出现,并不多,只有三两个,也许还跟着个小孩,他们姗姗而下,在蓝的天,黑的山,银色的月光的背景上,成就了一幅剪影,如果给田园诗人见了,必将赞叹为绝妙的题材。可是没有完。这几位晚归的种地人,还把他们那粗犷的短歌,用愉快的旋律,从山顶上扑下来,直到他们没入了山坳,依旧只有蓝天明月黑漆漆的山,歌声可是缭绕不散。

另一个时间。另一个场面。夕阳在山,干坼的黄土正吐出它在一天内所吸收的热,河水汤汤急流,似乎能把浅浅河床中的鹅卵石都冲走了似的。这时候,沿河的山坳里有一队人,从"生产"归来,兴奋的谈话中,至少有七八种不同的方音。忽然间,他们又用同一的音调,唱起雄壮的歌曲来了,他们的爽朗的笑声,落到水上,使得河水也似在笑。看他们的手,这是惯拿调色板的,那是昨天还拉着提琴的弓子伴奏着《生产曲》的,这是经常不离木刻刀的,那又是洋洋洒洒下笔如有神的,但现在,一律都被锄锹的木柄磨起了老茧了。他们在山坡下,被另一群所迎住。这里正燃起熊熊的野火,多少曾调朱弄粉的手儿,已经将金黄的小米饭,翠绿的油菜,准备齐全。这时候,太阳已经下山,却将它的余晖幻成了满天的彩霞,河水喧哗得更响了,跌在石上的便喷出了雪白的泡沫,人们把沾着黄土的脚伸在水里,任它冲刷,或者掬起水来,洗一把脸。在背山面水这样一个所在,静穆的自然和弥满着生命力的人,就织成了美妙的图画。

在这里,蓝天明月,秃顶的山,单调的黄土,浅濑的水,似乎都是最恰当不过的背景,无可更换。自然是伟大的,人类是伟大的,然而充满了崇高精神的人类的活动,乃是伟大中之尤其伟大者!

我们都曾见过西装革履烫发旗袍高跟鞋的一对儿,在公园的角落,绿荫下长椅上,悄悄儿说话,但是试想一想,如果在一个下雨天,你经过一边是黄褐色的浊水,一边是怪石峭壁的崖岸,马蹄很小心地探入泥浆里,有时还不免打了一下跌撞,四面是静寂灰黄,没有一般所谓的生动鲜艳,然而,你忽然抬头看见高高的山壁上有几个天然的石洞,三层楼的亭子间似的,一对人儿促膝而坐,只凭剪发式样的不同,你方能辨认出一个是女的,他们被雨赶到了那里,大概聊天也聊够了,现在是摊开着一本札记簿,头凑在一处,一同在看,——试想一想,这样一个场面到了你眼前时,总该和在什么公园里看见了长椅上有一对儿在假倚低语,颇有点味儿不同罢!如果在公园时你一眼督见,首先第一会是"这里有一对恋人",那么,此时此际,倒是先感到那样一个沉闷的雨天,寂寞的荒山,原始的石洞,安上这么两个人,是一个"奇迹",使大自然顿时生色!他们之是否恋人,落在问题之外。你所见的,是两个生命力旺盛的人,是两个清楚明白生活意义的人,在任何情形之下,他们不倦怠,也不会百无聊赖,更不至于从胡闹中求刺激,他们能够在任何情况之下,拿出他们那一套来,怡然自得。但是什么能使他们这样呢?

不过仍旧回到"风景"罢;在这里,人依然是"风景"的构成者,没有了人,还有什么可以称道的?再者,如果不是内生活极其充满的人作为这里的主宰,那又有什么值得怀念?

再有一个例子:如果你同意,二三十棵桃树可以称为林,那么这里要说的,正是这样一个桃林。花时已过,现在绿叶满株,却没有一个桃子。半爿旧石磨,是最漂亮的圆桌面,几尺断碑,或是一截旧阶石,那又是难得的几案。现成的大小石块作为凳子,——而这样的石凳也还是以奢侈品的姿态出现。这些怪样的家具之所以成为必要,是因为这里有一个茶社。桃林前面,有老百姓种的荞麦,也有大麻和玉米这一类高秆植物。荞麦正当开花,远望去就像一张粉红色的地毯,大麻和玉米就像是屏风,靠着地毯的边缘。太阳光从树叶的空隙落下来,在泥地上,石家具上,一抹一抹的金黄色。偶尔也听得有草虫在叫,带住在林边树上的马儿伸长了脖子就树干搔痒,也许是乐了,便长嘶起来。"这就不坏!"你也许要这样说。可不是,这里是有一般所谓"风景"的一些条件的!然而,未必尽然。在高原的强烈阳光下,人们喜欢把这一片树荫作为户外的休息地点,因而添上了什么茶社,这是这个"风景区"成立的因缘,但如果把那二三十棵桃树,半爿磨石,几尺断碣,还有荞麦和大麻玉米,这些其实到处可遇的东西,看成了此所谓风景区的主要条件,那或者是会贻笑大方的。中国之大,比这美得多的所谓风景区,数也数不完,这个值得什么?所以应当从另一方面去看。现在请你坐下,来一杯清茶,两毛钱的枣子,也作一次桃园的茶客罢。如果你愿意先看女的,好,那边就有三四个,大概其中有一位刚接到家里寄给她的一点钱,今天来请请同伴。那边又有几位,也围着一个石桌子,但只把随身带来的书籍代替了枣子和茶了。更有两位虎头虎脑的青年,他们走过"天下最难走的路",现在却静静地坐着,温雅得和闺女一般。男女混合的一群,有坐的,也有蹲的,争论着一个哲学上的问题,时时哗然大笑,就在他们近边,长条凳上躺着一位,一本书掩住了脸。这就够了,不用再多看。总之,这里有特别的氛围,但并不古怪。人们来这里,只为恢复工作后的疲劳,随便喝点,要是袋里有钱;或不喝,随便谈谈天;在有闲的只想找一点什么来消磨时间的人们看来,这里坐的不舒服,吃的喝的也太粗糙简单,也没有什么可以供赏玩,至多来一次,第二次保管厌倦。但是不知道消磨时间为何物的人们却把这一片简陋的绿荫看得很可爱,因此,这桃林就很出名了。

因此,这里的"风景"也就值得留恋,人类的高贵精神的辐射,填补了自然界的贫乏,增添了景色,形式的和内容的。人创造了第二自然!

最后一段回忆是五月的北国。清晨,窗纸微微透白,万籁俱静,嘹亮的喇叭声,破空而来。我忽然想起了白天在一本贴照簿上所见的第一张,银白色的背景前一个淡黑的侧影,一个号兵举起了喇叭在吹,严肃、坚决、勇敢,和高度的警觉,都表现在小号兵的挺直的胸膛和高高的眉棱上边。我赞美这摄影家的艺术,我回味着,我从当前的喇叭声中也听出了严肃、坚决、勇敢,和高度的警觉来,于是我披衣出去,打算看一看。空气非常清冽,朝霞笼住了左面的山,我看见山峰上的小号兵了。霞光射住他,只觉得他的额角异常发亮,然而,使我惊叹叫出声来的,是离他不远有一位荷枪的战士,面向着东方,严肃地站在那里,犹如雕像一般。晨风吹着喇叭的红绸子,只这是动的,战士枪尖的刺刀闪着寒光,在粉红的霞色中,只这是刚性的。我看得呆了,我仿佛看见了民族的精神化身而为他们两个。

如果你也当它是"风景",那便是真的风景,是伟大中之最伟大者!

1940年12月,于枣子岚垭

(选自孙中田编著《茅盾散文·杂文》,吉林文史出版社2004年4月版)

编选说明

茅盾(1896—1981),原名沈德鸿,字雁冰,浙江桐乡人。倡导"为人生"的文学主张,其社会剖析小说为大时代的变革留下了鲜活的记录。代表作有小说《子夜》《春蚕》等。《风景谈》与稍后创作的被誉为姐妹篇的《白杨礼赞》是现代散文发展史上有口皆碑的名篇。本文写于1940年12月,此时的茅盾已离开延安置身于国统区重庆的白色恐怖之中,在没有言论自由的情况下,只能"把政治寓于风景之中",表面上谈的是自然风景,实际上谈的是主宰风景的人。通过对沙漠驼铃、高原晚归、延河夕照、石洞雨景、桃林小憩、北国晨号等六幅风景的描写,赞颂延安军民火热的战斗生活,赞颂具有崇高革命精神的延安儿女。

茅盾

白杨礼赞

白杨树实在不是平凡的,我赞美白杨树!

汽车在望不到边际的高原上奔驰,扑入你的视野的,是黄绿错综的一条大毡子;黄的是土,未开垦的荒地,几十万年前由伟大的自然力堆积成功的黄土高原的外壳;绿的呢,是人类劳力战胜自然的成果,是麦田。和风吹送,翻起了一轮一轮的绿波,——这时你会真心佩服昔人所造的两个字"麦浪",若不是妙手偶得,便确是经过锤炼的语言的精华。黄与绿主宰着,无边无垠,坦荡如砥,这时如果不是宛若并肩的远山的连峰提醒了你,你会忘记了汽车是在高原上行驶,这时你涌起来的感想也许是"雄壮",也许是"伟大",诸如此类的形容词,然而同时你的眼睛也许觉得有点倦怠,你对当前的"雄壮"或"伟大"闭了眼,而另一种味儿在你心头潜滋暗长了——"单调"。可不是,单调,有一点儿吧?

然而刹那间,要是你猛抬眼看见了前面远远地有一排,——不,或者甚至只是三五株,一株,傲然地耸立,像哨兵似的树木的话,那你的恹恹欲睡的情绪又将如何?我那时是惊奇地叫了一声的!

那就是白杨树,西北极普通的一种树,然而实在是不平凡的一种树!

那是力争上游的一种树,笔直的干,笔直的枝。它的干通常是丈把高,像加过人工似的,一丈以内,绝无旁枝。它所有的丫枝一律向上,而且紧紧靠拢,也像加过人工似的,成为一束,绝不旁逸斜出。它的宽大的叶子也是片片向上,几乎没有斜生的,更不用说倒垂了;它的皮光滑而有银色的晕圈,微微泛出淡青色。这是虽在北方风雪的压迫下却保持着倔强挺立的一种树。哪怕只有碗那样粗细,它却努力向上发展,高到丈许,两丈,参天耸立,不折不挠,对抗着西北风。

这就是白杨树,西北极普通的一种树,然而决不是平凡的树!
　　它没有婆娑的姿态,没有屈曲盘旋的虬枝,也许你要说它不美,如果美是专指"婆娑"或"旁逸斜出"之类而言,那么,白杨树算不得树中的好女子;但是它伟岸,正直,朴质,严肃,也不缺乏温和,更不用提它的坚强不屈与挺拔,它是树中的伟丈夫!当你在积雪初融的高原上走过,看见平坦的大地上傲然挺立这么一株或一排白杨树,难道你就只觉得它只是树?难道你就不想到它的朴质,严肃,坚强不屈,至少也象征了北方的农民?难道你竟一点也不联想到,在敌后的广大土地上,到处有坚强不屈,就像这白杨树一样傲然挺立的守卫他们家乡的哨兵?难道你又不更远一点想到这样枝枝叶叶靠紧团结,力求上进的白杨树,宛然象征了今天在华北平原纵横决荡,用血写出新中国历史的那种精神和意志?
　　白杨树不是平凡的树。它在西北极普遍,不被人重视,就跟北方的农民相似;它有极强的生命力,折磨不了,压迫不倒,也跟北方的农民相似。我赞美白杨树,就因为它不但象征了北方的农民,尤其象征了今天我们民族解放斗争中所不可缺的朴质,坚强,力求上进的精神。
　　让那些看不起民众,贱视民众,顽固的倒退的人们去赞美那贵族化的楠木(那也是直挺秀颀的),去鄙视这极常见,极易生长的白杨吧,我要高声赞美白杨树!

　　(选自孙中田编著《茅盾散文·杂文》,吉林文史出版社2004年4月版)

▌编选说明▌

　　《白杨礼赞》写于抗日战争时期。茅盾从国统区到解放区,目睹了两个世界后,激情而作此文。他运用借物咏怀、托物言志的手法,以西北黄土高原上"参天耸立,不折不挠,对抗着西北风"的白杨树来象征坚韧、勤劳的北方农民,歌颂他们在民族解放斗争中表现出来的朴质、坚强和力求上进的精神,同时对于那些"贱视民众,顽固的倒退的人们"也给予了辛辣的讽刺。文章抓住"不平凡"三个字,从生长环境、外部形态、内在气质三个方面展开,运用欲扬先抑、正反对比等多种手法,一步步地将读者引入胜境。结构巧妙,布局严谨,运用复沓回环的叙述,具有较强的音乐旋律感。

老舍

想北平

　　设若让我写一本小说,以北平作背景,我不至于害怕,因为我可以捡着我知道的写,而躲开我所不知道的。但要让我把北平一一道来,我没办法。北平的地方那么大,事情那么多,我知道的真是太少了,虽然我生在那里,一直到廿七岁才离开。以名胜说,我没到过陶然亭,这多可笑!以此类推,我所知道的那点只是"我的北平",而我的北平大概等于牛的一毛。

　　可是,我真爱北平。这个爱几乎是要说而说不出的。我爱我的母亲。怎样爱?我说不出。在我想做一件讨她老人家喜欢的事情的时候,我独自微微的笑着;在我想到她的健康而不放心的时候,我欲落泪。言语是不够表现我的心情的,只有独自微笑或落泪才足以把内心揭露在外面一些来。我之爱北平也近乎这个。夸奖这个古城的某一点是容易的,可是那就把北平看得太小了。我所爱的北平不是枝枝节节的一些什么,而是整个儿与我的心灵相黏合的一段历史,一大块地方,多少风景名胜,从雨后什刹海的蜻蜓一直到我梦里的玉泉山的塔影,都积凑到一块,每一小的事件中有个我,我的每一思念中有个北平,这只有说不出而已。

　　真愿成为诗人,把一切好听好看的字都浸在自己的心血里,像杜鹃似的啼出北平的俊伟。啊!我不是诗人!我将永远道不出我的爱,一种像由音乐与图画所引起的爱。这不但辜负了北平,也对不住我自己,因为我的最初的知识与印象都得自北平,它是在我的血里,我的性格与脾气里有许多地方是这古城所赐给的。我不能爱上海与天津,因为我心中有个北平。可是我说不出来!

　　伦敦,巴黎,罗马与堪司坦丁堡,曾被称为欧洲的四大"历史的都城"。我知道一些伦敦的情形；巴黎与罗马只是到过而已；堪司坦丁堡根本没有去过。就伦敦、巴黎、罗马来说，巴黎更近似北平——虽然"近似"两字要拉扯得很远——不过，假使让我"家住巴黎"，我一定会和没有家一样的感到寂苦。巴黎，据我看，还太热闹。自然，那里也有空旷静寂的地方，可是又未免太旷；不像北平那样既复杂而又有个边际，使我能摸着——那长着红酸枣的老城墙！面向着积水滩，背后是城墙，坐在石上看水中的小蝌蚪或苇叶上的嫩蜻蜓，我可以快乐的坐一天，心中完全安适，无所求也无可怕，像小儿安睡在摇篮里。是的，北平也有热闹的地方，但是它和太极拳相似，动中有静。巴黎有许多地方使人疲乏，所以咖啡与酒是必要的，以便刺激；在北平，有温和的香片茶就够了。

论说巴黎的布置已比伦敦罗马匀调得多了，可是比上北平还差点事儿。北平在人为之中显出自然，几乎是什么地方既不挤得慌，又不太僻静：最小的胡同里的房子也有院子与树；最空旷的地方也离买卖街与住宅区不远。这种分配法可以算——在我的经验中——天下第一了。北平的好处不在处处设备得完全，而在它处处有空儿，可以使人自由的喘气；不在有好些美丽的建筑，而在建筑的四周都有空闲的地方，使它们成为美景。每一个城楼，每一个牌楼，都可以从老远就看见。况且在街上还可以看见北山与西山呢！

好学的，爱古物的，人们自然喜欢北平，因为这里书多古物多。我不好学，也没钱买古物。对于物质上，我却喜爱北平的花多菜多果子多。花草是种费钱的玩艺，可是此地的"草花儿"很便宜，而且家家有院子，可以花不多的钱而种一院子花，即使算不了什么，可是到底可爱呀。墙上的牵牛，墙根的靠山竹与草茉莉，是多么省钱省事而也足以招来蝴蝶呀！至于青菜，白菜，扁豆，毛豆角，黄瓜，菠菜等等，大多数是直接由城外担来而送到家门口的。雨后，韭菜叶上还往往带着雨时溅起的泥点。青菜摊子上的红红绿绿几乎有诗似的美丽。果子有不少是由西山与北山来的，西山的沙果，海棠，北山的黑枣，柿子，进了城还带着一层白霜儿呀！哼，美国的橘子包着纸，遇到北平的带霜儿的玉李，还不愧杀！

是的，北平是个都城，而能有好多自己产生的花，菜，水果，这就使人更接近了自然。从它里面说，它没有像伦敦的那些成天冒烟的工厂；从外面说，它紧连着园林，菜圃与农村。采菊东篱下，在这里，确是可以悠然见南山的；大概把"南"字变个"西"或"北"，也没有多少了不得的吧。像我这样的一个贫寒的人，或者只有在北平能享受一点清福了。

好,不再说了吧;要落泪了,真想念北平呀!

(选自老舍著《老舍散文》,人民文学出版社2008年1月版)

> **编选说明**

老舍(1899—1966),原名舒庆春,字舍予,满族,代表作有小说《骆驼祥子》《四世同堂》、话剧《龙须沟》等。本文写于1936年,作者当时不在北平,又逢战乱,更加想念北平了。但北平之大,历史之久,风景之多,如何写呢?作者另辟蹊径,写"我的北平",写我对北平的爱。这爱深得如同对母亲的爱。"我所爱的北平不是枝枝节节的一些什么,而是整个儿与我的心灵相黏合的一段历史,一大块地方",北平的"每一小的事件中有个我,我的每一思念中有个北平","我"与北平血脉相连,融为一体。作者将北平与欧洲四大历史都城相比较,从整体感觉、城市布置、生活情趣、环境氛围等方面,历数北平之好。老舍是一位语言大师,本文用最平易自然的语言表达了最真挚深厚的感情。

巴金

爱尔克的灯光

　　傍晚，我靠着逐渐暗淡的最后的阳光的指引，走过十八年前的故居。这条街、这个建筑物开始在我的眼前隐藏起来，像在躲避一个久别的旧友。但是它们的改变了的面貌于我还是十分亲切。我认识它们，就像认识我自己。还是那样宽的街，宽的房屋。巍峨的门墙代替了太平缸和石狮子，那一对常常做我们坐骑的背脊光滑的雄狮也不知逃进了哪座荒山。然而大门开着，照壁上"长宜子孙"四个字却是原样地嵌在那里，似乎连颜色也不曾被风雨剥蚀。我望着那同样的照壁，我被一种奇异的感情抓住了，我仿佛要在这里看出过去的十九个年头，不，我仿佛要在这里寻找十八年以前的遥远的旧梦。

　　守门的卫兵用怀疑的眼光看我。他不了解我的心情。他不会认识十八年前的年轻人。他却用眼光驱逐一个人的许多亲密的回忆。

　　黑暗来了。我的眼睛失掉了一切。于是大门内亮起了灯光。灯光并不曾照亮什么，反而增加了我心上的黑暗。我只得失望地走了。我向着来时的路回去。已经走了四五步，我忽然掉转头，再看那个建筑物。依旧是阴暗中的一线微光。我好像看见一个盛满希望的水碗一下子就落在地上打碎了一般，我痛苦地在心里叫起来。在这条被夜幕覆盖着的近代城市的静寂的街中，我仿佛看见了哈立希岛上的灯光。那应该是姐姐爱尔克点的灯吧。她用这灯光来给她航海的兄弟照路，每夜每夜灯光亮在她的窗前，她一直到死都在等待那个出远门的兄弟回来。最后她带着失望进入坟墓。

　　街道仍然是清静的。忽然一个熟悉的声音在我耳边轻轻地唱起了这个欧洲的古传说。在这里不会有人歌咏这样的故事。应该是书本在我心上留下的影响。但是这个时候我想起了自己的事情。

十八年前在一个春天的早晨,我离开这个城市、这条街的时候,我也曾有一个姐姐,也曾答应过有一天回来看她,跟她谈一些外面的事情。我相信自己的诺言。那时我的姐姐还是一个出阁才只一个多月的新嫁娘,都说她有一个性情温良的丈夫,因此也会有长久的幸福的岁月。

然而人的安排终于被"偶然"破坏了。这应该是一个"意外"。但是这"意外"却毫无怜悯地打击了年轻的心。我离家不过一年半光景,就接到了姐姐的死讯。我的哥哥用了颤抖的哭诉的笔叙说一个善良女性的悲惨的结局,还说起她死后受到的冷落的待遇。从此那个做过她丈夫的所谓温良的人改变了,他往一条丧失人性的路走去。他想往上爬,结果却不停地向下面落,终于到了用鸦片烟延续生命的地步。对于姐姐,她生前我没有好好地爱过她,死后也不曾做过一样纪念她的事。她寂寞地活着,寂寞地死去。死带走了她的一切,这就是在我们那个地方的旧式女子的命运。

我在外面一直跑了十八年。我从没有向人谈过我的姐姐。只有偶尔在梦里我看见了爱尔克的灯光。一年前在上海我常常睁起睛睛做梦。我望着远远的在窗前发亮的灯,我面前横着一片大海,灯光在呼唤我,我恨不得腋下生出翅膀,即刻飞到那边去。沉重的梦压住我的心灵,我好像在跟许多无形的魔鬼手挣扎。我望着那灯光,路是那么远,我又没有翅膀。我只有一个渴望:飞!飞!那些熬煎着心的日子!那些可怕的梦魇!

但是我终于出来了。我越过那堆积着像山一样的十八年的长岁月,回到了生我养我而且让我刻印了无数儿时回忆的地方。我走了很多的路。

十九年,似乎一切全变了,又似乎都没有改变。死了许多人,毁了许多家。许多可爱的生命葬入黄土。接着又有许多新的人继续扮演不必要的悲剧。浪费,浪费,还是那许多不必要的浪费——生命,精力,感情,财富,甚至欢笑和眼泪。我去的时候是这样,回来时看见的还是一样的情形。关在这个小圈子里,我禁不住几次问我自己:难道这十八年全是白费?难道在这许多年中间所改变的就只是装束和名词?我痛苦地搓自己的手,不敢给一个回答。

在这个我永不能忘记的城市里,我度过了五十个傍晚。我花费了自己不少的眼泪和欢笑,也消耗了别人不少的眼泪和欢笑。我匆匆地来,也将匆匆地去。

用留恋的眼光看我出生的房屋,这应该是最后的一次了。我的心似乎想在那里寻觅什么。但是我所要的东西绝不会在那里找到。我不会像我的一个姑母或者嫂嫂,设法进到那所已经易了几个主人的公馆,对着园中的老树垂泪,慨叹着一个家族的盛衰。摘吃自己栽种的树上的苦果,这是一个人的本分。我没有跟着那些人走一条路,我当然在这里找不到自己的脚迹。几次走过这个地方,我所看见的还只有那四个字:"长宜子孙。"

"长宜子孙"这四个字的年龄比我的不知大了多少。这也该是我祖父留下的东西吧。最近在家里我还读到他的遗嘱。他用空空两手造就了一份家业。到临死还周到地为儿孙安排了舒适的生活。他叮嘱后人保留着他修建的房屋和他辛苦地搜集起来的书画。但是儿孙们回答他的还是同样的字:分和卖。我很奇怪,为什么这样聪明的老人还不明白一个浅显的道理:财富并不"长宜子孙",倘使不给他们一个生活技能,不向他们指示一条生活道路?"家"这个小圈子只能摧毁年轻心灵的发育成长,倘使不同时让他们睁起眼睛去看广大世界;财富只能毁灭崇高的理想和善良的气质,要是它只消耗在个人的利益上面。

"长宜子孙",我恨不能削去这四个字!许多可爱的年轻生命被摧践了,许多有为的年轻心灵被囚禁了。许多人在这个小圈子里面憔悴地捱着日子。这就是"家"!"甜蜜的家"!这不是我应该来的地方。爱尔克的灯光不会把我引到这里来的。

于是在一个春天的早晨,依旧是十八年前的那些人把我送到门口,这里面少了几个,也多了几个。还是和那次一样,看不见我姐姐的影子,那次是我没有等待她,这次是我找不到她的坟墓。一个叔父和一个堂兄弟到车站送我,十八年前他们也送过我一段路程。

我高兴地来,痛苦地去。汽车离站时我心里的确充满了留恋。但是清晨的微风,路上的尘土,马达的叫吼,车轮的滚动,和广大田野里一片盛开的菜子花,这一切驱散了我的离愁。我不顾同行者的劝告,把头伸到车窗外面,去呼吸广大天幕下的新鲜空气。我很高兴,自己又一次离开了狭小的家,走向广大的世界中去!

忽然在前面田野里一片绿的蚕豆和黄的菜花中间,我仿佛又看见了一线光,一个亮,这还是我常常看见的灯光。这不会是爱尔克的灯里照出来的,我那个可怜的姐姐已经死去了。这一定是我的心灵的灯,它永远给我指示我应该走的路。

〔选自钱谷融编著《中国现当代文学作品选》(上下卷),华东师范大学出版社2008年6月版〕

编选说明

巴金(1904—2005),原名李尧棠,字芾甘,四川成都人,代表作有小说《激流三部曲》《寒夜》等。1923年5月,为了反抗封建礼教,追求理想生活,巴金毅然冲出了封建家庭的牢笼。1941年1月,已成长为一名反封建斗士的他第一次回到故乡,但令其悲哀的是,故乡依然笼罩在旧制度的阴影下。于是巴金饱含深情地写下了这篇散文,揭露了封建礼教对青年一代的毒害,表达了对旧制度的强烈憎恨,通过对"财富并不'长宜子孙'"的分析,指出青年人应该离开狭小的家,到社会中寻找光明的路。本文结构精巧,以灯光为线索贯穿全篇,大门里的灯光、爱尔克的灯光、心灵的灯光分别具有不同的象征意义。

巴金

怀念萧珊

一

今天是萧珊逝世的六周年纪念日。六年前的光景还非常鲜明地出现在我的眼前。那一天我从火葬场回到家中，一切都是乱糟糟的，过了两三天我渐渐地安静下来了，一个人坐在书桌前，想写一篇纪念她的文章。在五十年前我就有了这样一种习惯：有感情无处倾吐时我经常求助于纸笔。可是一九七二年八月里那几天，我每天坐三四个小时望着面前摊开的稿纸，却写不出一句话。我痛苦地想，难道给关了几年的"牛棚"，真的就变成"牛"了？头上仿佛压了一块大石头，思想好像冻结了一样。我索性放下笔，什么也不写了。

六年过去了。林彪、"四人帮"及其爪牙们的确把我搞得很"狼狈"，但我还是活下来了，而且偏偏活得比较健康，脑子也并不糊涂，有时还可以写一两篇文章。最近我经常去火葬场，参加老朋友们的骨灰安放仪式。在大厅里，我想起许多事情。同样地奏着哀乐，我的思想却从挤满了人的大厅转到只有二三十个人的中厅里去了，我们正在用哭声向萧珊的遗体告别。我记起了《家》里面觉新说过的一句话："好像珏死了，也是一个不祥的鬼。"四十七年前我写这句话的时候，怎么想得到我是在写自己！我没有流眼泪，可是我觉得有无数锋利的指甲在搔我的心。我站在死者遗体旁边，望着那张惨白色的脸，那两片咽下千言万语的嘴唇，我咬紧牙齿，在心里唤着死者的名字。我想，我比她大十三岁，为什么不让我先死？我想，这是多不公平！她究竟犯了什么罪？她也给关进"牛棚"，挂上"牛鬼蛇神"的小纸牌，还扫过马路。究竟为什么？理由很简单，她是我的妻子。她患了病，得不到治疗，也因为她是我的妻子。想尽办法一直到逝世前三个星期,靠开后门她才住进医院。但是癌细胞已经扩散,肠癌变成了肝癌。

她不想死,她要活,她愿意改造思想,她愿意看到社会主义建成。这个愿望总不能说是痴心妄想吧？她本来可以活下去,倘使她不是"黑老K"的"臭婆娘"。一句话,是我连累了她,是我害了她。

在我靠边的几年中间,我所受到的精神折磨她也同样受到。但是我并未挨过打,她却挨了"北京来的红卫兵"的铜头皮带,留在她左眼上的黑圈好几天后才褪尽。她挨打只是为了保护我,她看见那些年轻人深夜闯进来,害怕他们把我揪走,便溜出大门,到对面派出所去,请民警同志出来干预。那里只有一个人值班,不敢管。当着民警的面,她被他们用铜头皮带狠狠抽了一下,给押了回来,同我一起关在马桶间里。

她不仅分担了我的痛苦,还给了我不少的安慰和鼓励。在"四害"横行的时候,我在原单位(中国作家协会上海分会)给人当做"罪人"和"贱民"看待,日子十分难过,有时到晚上九、十点钟才能回家。我进了门看到她的面容,满脑子的乌云都消散了。我有什么委屈、牢骚,都可以向她尽情倾吐。有一个时期我和她每晚临睡前要服两粒眠尔通才能够闭眼,可是天刚刚发白就都醒了。我唤她,她也唤我。我诉苦般地说:"日子难过啊!"她也用同样的声音回答:"日子难过啊!"但是她马上加一句:"要坚持下去。"或者再加一句:"坚持就是胜利。"我说"日子难过",因为在那一段时间里,我每天在"牛棚"里面劳动、学习、写交代、写检查、写思想汇报。任何人都可以责骂我、教训我、指挥我。从外地到"作协分会"来串联的人可以随意点名叫我出去"示众",还要自报罪行。上下班不限时间,由管理"牛棚"的"监督组"随意决定。任何人都可以闯进我家里来,高兴拿什么就拿走什么。这个时候大规模的群众性批斗和电视批斗大会还没有开始,但已经越来越逼近了。

她说"日子难过",因为她给两次揪到机关,靠边劳动,后来也常常参加陪斗。在淮海中路"大批判专栏"上张贴着批判我的罪行的大字报,我一家人的名字都给写出来"示众",不用说"臭婆娘"的大名占着显著的地位。这些文字像虫子一样咬痛她的心。她让上海戏剧学院"狂妄派"学生突然袭击、揪到"作协分会"去的时候,在我家大门上还贴了一张揭露她的所谓罪行的大字报。幸好当天夜里我儿子把它撕毁,否则这一张大字报就会要了她的命！

人们的白眼,人们的冷嘲热骂蚕蚀着她的身心。我看出来她的健康逐渐遭到损害。表面上的平静是虚假的。内心的痛苦像一锅煮沸的水,她怎么能遮盖住!怎样能使它平静!她不断地给我安慰,对我表示信任,替我感到不平。然而她看到我的问题一天天地变得严重,上面对我的压力一天天地增加,她又非常担心。有时同我一起上班或者下班,走进巨鹿路口,快到"作协分会",或者走进南湖路口,快到我们家,她总是抬不起头。我理解她,同情她,也非常担心她经受不起沉重的打击。我记得有一天到了平常下班的时间,我们没有受到留难,回到家里她比较高兴,到厨房去烧菜。我翻看当天的报纸,在第三版上看到当时做了"作协分会"的"头头"的两个工人作家写的文章《彻底揭露巴金的反革命真面目》。真是当头一棒!我看了两三行,连忙把报纸藏起来,我害怕让她看见。她端着烧好的菜出来,脸上还带笑容,吃饭时她有说有笑。饭后她要看报,我企图把她的注意力引到别处。但是没有用,她找到了报纸。她的笑容一下子完全消失。

这一夜她再没有讲话,早早地进了房间。我后来发现她躺在床上小声哭着。一个安静的夜晚给破坏了。今天回想当时的情景,她那张满是泪痕的脸还在我的眼前。我多么愿意让她的泪痕消失,笑容在她憔悴的脸上重现,即使减少我几年的生命来换取我们家庭生活中一个宁静的夜晚,我也心甘情愿!

二

我听周信芳同志的媳妇说,周的夫人在逝世前经常被打手们拉出去当作皮球推来推去,打得遍体鳞伤。有人劝她躲开,她说:"我躲开,他们就要这样对付周先生了。"萧珊并未受到这种新式体罚。可是她在精神上给别人当皮球打来打去。她也有这样的想法:她多受一点精神折磨,可以减轻对我的压力。其实这是她一片痴心,结果只苦了她自己。我看见她一天天地憔悴下去,我看见她的生命之火逐渐熄灭,我多么痛心。我劝她,我安慰她,我想拉住她,一点也没有用。

她常常问我:"你的问题什么时候才解决呢?"我苦笑说:"总有一天会解决的。"她叹口气说:"我恐怕等不到那个时候了。"后来她病倒了,有人劝她打电话找我回家,她不知从哪里得来的消息,她说:"他在写检查,不要打岔他。他的问题大概可以解决了。"等到我从五·七干校回家休假,她已经不能起床。她还问我检查写得怎样,问题是否可以解决。我当时的确在写检查,而且已经写了好几次了。他们要我写,只是为了消耗我的生命。但她怎么能理解呢?

这时离她逝世不过两个多月,癌细胞已经扩散,可是我们不知道,想找医生给她认真检查一次,也毫无办法。平日去医院挂号看门诊,等了许久才见到医生或者实习医生,随便给开个药方就算解决问题。只有在发烧到摄氏三十九度才有资格挂急诊号,或者还可以在病人拥挤的观察室里待上一天半天。当时去医院看病找交通工具也很困难,常常是我女婿借了自行车来,让她坐在车上,他慢慢地推着走。有一次她雇到小三轮车去看病,看好门诊回家雇不到车了,只好同陪她看病的朋友一起慢慢地走回来,走走停停,走到街口,她快要倒下了,只得请求行人到我们家通知,她一个表侄正好来探病,就由他去把她背了回家。她希望拍一张X光片子查一查肠子有什么病,但是办不到。后来靠了她一位亲戚帮忙开后门两次拍片,才查出她患肠癌。以后又靠朋友设法开后门住进了医院。她自己还很高兴,以为得救了。只有她一个人不知道真实的病情,她在医院里只活了三个星期。

我休假回家假期满了,我又请过两次假,留在家里照料病人。最多也不到一个月。我看见她病情日趋严重,实在不愿意把她丢开不管,我要求延长假期的时候,我们那个单位的一个"工宣队"头头逼着我第二天就回干校去。我回到家里,她问起来,我无法隐瞒。她叹了口气,说:"你放心去吧。"她把脸掉过去,不让我看见她。我女儿、女婿看到这种情景,自告奋勇地跑到巨鹿路向那位"工宣队"头头解释,希望同意我在市区多留些日子照料病人。可是那个头头"执法如山",还说:他不是医生,留在家里,有什么用!"留在家里对他改造不利!"他们气愤地回到家中,只说机关不同意,后来才对我传达了这句"名言"。我还能讲什么呢?明天回干校去!

整个晚上她睡不好,我更睡不好。出乎意外,第二天一早我那个插队落户的儿子在我们房间里出现了,他是昨天半夜里到的。他得了家信,请假回家看母亲,却没有想到母亲病成这样。我见了他一面,把他母亲交给他,就回干校去了。

在车上我的情绪很不好。我实在想不通为什么会有这样的事情。我在干校待了五天,无法同家里通消息。我已经猜到她的病不轻了。可是人们不让我过问她的事情。这五天是多么难熬的日子!到第五天晚上在干校的造反派头头通知我们全体第二天一早回市区开会。这样我才又回到了家,见到了我的爱人。

靠了朋友帮忙,她可以住进中山医院肝癌病房,一切都准备好,她第二天就要住院了。她多么希望住院前见我一面,我终于回来了。连我也没有想到她的病情发展得这么快。我们见了面,我一句话也讲不出来。她说了一句:"我到底住院了。"我答说:"你安心治疗吧。"她父亲也来看她,老人家双目失明,去医院探病有困难,可能是来同他的女儿告别了。

我吃过中饭,就去参加给别人戴上反革命帽子的大会,受批判、戴帽子的不止一个,其中有一个我的熟人王若望同志,他过去也是作家,不过比我年轻。我们一起在"牛棚"里关过一个时期,他的罪名是"摘帽右派"。他不服,不听话,他贴出大字报,声明"自己解放自己",因此罪名越搞越大,给捉去关了一个时期不算,还戴上了反革命的帽子监督劳动。

在会场里我一直像在做怪梦。开完会回家,见到萧珊我感到格外亲切,仿佛重回人间。可是她不舒服,不想讲话,偶尔讲一句半句。我还记得她讲了两次:"我看不到了。"我连声问她看不到什么?她后来才说:"看不到你解放了。"我还能再讲什么呢?

我儿子在旁边,垂头丧气,精神不好,晚饭只吃了半碗,像是患感冒。她忽然指着他小声说:"他怎么办呢?"他当时在安徽山区已经待了三年半,政治上没有人管,生活上不能养活自己,而且因为是我的儿子,给剥夺了好些公民权利。他先学会沉默,后来又学会抽烟。我怀着内疚的心情看看他,我后悔当初不该写小说,更不该生儿育女。我还记得前两年在痛苦难熬的时候她对我说:"孩子们说爸爸做了坏事,害了我们大家。"这好像用刀子在割我身上的肉。我没有出声,我把泪水全吞在肚里。她睡了一觉醒过来忽然问我:"你明天不去了?"我说:"不去了。"就是那个"工宣队"头头今天通知我不用再去干校就留在市区。他还问我:"你知道萧珊是什么病?"我答说:"知道。"其实家里瞒住我,不给我知道真相,我还是从他这句问话里猜到的。

三

第二天早晨她动身去医院,一个朋友和我女儿、女婿陪她去。她穿好衣服等候车来。她显得急躁,又有些留恋,东张张西望望,她也许在想是不是能再看到这里的一切。我送走她,心上反而加了一块大石头。

将近二十天里,我每天去医院陪伴她大半天。我照料她,我坐在病床前守着她,同她短短地谈几句话。她的病情恶化,一天天衰弱下去,肚子却一天天大起来,行动越来越不方便。当时病房里没有人照料,生活方面除饭食外一切都必须自理。

后来听同病房的人称赞她"坚强",说她每天早晚都默默地挣扎着下了床,走到厕所。医生对我们谈起,病人的身体经不住手术,最怕的是她肠子堵塞,要是不堵塞,还可以拖延一个时期。她住院后的半个月是一九六六年八月以来我既感痛苦又感到幸福的一段时间,是我和她在一起度过的最后的平静的时刻,我今天还不能将它忘记。但是半个月以后,她的病情有了发展,一天吃中饭的时候,医生通知我儿子找我去谈话。他告诉我:病人的肠子给堵住了,必须开刀。开刀不一定有把握,也许中途出毛病。但是不开刀,后果更不堪设想。他要我决定,并且要我劝她同意。我作了决定,就去病房对她解释。我讲完话,她只说了一句:"看来,我们要分别了。"她望着我,眼睛里全是泪水。我说:"不会的……"我的声音哑了。接着护士长来安慰她,对她说:"我陪你,不要紧的。"她回答:"你陪我就好。"时间很紧迫,医生、护士们很快作好准备,她给送进手术室去了,是她表侄把她推到手术室门口的,我们就在外面走廊上等了好几个小时,等到她平安地给送出来,由儿子把她推回到病房去。儿子还在她身边守过一个夜晚。过两天他也病倒了,查出来他患肝炎,是从安徽农村带回来的。本来我们想瞒住他的母亲,可是无意间让他母亲知道了。她不断地问:"儿子怎么样?"我自己也不知道儿子怎么样,我怎么能使她放心呢?晚上回到家,走进空空的、静静的房间,我几乎要叫出声来:"一切都朝我的头打下来吧,让所有的灾祸都来吧。我受得住!"

我应当感谢那位热心而又善良的护士长,她同情我的处境,要我把儿子的事情完全交给她办。她作好安排,陪他看病、检查,让他很快住进别处的隔离病房,得到及时的治疗和护理。他在隔离房里苦苦地等候母亲病情的好转。母亲躺在病床上,只能有气无力地说几句短短的话,她经常问:"棠棠怎么样?"从她那双含泪的眼睛里我明白她多么想看见她最爱的儿子。但是她已经没有精力多想了。

她每天给输血,打盐水针。她看见我去就断断续续地问我:"输多少西西的血?该怎么办?"我安慰她:"你只管放心。没有问题,治病要紧。"她不止一次地说:"你辛苦了。"我有什么苦呢？我能够为我最亲爱的人做事情,哪怕做一件小事,我也高兴！后来她的身体更不行了。医生给她输氧气,鼻子里整天插着管子。她几次要求拿开,这说明她感到难受,但是听了我们的劝告,她终于忍受下去了。开刀以后她只活了五天。谁也想不到她会去得这么快！五天中间我整天守在病床前,默默地望着她在受苦(我是设身处地感觉到这样的),可是她除了两三次要求搬开床前巨大的氧气筒,三四次表示担心输血较多付不出医药费之外,并没有抱怨过什么。见到熟人她常有这样一种表情:请原谅我麻烦了你们。她非常安静,但并未昏睡,始终睁大两只眼睛。眼睛很大,很美,很亮。我望着,望着,好像在望快要燃尽的烛火。我多么想让这对眼睛永远亮下去！我多么害怕她离开我！我甚至愿意为我那十四卷"邪书"受到千刀万剐,只求她能安静地活下去。

不久前我重读梅林写的《马克思传》,书中引用了马克思给女儿的信里一段话,讲到马克思夫人的死。信上说:"她很快就咽了气。……这个病具有一种逐渐虚脱的性质,就像由于衰老所致一样。甚至在最后几小时也没有临终的挣扎,而是慢慢地沉入睡乡。她的眼睛比任何时候都更大、更美、更亮！"这段话我记得很清楚。马克思夫人也死于癌症。我默默地望着萧珊那对很大、很美、很亮的眼睛,我想起这段话,稍微得到一点安慰。听说她的确也"没有临终的挣扎",也是"慢慢地沉入睡乡"。我这样说,因为她离开这个世界的时候,我不在她的身边。那天是星期天,卫生防疫站因为我们家发现了肝炎病人,派人上午来做消毒工作。她的表妹有空愿意到医院去照料她,讲好我们吃过中饭就去接替。没有想到我们刚刚端起饭碗,就得到传呼电话,通知我女儿去医院,说是她妈妈"不行"了。真是晴天霹雳！我和我女儿、女婿赶到医院。她那张病床上连床垫也给拿走了。别人告诉我她在太平间。我们又下了楼赶到那里,在门口遇见表妹。还是她找人帮忙把"咽了气"的病人抬进来的。死者还不曾给放进铁匣子里送进冷库,她躺在担架上,但已经给白布床单包得紧紧的,看不到面容了。我只看到她的名字。我弯下身子,把地上那个还有点人形的白布包拍了好几下,一面哭唤着她的名字。不过几分钟的时间,这算是什么告别呢？

据表妹说,她逝世的时刻,表妹也不知道。她曾经对表妹说:"找医生来。"医生来过,并没有什么。后来她就渐渐地"沉入睡乡"。表妹还以为她在睡眠。

一个护士来打针,才发觉她的心脏已经停止跳动了。我没有能同她诀别,我有许多话没有能向她倾吐,她不能没有留下一句遗言就离开我!我后来常常想,她对表妹说:"找医生来"。很可能不是"找医生"。是"找李先生"(她平日这样称呼我)。为什么那天上午偏偏我不在病房呢?家里人都不在她身边,她死得这样凄凉!

我女婿马上打电话给我们仅有的几个亲戚。她的弟媳赶到医院,马上晕了过去。三天以后在龙华火葬场举行告别仪式。她的朋友一个也没有来,因为一则我们没有通知,二则我是一个审查了将近七年的对象。没有悼词,没有吊客,只有一片伤心的哭声。我衷心感谢前来参加仪式的少数亲友和特地来帮忙的我女儿的两三个同学,最后,我跟她的遗体告别,女儿望着遗容哀哭,儿子在隔离房还不知道把他当做命根子的妈妈已经死亡。值得提说的是她当做自己儿子照顾了好些年的一位亡友的男孩从北京赶来,只为了见她最后一面。这个整天同钢铁打交道的技术员,他的心倒不像钢铁那样。他得到电报以后,他爱人对他说:"你去吧,你不去一趟,你的心永远安定不了。"我在变了形的她的遗体旁边站了一会。别人给我和她照了像。我痛苦地想:这是最后一次了,即使给我们留下来很难看的形象,我也要珍视这个镜头。

一切都结束了。过了几天我和女儿、女婿到火葬场,领到了她的骨灰盒。在存放室寄存了三年之后,我按期把骨灰盒接回家里。有人劝我把她的骨灰安葬,我宁愿让骨灰盒放在我的寝室里,我感到她仍然和我在一起。

四

梦魇一般的日子终于过去了。六年仿佛一瞬间似的远远地落在后面了。其实哪里是一瞬间!这段时间里有多少流着血和泪的日子啊。不仅是六年,从我开始写这篇短文到现在又过去了半年,半年中我经常在火葬场的大厅里默哀,行礼,为了纪念给"四人帮"迫害致死的朋友。想到他们不能把个人的智慧和才华献给社会主义祖国,我万分惋惜。每次戴上黑纱、插上纸花的同时,我也想起我自己最亲爱的朋友,一个普通的文艺爱好者,一个成绩不大的翻译工作者,一个心地善良的人。她是我生命的一部分,她的骨灰里有我的泪和血。

她是我的一个读者。一九三六年我在上海第一次同她见面。一九三八年和一九四一年我们两次在桂林像朋友似的住在一起。一九四四年我们在贵阳结婚。我认识她的时候，她还不到二十，对她的成长我应当负很大的责任。她读了我的小说，给我写信，后来见到了我，对我发生了感情。她在中学念书，看见我以前，因为参加学生运动被学校开除，回到家乡住了一个短时期，又出来进另一所学校。倘使不是为了我，她三七、三八年一定去了延安。她同我谈了八年的恋爱，后来到贵阳旅行结婚，只印发了一个通知，没有摆过一桌酒席。从贵阳我和她先后到了重庆，住在民国路文化生活出版社门市部楼梯下七八个平方米的小屋里。她托人买了四只玻璃杯开始组织我们的小家庭。她陪着我经历了各种艰苦生活。

在抗日战争紧张的时期，我们一起在日军进城以前十多个小时逃离广州，我们从广东到广西，从昆明到桂林，从金华到温州，我们分散了，又重见，相见后又别离。在我那两册《旅途通讯》中就有一部分这种生活的记录。四十年前有一位朋友批评我："这算什么文章！"我的《文集》出版后，另一位朋友认为我不应当把它们也收进去。他们都有道理。两年来我对朋友、对读者讲过不止一次，我决定不让《文集》重版。但是为我自己，我要经常翻看那两小册《通讯》。在那些年代，每当我落在困苦的境地里、朋友们各奔前程的时候，她总是亲切地在我耳边说："不要难过，我不会离开你，我在你的身边。"的确，只有她最后一次进手术室之前她才说过这样一句："我们要分别了。"

我同她一起生活了三十多年。但是我并没有好好地帮助过她。她比我有才华，却缺乏刻苦钻研的精神。我很喜欢她翻译的普希金和屠格涅夫的小说。虽然译文并不恰当，也不是普希金和屠格涅夫的风格，它们却是有创造性的文学作品，阅读它们对我是一种享受。她想改变自己的生活，不愿做家庭妇女，却又缺少吃苦耐劳的勇气。她听一个朋友的劝告，得到后来也是给"四人帮"迫害致死的叶以群同志的同意，到《上海文学》"义务劳动"，也做了一点点工作，然而在运动中却受到批判，说她专门向老作家组稿，又说她是我派去的"坐探"。她为了改造思想，想走捷径，要求参加"四清"运动，找人推荐到某铜厂的工作组工作，工作相当忙碌、紧张，她却精神愉快。但是到我快要靠边的时候，她也被叫回"作协分会"参加运动。她第一次参加这种疾风暴雨般的斗争，而且是以反动权威家属的身份参加，她不知道该怎么办才好。她张皇失措，坐立不安，替我担心，又为儿女们的前途忧虑。她盼望什么人向她伸出援助的手，可是朋友们离开了她,"同事们"拿她当做箭靶,还有人想通过整她来整我。她不是"作协分会"或者刊物的正式工作人员,可是仍然被"勒令"靠边劳动、站队挂牌,放回家以后,又给揪到机关。她怕人看见,每天大清早起来,拿着扫帚出门,扫得精疲力尽,才回到家里,关上大门,吐了一口气。但有时她还碰到上学去的小孩,对她叫骂"巴金的臭婆娘"。我偶尔看见她拿着扫帚回来,不敢正眼看她,我感到负罪的心情,这是对她的一个致命的打击。不到两个月,她病倒了,以后就没有再出去扫街(我妹妹继续扫了一个时期),但是也没有完全恢复健康。尽管她还继续拖了四年,但一直到死她并不曾看到我恢复自由。

这就是她的最后,然而绝不是她的结局。她的结局将和我的结局连在一起。我绝不悲观。我要争取多活。我要为我们社会主义祖国工作到生命的最后一息。在我丧失工作能力的时候,我希望病榻上有萧珊翻译的那几本小说。等到我永远闭上眼睛,就让我的骨灰同她的掺和在一起。

1976年1月16日写完

〔选自钱谷融编著《中国现当代文学作品选》(上下卷),华东师范大学出版社2008年6月版〕

编选说明

《怀念萧珊》选自巴金散文集《随想录》。《随想录》可以看做是巴金用纸和笔建立的一座个人的"文革"博物馆。在本文中,作者回忆了"文革"时期妻子萧珊因自己而受到牵连,身患绝症得不到及时治疗,最后连诀别的话也没留下一句就离开了人世的悲惨遭遇,描写了夫妻俩患难与共、相濡以沫的深厚感情,抒发了对妻子真挚、深切、绵绵不绝的怀念。这是巴金的家庭悲剧,也是那个特殊历史时代的悲剧。这篇悼亡文章感情真挚,意蕴深刻。"为什么不让我先死?""她究竟犯了什么罪?""我不该生儿育女"……这些质问、悔恨、自责,更加有力地控诉了"四人帮"的罪行,让人们看到了一个善良生命的毁灭。本文以最朴素的语言表达了最深刻的感情,是巴金所倡导的"艺术的最高境界是无技巧"的生动诠释。

梁实秋

雅　舍

到四川来，觉得此地人建造房屋最是经济。火烧过的砖，常常用来做柱子，孤零零的砌起四根砖柱，上面盖上一个木头架子，看上去瘦骨嶙嶙，单薄得可怜；但是顶上铺了瓦，四面编了竹篦墙，墙上敷了泥灰，远远的看过去，没有人能说不像是座房子。我现在住的"雅舍"正是这样一座典型的房子。不消说，这房子有砖柱，有竹篦墙，一切特点都应有尽有。

讲到住房，我的经验不算少，什么"上支下摘""前廊后厦""一楼一底""三上三下""亭子间""茅草棚""琼楼玉宇"和"摩天大厦"各式各样，我都尝试过。我不论住在哪里，只要住得稍久，对那房子便发生感情，非不得已我还舍不得搬。这"雅舍"，我初来时仅求其能蔽风雨，并不敢存奢望，现在住了两个多月，我的好感油然而生。虽然我已渐渐感觉它是并不能蔽风雨，因为有窗而无玻璃，风来则洞若凉亭，有瓦而空隙不少，雨来则渗如滴漏。纵然不能蔽风雨，"雅舍"还是自有它的个性。有个性就可爱。

"雅舍"的位置在半山腰，下距马路约有七八十层的土阶。前面是阡陌螺旋的稻田。再远望过去是几抹葱翠的远山，旁边有高粱地，有竹林，有水池，有粪坑，后面是荒僻的榛莽未除的土山坡。若说地点荒凉，则月明之夕，或风雨之日，亦常有客到，大抵好友不嫌路远，路远乃见情谊。客来则先爬几十级的土阶，进得屋来仍须上坡，因为屋内地板乃依山势而铺，一面高，一面低，坡度甚大，客来无不惊叹，我则久而安之，每日由书房走到饭厅是上坡，饭后鼓腹而出是下坡，亦不觉有大不便处。

"雅舍"共是六间，我居其二。篦墙不固，门窗不严，故我与邻人彼此均可互通声息。邻人轰饮作乐,咿唔诗章,喁喁细语,以及鼾声、喷嚏声、吮汤声、撕纸声、脱皮鞋声,均随时由门窗户壁的隙处荡漾而来,破我岑寂。入夜则鼠子瞰灯,才一合眼,鼠子便自由行动,或搬核桃在地板上顺坡而下,或吸灯油而推翻烛台,或攀援而上帐顶,或在门框桌脚上磨牙,使得人不得安枕。但是对于鼠子,我很惭愧的承认,我"没有法子"。"没有法子"一语是被外国人常常引用着的,以为这话最足代表中国人的懒惰隐忍的态度。其实我的对付鼠子并不懒惰。窗上糊纸,纸一戳就破;门户关紧,而相鼠有牙,一阵咬便是一个洞洞。试问还有什么法子?洋鬼子住到"雅舍"里,不也是"没有法子"?比鼠子更骚扰的是蚊子。"雅舍"的蚊虱之盛,是我前所未见的。"聚蚊成雷"真有其事!每当黄昏时候,满屋里磕头碰脑的全是蚊子,又黑又大,骨骼都像是硬的。在别处蚊子早已肃清的时候,在"雅舍"则格外猖獗,来客偶不留心,则两腿伤处累累隆起如玉蜀黍,但是我仍安之。冬天一到,蚊子自然绝迹,明年夏天——谁知道我还是住在"雅舍"!

"雅舍"最宜月夜——地势较高,得月较先。看山头吐月,红盘乍涌,一霎间,清光四射,天空皎洁,四野无声,微闻犬吠,坐客无不悄然!舍前有两株梨树,等到月升中天,清光从树间筛洒而下,地上阴影斑斓,此时尤为幽绝。直到兴阑人散,归房就寝;月光仍然逼进窗来,助我凄凉。细雨蒙蒙之际,"雅舍"亦复有趣。推窗展望,俨然米氏章法,若云若雾,一片弥漫。但若大雨滂沱,我就又惶悚不安了,屋顶湿印到处都有,起初如碗大,俄而扩大如盆,继则滴水乃不绝,终乃屋顶灰泥突然崩裂,如奇葩初绽,素然一声而泥水下注,此刻满室狼藉,抢救无及。此种经验,已数见不鲜。"雅舍"之陈设,只当得简朴二字,但洒扫拂拭,不使有纤尘。我非显要,故名公巨卿之照片不得入我室;我非牙医,故无博士文凭张挂壁间;我不业理发,故丝织西湖十景以及电影明星之照片亦均不能张我四壁。我有一几一椅一榻,酣睡写读,均已有着,我亦不复他求。但是陈设虽简,我却喜欢翻新布置。西人常常讥笑妇人喜欢变更桌椅位置,以为这是妇人天性喜变之一征。诬否且不论,我是喜欢改变的。中国旧式家庭,陈设千篇一律,正厅上是一条案,前面一张八仙桌,一旁一把靠椅,两旁是两把靠椅夹一只茶几。我以为陈设宜求疏落参差之致,最忌排偶。"雅舍"所有,毫无新奇,但一物一事之安排布置俱不从俗。人入我室,即知此是我室。笠翁《闲情偶寄》之所论,正合我意。

"雅舍"非我所有,我仅是房客之一。但思"天地者万物之逆旅",人生本来如寄,我住"雅舍"一日,"雅舍"即一日为我所有。即使此一日亦不能算是我有,至少此一日"雅舍"所能给予之苦辣酸甜我实躬受亲尝。刘克庄词:"客里似家家似寄。"我此时此刻卜居"雅舍","雅舍"即似我家。其实似家似寄,我亦分辨不清。

长日无俚,写作自遣,随想随写,不拘篇章,冠以"雅舍小品'四字,以示写作所在,且志因缘。

〔选自钱谷融编著《中国现当代文学作品选》(上下卷),华东师范大学出版社2008年版〕

编选说明

梁实秋(1903—1987),北京人,著名学者、文学家和翻译家。雅舍是梁实秋先生在四川时居住的住宅名,他的代表作便是散文集《雅舍小品》,本文是该集首篇。所谓"雅舍",其实不过是半山腰的一间陋室而已。它外观不美,结构不牢,位置偏僻,既不能遮风蔽雨,又不能隔绝邻室噪音,黄昏时聚蚊成雷,入夜后老鼠横行。这般苦不堪言的居室,作者却能超然物外,细品其中的苦辣酸甜,于烦中求安,苦中作乐,表现出豁达开朗、恬淡自适的心境和随遇而安、知足常乐的情怀。文笔轻松洒脱,或自嘲自解,或正话反说,或文白相间,或巧用典故,形成了言简意丰、谐趣横生的独特风格。

何其芳

雨　前

　　最后的鸽群带着低弱的笛声在微风里划一个圈子后,也消失了。也许是误认这灰暗的凄冷的天空为夜色的来袭,或是也预感到风雨的将至,遂过早地飞回它们温暖的木舍。

　　几天的阳光在柳条上撒下的一抹嫩绿,被尘土埋掩得有憔悴色了,是需要一次洗涤。还有干裂的大地和树根也早已期待着雨。雨却迟疑着。

　　我怀想着故乡的雷声和雨声。那隆隆的有力的搏击,从山谷返响到山谷,仿佛春之芽就从冻土里震动、惊醒,而怒苗出来。细草样柔的雨声又以温存之手抚摩它,使它簇生油绿的枝叶而开出红色的花。这些怀想如乡愁一样萦绕得使我忧郁了。我心里的气候也和这北方大陆一样缺少雨量,一滴温柔的泪在我枯涩的眼里,如迟疑在这阴沉的天空里的雨点,久不落下。

　　白色的鸭也似有一点烦躁了,有不洁的颜色的都市的河沟里传出它们焦急的叫声。有的还未厌倦那船一样的徐徐的划行,有的却倒插它们的长颈在水里,红色的蹼趾伸在尾巴后,不停地扑击着水以支持身体的平衡。不知是在寻找沟底的细微的食物,还是贪那深深的水里的寒冷。

　　有几个已上岸。在柳树下来回的作它们绅士的散步,舒息划行的疲劳。然后参差的站着,各用嘴细细地梳理它们遍体白色的羽毛,间或又摇动身子或扑展着阔翅,使那缀在羽毛间的水珠坠落。一个已修饰完毕的,弯曲它的颈到背上,长长的红嘴藏没在翅膀里,静静合上它白色的茸毛间的小黑眼睛,仿佛准备睡眠。可怜的小动物,你就是这样做你的梦吗?

　　我想起故乡放雏鸭的人了。一大群鹅黄的雏鸭游牧在溪流间。清浅的水,两岸青青的草,一根长长的竹竿在牧人的手里。他的小队伍是多么欢欣地发出啁啾声,又多么驯服地随着他的竿头越过一个山野又一个山坡!夜来了,帐幕似的竹篷撑在地上,就是他的家。但这是怎样辽远的想象呵!在这多尘土的国土里,我仅只希望听见一点树叶上的雨声。一点雨声的幽凉滴到我憔悴的梦,也许会长成一树圆圆的绿阴来覆荫我自己。

我仰起头。天空低垂如灰色的雾幕,落下一些寒冷的碎屑到我脸上。一只远来的鹰隼仿佛带着怒愤,对这沉重的天色的怒愤,平张的双翅不动地从天空斜插下,几乎触到河沟对岸的土阜,而又鼓扑着双翅,作出猛烈的声响腾上了。那样巨大的翅使我惊异,我看见了它两肋间斑白的羽毛。

接着听见了它有力的鸣声,如同一个巨大的心的呼号,或是在黑暗里寻找伴侣的叫唤。

然而雨还是没有来。

(选自高永年编著《二十世纪中国现当代文学作品选·散文卷》,江苏教育出版社 2003 年 2 月版)

编选说明

何其芳(1912—1977),四川万县人,和李广田、卞之琳一起出版过《汉园集》,并称"汉园三诗人"。《雨前》选自何其芳散文集《画梦录》。它由精心选择的三幅画面组接而成:群鸽归巢图、白鸭戏水图和鹰击长空图。作者由眼前景而想到故乡,在对比中表现北方大陆空气的压抑沉闷和对雨声、绿色的热切盼望。但最终"雨还是没有来",惆怅和失望的情绪弥漫着。本文采用"独语体"的方式抒情,大量运用拟人、象征手法,意境朦胧迷幻,语言精致浓丽,色彩变化多端。何其芳说:"我不是从一个概念的闪动去寻找它的形体,浮现在我心灵里的原来就是一些颜色,一些图案。"颜色和图案是其散文中首先吸引人注意力的地方。

李广田

山之子

　　住在"中天门"的"泰山旅馆"里,我们每天得有方便,在"快活三里"目送来往的香客。

　　自"岱宗坊"至"中天门",恰好是登绝顶的山路之一半。"斗母宫"以下尚近于平坦,久于登山的人说那一段就是平川大道。自"斗母宫"以上至"中天门",则步步向上,逐渐陡险,尤其是"峰回路转"以上,初次登山的人就以为已经陡险到无以复加了。尤其妙处,则在于"南天门"和"绝顶"均为"中天门"的山头所遮蔽,在"中天门"下边的人往往误认"中天门"为"南天门",于是心里想到这可好了,已经登峰造极了,及至费了很大的力气攀到"中天门"时,猛然抬头,才知道从此上去却仍有一半更陡险的盘路待登,登山人不能不仰面兴叹了。然而紧接着就是"快活三里",于是登山人就说这是神的意思,不能不坐下来休息,且向神明致最诚的敬意。

　　由"中天门"北折而下行,曰"倒三盘",以下就是二三里的平路。那条山路不但很平,而且完全不见什么石块在脚下磕磕绊绊,使上山人有难言的轻快之感。且随处是小桥流水,破屋丛花,鸡鸣犬吠,人语相闻。山家妇女多做着针织在松柏树下打坐,孩子们常赤着结实的身子在草丛里睡眠,这哪里是登山呢,简直是回到自己的村落中了。虽然这里也有几家卖酒食的,然而那只是做另一些有钱人的买卖,至于乡下香客,他们的办法却更饶有佳趣。他们三个一帮,五个一团,他们用一只大柳条篮子携着他们的盛宴:有白酒,有茶叶,有煎饼,有咸菜,有已经劈得很细的干木柴,一把红铜的烧水壶,而"快活三里"又为他们备一个"快活泉"。这泉子就在"快活三里"的中间,在几树松柏荫下,由一处石崖下流出，注入一个小小的石潭，水极清冽，味亦颇甘，周有磐石，恰好作了他们的几筵。黎明出发，到此正是早饭时辰，于是他们就在这儿用过早饭，休息掉一身辛苦，收拾柳筐，呼喝着重望"南天门"攀登而上了。我们则乐得看这些乡下人朴实的面孔，听他们以土音说乡下事情，讲山中故事，更羡慕从他们柳篮内送出来的好酒香。自然，我们还得看山，看山岭把我们绕了一周，好像把我们放在盆底，而头上又有青翠的天空作盖。看东面山崖上的流泉，听活活泉声，看北面绝顶上的人影，又有白云从山后飞过，叫我们疑心山雨欲来。更看西面的一道深谷，看银雾从谷中升起，又把诸山缠绕。我们是为看山而来的，我们看山然而我们却忘记了是在看山。

等到下午两三点钟左右，是香客们下山的时候了。他们已把他们的心事告诉给神明，他们已把一年来的罪过在神前取得了宽恕，于是他们像修完了一桩胜业，他们的脸上带着微笑，他们的心里更非常轻松。而他们的身上也是轻松的，柳篮里空了，酒瓶里也空了，他们把应用的东西都打发在山顶上，把余下的煎饼屑，和临出发时带在身上的小洋针、棉花线、小铜元和青色的制钱，也都施舍给了残废的讨乞人。他们从山上带下平安与快乐在他们心里，他们又带来许多好看的百合花在空着的篮里，在头巾里，在用山草结成的包裹里。我们不明白这些百合花是从哪里得来的，而且那么多，叫我们觉得非常稀奇。

我们前后在这里住过十余日，一共接纳了两个小朋友，一名刘兴，一名高立山。我几时遇到高立山总是同他开一次玩笑："高立山，你本来就姓高，你立在山上就更高了。"这样喊着，我们大家一齐笑。

忽然听到两声尖锐的招呼，闻声不见人，使我觉得更好玩。原来那呼声是来自雾中，不过十分钟就看见我那两个小朋友从雾中走来了：刘兴和高立山。高立山这名字使我喜欢。我爱设想，玩游人孑然一身，笔立泰山绝顶被天风吹着，图画好看，而画中人却另有一番怆恨。刘兴那孩子使我想起我的弟弟，不但像貌相似，精神也相似，是一个朴实敦厚的孩子。我不见我的弟弟已经很久了。我简直想抱吻面前的刘兴，然而那孩子看见我总是有些畏缩，使我无可如何。

"呀！独个儿在这里不害怕吗？"

我正想同他们打招呼，他们已同声这样喊了。

我很懂得他们这点惊讶。他们总以为我是城市人，而且来自远方，不懂得山里的事情,在这样大雾天里孑然独立,他们就替我担心了。说是担心倒也很亲切,而其中却也有些玩弄我的意味吧,这个就更使我觉得好玩。我在他们面前时常显得很傻,老是问东问西,我向他们打听山花的名字,向他们访问四叶参或何首乌是什么样子,生在什么地方,问石头,问泉水,问风候云雨,问故事传说。他们都能给我一些有趣的回答。于是他们非常骄傲,他们又笑话我少见多怪。

"害怕?有什么可怕呢?"我接着问。

"怕山鬼,怕毒蛇。——怕雾染了你的眼睛,怕雾湿了你的头发。"

他们都哈哈大笑了。笑一阵,又告诉我山鬼和毒蛇的事情。他们说山上深草中藏伏毒蛇,此山毒蛇也并不怎么长大,颜色也并不怎么凶恶,只仿佛是石头颜色,然而它们却极其可怕,因为它们最喜欢追逐行人,而它们又爬得非常迅速,简直如同在草上飞驰,人可以听到沙沙的声音。有人不幸被毒蛇缠住,它至死也不会放松,除非你立刻用镰刀把它割裂,而为毒蛇所啮破的伤痕是永难痊好的,那伤痕将继续糜烂,以至把人烂死为止。这类事情时常为割草人或牧羊人所遭遇。

"毒蛇既到处皆是,为什么我还不曾见过?"

"你不曾见过,不错,你当然不会见到,因为山里的毒蛇白天是不出来的,你早晨起来不看见草叶上的白沫吗?"说这话的是刘兴。

这件证明颇使我信服,因为我曾见过绿草上许多白沫,我还以为那是牛羊反刍所流的口涎呢。而且尤以一种叶似竹叶的小草上最常见到白沫,我又曾经误认那就是薇一类植物,于是很自然地想起饿死首阳山的两个古人。

高立山却以为刘兴的说明尚不足奇,他更以惊讶的声色告诉道:"晴天白日固然不出来,像这样大雾天却很容易碰见毒蛇。"

刘兴又仿佛害怕的样子加说道:"不光毒蛇呀,就连山鬼也常常在大雾天出现呢。"

他们说山鬼的样子总看不清,大概就像团团的一个人影儿。山鬼的居处是巉岩之下的深洞里。那些地方当然很少有人敢去,尤其当夜晚或者雾天。原来山鬼也同毒蛇一样,有时候误认大雾为黑夜。打柴的,采药的,有时碰见山鬼,十个有八个就不能逃生,因为山鬼也像水鬼一样,喜欢换替死鬼,遇见生人便推下巉岩或拉入石窟。他们又说常听见山鬼的哭声和呼号声,那声音就好像雾里刮大风。

"你不信吗?"高立山很严肃地想说服我,"我告诉你,哑巴的爹爹和哥哥都是碰到了山鬼,摔死在后山的山涧里。"

他们的声音变得很低,脸色也有些沉郁,他们又向远方的浓雾中送一个眼色,仿佛那看不见的地方就有山鬼。

这话颇引起我的好奇,我向他们打听那个哑子是什么人物。他们说那哑巴就住在上边"升仙坊"一旁的小庙里。他遇见任何人总爱比手划脚地说他的哑巴话。于是我急忙说道:"我知道,我知道,我见过他,我见过他。"这回忆使我喜悦,也使我怅惘。一日清晨,我们欲攀登山之绝顶,爬到"升仙坊"时正看到许多人停下来休息,而那也正是应当休息的地方,因为从此以上,便是最难走的"紧十八盘"了。我们坐下来以后,才知道那些登山人并非只为了休息,同时,他们是正在听一个哑子讲话。一个高大结实的汉子,山之子,正站在"升仙坊"前面峭壁的顶上,以洪朗的声音,以只有他自己能了解的语言,说着一个别人所不能懂的故事,虽然他用了种种动作来作为说明,然而却依然没有人能够懂他。我当然也不懂他,然而我却懂得了另一个故事:泰山的精灵在宣说泰山的伟大,正如石头不能说话,我们却自以为懂得石头的灵心。只要一想起"升仙坊"那个地方,便是一幅绝好的图画了:向上去是"南天门","南天门"之上自然是青天一碧,两旁壁立千仞,松柏森森,中间夹一线登天的玉梯,再向下看呢,"浮云连海岱,平野入青徐",俯视一气,天下就在眼底了,而我们的山之子就笔立在这儿,今天我才知道他是永远住在这里的。我急忙止住两个孩子:"你且慢讲,你且慢讲,我告诉你,我告诉你。"但是我将告诉他们什么呢?我将说那个哑巴在山上说一大篇话却没有人懂他,他好不寂寞呀,他站在峭岩上好不壮观啊,风之晨,雨之夕,"升仙坊"的小庙将是怎样的飘摇呢?至若星月在天,举手可摘,谷风不动,露凝天阶,山之子该有怎样的一山沉默呀!然而我却不能不怀一个闷葫芦,到底那哑巴是说了些什么呢?"高立山,告诉我,他到底是说了些什么呢?"我不能不这样问了。

"说些什么,反正是那一套啦,说他爸爸是因为到山涧采山花摔死的,他的哥哥也一样地摔死在山涧里了。"高立山翻着白眼说。

"就是啦,他们就是被山鬼讨了替代啊,为了采山花。"刘兴又提醒我。

山花？什么山花？两个孩子告诉我：百合花。

两个小孩子就继续告诉我哑巴的故事。泰山后面有一个古涧洞，两面是峭壁，中间是深谷，而在那峭壁上就生满了百合花。自然，那个地方是很少有人攀登的，然而那些自生的红百合实在好看。百合花生得那么繁盛，花开得那么鲜艳，那就是一个百合洞。哑巴的爸爸是一个顶结实勇敢的山汉，他最先发现这个百合洞，他攀到百合洞来采取百合，卖给从乡下来的香客。这是一件非常艰险的工作，攀着乱石，拉着荆棘，悬在陡崖上掘一株百合必须费很大工夫，因此一株百合也卖得一个好价钱。这事情渐渐成为风尚，凡进香人都乐意带百合花下山，于是哑巴的哥哥也随着爸爸做这件事业。然而父子两个都遭了同样的命运：爸爸四十岁时在一个浓雾天里坠入百合洞，做哥哥的到三十岁上又为一阵山风吹下了悬崖。从此这采百合的事业更不敢为别人所尝试，然而我们的山之子，这个哑巴，却已到了可以承继父业的成年，两条人命取得一种特权，如今又轮到了哑巴来占领这百合洞。他也是勇敢而大胆，他也不曾忘记爸爸和哥哥的殉难，然而就正为了爸爸和哥哥的命运，他不得不拾起这以生命为孤注的生涯。他住在"升仙坊"的小庙里，趁香客最多时他去采取百合，他用这方法来奉养他的老母和他的寡嫂。

我很感激两个小孩子告诉我这些故事。刘兴那孩子说完后还显得有些忧郁，那种木讷的样子就更像我的弟弟。雾渐渐收起。却又吹来了山风，我们都觉得有些冷意，我说了"再见"向他们告辞。

天气渐渐冷起来了。山下人还可以穿单衣，住在山上就非有棉衣不行了。又加上多雨多雾，使精神上感到极不舒服。因为我们不曾携带御寒的衣服，就连"快活三里"也不常去了。选一个比较晴朗的日子，我们决定下山。早晨起来就打好了行李，早饭之后就来了轿子。两个抬轿子的并非别人，乃是刘兴的爸爸和高立山的爸爸，这使我们觉得格外放心。跟在轿子后面的是刘兴和高立山，他们是特来给我们送行的。此刻的我简直是在惜别了，我不愿离开这个地方，我不愿离开两个小朋友，尤其是刘兴——我的弟弟。他们的沉默我很懂得，他们也知道，此刻一别就很难有机会相遇了。而且，真巧，为什么一切事情安排得这样巧呢，我们的行李已经搬到轿子上了，我们就要走了，忽然两个孩子招呼道："哑巴，哑巴，哑巴来了！"

不错,正是那个哑巴,我们在"升仙坊"见过他。他已经穿上了小棉袄,他手上携一个大柳筐。我特为看看他的筐里是什么东西,很简单:一把挖土的大铲子,一把刀,一把大剪子。我们都沉默着,哑巴却同别人打开了招呼。两个孩子哑哑地学他说话,旅馆中人大声问他是否下山,他不但哑,而且也聋,同他说话就非大声不行。于是他也就大声哑哑地回答着,并指点着,指点着山下,指点着他的棉袄,又指点着他的筐子,又指点着"南天门"。我们明白他昨天曾下山去,今天早晨刚上来。我同昭都想从这个人身上有所发现,但也不知道要发现些什么。在一阵喧嚷声中,我们的轿子已经抬起来了。两个小朋友送了我们颇长的一段路,等听不见他俩的话声时,我还同他们招手、摇帽子,而我的耳朵里却还仿佛听见那个哑巴的咿咿呀呀。

1936 年 11 月 18 日,济南

〔选自钱谷融编著《中国现当代文学作品选》(上下卷),华东师范大学出版社 2008 年 6 月版〕

编选说明

　　李广田(1906—1968),山东邹平人,"汉园三诗人"之一,主要作品有散文集《画廊集》《银狐集》等。《山之子》的主角是泰山上一个普通的山民——哑巴。他的父亲和哥哥都是以采摘泰山悬崖上的百合花为生并不幸坠涧身亡。为了奉养老母、寡嫂及家人,他毅然重操旧业。哑巴这种纯朴善良、勇敢无畏以及对于生的坚韧,在作者看来,是一种健全的、人类得以生生不息的生存能力,一种虽平凡却伟大的人格力量,更是故乡人民精神的化身,足以代表"泰山的灵魂",故作者称其为"山之子"。本文在结构上以"我"的见闻为线索,由远及近、由次及主地展开,渲染、对照等手法的运用,使作品颇具情致韵味。

杨 朔

荔枝蜜

　　花鸟草虫,凡是上得画的,那原物往往也叫人喜爱。蜜蜂是画家的爱物,我却总不大喜欢。说起来可笑。孩子时候,有一回上树掐海棠花,不想叫蜜蜂螫了一下,痛得我差点儿跌下来。大人告诉我说:蜜蜂轻易不螫人,准是误以为你要伤害它,才螫;一螫,它自己耗尽生命,也活不久了。我听了,觉得那蜜蜂可怜,原谅它了。可是从此以后,每逢看见蜜蜂,感情上疙疙瘩瘩的,总不怎么舒服。今年四月,我到广东从化温泉小住了几天。四围是山,怀里抱着一潭春水,那又浓又翠的景色,简直是一幅青绿山水画。刚去的当晚,是个阴天,偶尔倚着楼窗一望,奇怪啊,怎么楼前凭空涌起那么多黑魆魆的小山,一重一重的,起伏不断?记得楼前是一片比较平坦的园林,不是山。这到底是什么幻景呢?赶到天明一看,忍不住笑了。原来是满野的荔枝树,一棵连一棵,每棵的叶子都密得不透缝,黑夜看去,可不就像小山似的!

　　荔枝也许是世上最鲜最美的水果。苏东坡写过这样的诗句:"日啖荔枝三百颗,不辞长作岭南人,"可见荔枝的妙处。偏偏我来的不是时候,满树刚开着浅黄色的小花,并不出众。新发的嫩叶,颜色淡红,比花倒还中看些。从开花到果子成熟,大约得三个月,看来我是等不及在从化温泉吃鲜荔枝了。

　　吃鲜荔枝蜜,倒是时候。有人也许没听说这稀罕物儿吧?从化的荔枝树多得像汪洋大海,开花时节,那蜜蜂满野嘤嘤嗡嗡,忙得忘记早晚,有时还趁着月色采花酿蜜。荔枝蜜的特点是成色纯,养分多。住在温泉的人多半喜欢吃这种蜜,滋养精神。热心肠的同志为我也弄到两瓶。一开瓶子塞儿,就是那么一股甜香;调上半杯一喝,甜香里带着股清气,很有点鲜荔枝味儿。喝着这样的好蜜,你会觉得生活都是甜的呢。

我不觉动了情,想去看看自己一向不大喜欢的蜜蜂。

荔枝林深处,隐隐露出一角白屋,那是温泉公社的养蜂场,却起了个有趣的名儿,叫"养蜂大厦"。正当十分春色,花开得正闹。一走近"大厦",只见成群结队的蜜蜂出出进进,飞去飞来,那沸沸扬扬的情景,会使你想:说不定蜜蜂也在赶着建设什么新生活呢。

养蜂员老梁领我走进"大厦"。叫他老梁,其实是个青年人,举动很精细。大概是老梁想叫我深入一下蜜蜂的生活,小小心心揭开一个木头蜂箱,箱里隔着一排板,每块板上满是蜜蜂,蠕蠕地爬着。蜂王是黑褐色的,身量特别细长,每只蜜蜂都愿意用采来的花精供养它。

老梁叹息似的轻轻说:"你瞧这群小东西,多听话。"

我就问道:"像这样一窝蜂,一年能割多少蜜?"

老梁说:"能割几十斤。蜜蜂这物件,最爱劳动。广东天气好,花又多,蜜蜂一年四季都不闲着。酿的蜜多,自己吃的可有限。每回割蜜,给它们留一点点糖,够它们吃的就行了。它们从来不争,也不计较什么,还是继续劳动、继续酿蜜,整日整月不辞辛苦……"

我又问道:"这样好蜜,不怕什么东西来糟害么?"

老梁说:"怎么不怕?你得提防虫子爬进来,还得提防大黄蜂。大黄蜂这贼最恶,常常落在蜜蜂窝洞口。专干坏事。"

我不觉笑道:"噢!自然界也有侵略者。该怎么对付大黄蜂呢?"

老梁说:"赶!赶不走就打死它。要让它待在那儿,会咬死蜜蜂的。"

我想起一个问题,就问:"可是呢,一只蜜蜂能活多久?"

老梁回答说:"蜂王可以活三年,一只工蜂最多能活六个月。"

我说:"原来寿命这样短。你不是总得往蜂房外边打扫死蜜蜂么?"

老梁摇一摇头说:"从来不用。蜜蜂是很懂事的,活到限数,自己就悄悄死在外边,再也不回来了。"

我的心不禁一颤:多可爱的小生灵啊!对人无所求,给人的却是极好的东西。蜜蜂是在酿蜜,又是在酿造生活;不是为自己,而是在为人类酿造最甜的生活。蜜蜂是渺小的;蜜蜂却又多么高尚啊!

透过荔枝树林,我沉吟地望着远远的田野,那儿正有农民立在水田里,辛辛勤勤地分秧插秧。他们正用劳力建设自己的生活,实际也是在酿蜜——为自己,为别人,也为后世子孙酿造着生活的蜜。

这黑夜,我做了个奇怪的梦,梦见自己变成一只小蜜蜂。

(选自杨朔著《杨朔散文选》,人民文学出版社2009年7月版)

编选说明

杨朔(1913—1968),山东蓬莱人。主要散文集有《海市》《东风第一枝》《生命泉》等。杨朔散文的基调是歌颂新时代、新生活和普通劳动者。在艺术上,他创造地继承了中国传统散文的长处,于托物寄情、物我交融之中达到诗的境界,行文上喜欢欲扬先抑,峰回路转,卒章显志。《荔枝蜜》是杨朔"诗化散文"的代表作之一。由蜂蜜的香甜,联想到新生活的美好,由蜜蜂的辛勤劳动,联想到劳动人民为创造美好生活而进行的忘我劳动,歌颂了劳动人民的无私奉献精神。文章结构精巧,以"我"对蜜蜂的感情变化为线索来安排材料,从"不喜欢"到"动了情"到"心不禁一颤",几番曲折后,至结尾开拓出新境界,升华文章主题。

秦 牧

土 地

  我们生活在一个开辟人类新历史的光辉时代。在这样的时代,人们对许许多多的自然景物也都产生了新的联想、新的感情。不是有无数人在讴歌那光芒四射的朝阳、四季常青的松柏、庄严屹立的山峰、澎湃翻腾的海洋吗？不是有好些人在赞美挺拔的白杨、明亮的灯火、奔驰的列车、崭新的日历吗？睹物思人,这些东西引起人们多少丰富和充满感情的想象！

  这里我想来谈谈大地,谈谈泥土。

  当你坐在飞机上,看着我们无边无际的像覆盖上一张绿色地毯的大地的时候；当你坐在汽车上,倚着车窗看万里平畴的时候；或者,在农村里,看到一个老农捏起一把泥土,仔细端详,想鉴定它究竟适宜于种植什么谷物和蔬菜的时候；或者,当你自己随着大伙在田里插秧,黑油油的泥土吱吱地冒出脚趾缝的时候,不知道你曾否为土地涌现过许许多多的遐想？想起它的过去,它的未来,想起世世代代的劳动人民为要成为土地的主人,怎样斗争和流血；想起在绵长的历史中,我们每一块土地上面曾经出现过的人物和事迹,他们的苦难、愤恨、希望、期待的心情？

  有时,望着莽莽苍苍的大地,我骑着思想的野马奔驰到很远很远的地方,然后,才又收住缰绳,缓步回到眼前灿烂的现实中来。

  我想起了二千六百多年前北方平原上的一幕情景。

  一队亡命贵族,在黄土平原上仆仆奔驰。他们虽然仗剑驾车,然而看得出来,他们疲倦极了,饥饿极了。他们用搜索的眼光望着田野,然而骄阳在上,田垅间麦苗稀疏,哪里有什么可吃的东西！一个农民正在田里除草。那流亡队伍中一个王子模样的人物,走下车子来,尽量客气地向农民请求着:"求你给我们弄点吃的东西吧!你总得要帮忙才好,我们已经好几天没有吃的了。"衣不蔽体、家里正在愁吃愁穿的农民望了这群不知稼穑艰难的人们一眼,一句话也没说,从田地里捧起一大块泥土,送到王子模样的人物面前,压抑着悲愤说:"这个给你吧!"王子模样的人显然被激怒了,他转身到车上取下马鞭,怒气冲冲地想逞一下威风,鞭打那个胆敢冒犯他的尊严的农民。但是一个上了年纪的、大臣模样的人物上前去劝阻住了:"这是土地,上天赐给我们的,可不正是我们的好征兆么!"于是,一幕怪剧出现了,那王子模样的人突然跪下地来,叩头谢过上苍,然后郑重地捧起土块,放到车上,一行人又策马前进了。辘辘大车过处卷起了漫天尘土……

这是《左传》记载下来的、春秋时代晋国公子重耳在亡命途中发生的故事。

为什么会发生这样奇怪的事情?除了因为这群贵族是在亡命途中,不得不压抑着威风外,还有一个原因是:在他们心目中,土地代表着上天不可思议的赏赐,代表了财富和权力!他们知道,只要掌握了土地的所有权,就可以永不休止地榨取农民的血汗。

古代中国皇帝把疆土封赠给公侯时,就有这么一个仪式:皇帝站在地坛上,取起一块泥土来,用茅草包了,递给被封的人。上一个世纪,当殖民主义强盗还处在壮年时期,他们大肆杀戮太平洋各个岛屿上的土人,强迫他们投降,有一种被规定的投降仪式,就是要土人们跪在地上,用砂土撒到头顶。许许多多地方的部落,为了不愿跪着把神圣的泥土撒上天灵盖,就成批成批地被杀戮了。

呵!这宝贵的土地!不事稼穑的剥削阶级只知道想方设法地掠夺它,把它作为榨取劳动者血汗的工具;亲自在上面播种五谷的劳动者,才真正对它具有强烈的感情,把它当做命根子,把它比喻成哺育自己的母亲。谈到这里,我想起了好些令人掀动感情波澜的事情。几个世纪以来,那些当年被迫得走投无路的破产的中国农民,漂流到海外去谋生的当儿,身上就常常怀着一撮家乡的泥土。那时,闽粤沿海港口上,一艘艘用白粉鬃腹、用朱砂油头,头部两旁画上两个鱼眼睛似的小圈的红头船,乘着信风,把一批批失掉了土地的农民送到海外各地。当时离乡别井的人们,都习惯在远行之前,从井里取出一撮泥土,珍重地包藏在身边。他们把这撮泥土叫做"乡井土"。直到现在,海外华侨的床头箱里,还有人藏着这样的乡井土！试想想，在一撮撮看似平凡的泥土里，寄托了人们多少丰富深厚的感情！

　　过去，多少劳动者为了土地而进行了连绵不断的悲壮斗争！当外国侵略者犯境的时候，又有多少英雄义士为保卫它而英勇地献出了生命！在我国福建沿海地方，历史上就流传着许多可歌可泣的保卫土地的抗敌爱国故事。在明末御倭和抗清的浪潮中，那里曾经进行过保卫每一寸土地的激烈斗争。有的地方，妇女的发髻上流行着插上三支短剑似的装饰品，那是明代妇女准备星夜和突然来袭的倭寇搏斗的装束的遗迹。有的地方，从前曾经流行过成人死后入殓时在面部盖上白布的风俗，那是明朝遗民羞见先人于地下、一种激励后代的葬仪。这些风俗，多么沉痛，多么壮烈！在我国的湛江地方，有一座桥梁被命名为"寸金桥"，就寓有"一寸土地一寸金"的意思，这是用来纪念当年抵抗帝国主义侵略的民族英雄们的。土地的长度和面积计算单位可以用丈，用公里，用亩，用公顷，然而在含有国土的意义的时候，它的计算单位应该用一寸、一撮来衡量。因为它代表一个国家的主权，一寸土都决不容侵犯，一撮土都是珍宝。这里，我想到了我们中国的整个版图，在我们这一代人的手里，一定要使它真真正正地完整无缺。台、澎等地还被一小撮反动派所盘踞，我们必须把它解放。从福建前线，我们听到了多少动人的故事呵！不仅我们英勇而强大的海军和空军，给予美蒋反动派以沉重的打击，就是民兵队伍，也巧妙地打击了敌人。就是好些少年儿童，在大炮轰击中也自动奔跑接驳电线，传信送物。他们体现了全体中国人民保卫每一寸国土的坚强意志。

　　今天，在世界范围内，许许多多被殖民者奴役着的地方，也正在进行着驱逐侵略者、保卫国土的斗争。呵！一寸土，一撮土，在这种场合意义是多么神圣！

　　提到了一寸土这几个字，我又禁不住想到一些岛屿上的人民战士。登上那些岛屿，你会更深地认识到"一寸土"的严肃意义。我到过一个小岛，那岛屿很小。然而，岛上的生活却是多么沸腾呵！这里的海滩、天空、海面，决不容许任何侵略者窥探和侵入一步，人民的子弟兵日夜守着大炮阵地，从望远镜里、从炮镜里观测着海洋上的任何动静。这些岛屿像大陆的眼睛，这些战士又像是岛屿的眼睛。不论是在月白风清还是九级风浪的夜里，他们都全神贯注地盯着宽阔的海域。不仅这样，他们还把小岛建成花园一样美丽。本来是蛇虫蜿蜒、荆榛遍地的荒凉小岛,经过他们付出艰苦劳动,在上面建起了坚固的营房,辟出了林荫大道,又从祖国各地要来了花种,广植着笑脸迎人的各种花卉和鲜嫩的蔬菜;还建起畜牧栏,竖起鸽棚;又从海里摸出了石花,堆成小岛的美术图案。看到这些,令人不禁想到,我们所有的土地,一个个的岛屿,一寸寸的土壤,都在英雄们的守卫和汗水灌溉之下,迅速地在改变面貌了。

在我们看来很平凡的一块块的田野,实际上都有过极不平凡的经历。在几十万年之间,人类在这上面追逐着野兽,放牧着牛羊,捡拾着野果,播种着五谷,那时候人们匍匐在大自然的威力之下,风雨雷霆,电光野火,都曾经使他们畏惧颤栗。几十万年过去了,人类进入了阶级社会,一片片的土地像被带上了镣铐似的,多少世代的农民,在大地上流尽了血汗,却挣不上温饱,有多少人在这一片片土地上面仰天叹息,锥心痛恨! 又有多少人揭竿起义,画着眉毛,扎着头巾参加战斗,把压迫他们的贵族豪强杀死在这些土地上面。到了近代,又有多少人民的军队为了从封建地主阶级手里,把土地夺回来,和帝国主义的军队、剥削者的军队在这上面鏖战过。二十年代以来,中国共产党领导全国人民进行了革命斗争,打垮了反动统治者,推翻了剥削制度,进行了土地改革,土地的镣铐才被彻底打碎,劳动人民才真正成了土地的主人。我们热爱土地,我们正在豪迈地改造着土地,使他变成一片锦绣。当你这么思索的时候,大地上的红土黑土,黄土白土,仿佛都变成感情丰富的东西了,它们仿佛就像古代神话中的"息壤"似的,正在不断变化,不断成长,就像具有生命一样。

几千年来披枷戴锁的土地,一旦回到人民手里,变化是多么神速呵! 你试展开一幅地图,思索一下各地的变化,该有多么惊人。沙漠开始出现了绿洲,不毛之地长出了庄稼,濯濯童山披上了锦裳,水库和运河像闪亮的镜子和一条条衣带一样缀满山谷和原野。有一次我从凌空直上的飞机的舱窗里俯瞰珠江三角洲,当时苍穹明净,我望了下去,真禁不住喝彩,珠江三角洲壮观秀丽得几乎难以形容。水网和湖泊熠熠发光,大地竟像是一幅碧绿的天鹅绒,公路好似刀切一样的笔直,一丘丘的田野又赛似棋盘般整齐。嘿! 千百年前的人们,以为天上有什么神仙奇迹,其实真正的奇迹却在今天的大地上。劳动者的力量把大地改变得多美! 一个巧手姑娘所绣的只是一小幅花巾,广大劳动者却以大地为巾,把本来丑陋难看的地面变得像苏绣广绣般美丽了。

你也许在火车的瞭望车上看过迅速掠过的美丽的大地；也许参加过几万人挑灯修筑水电站大坝的工程，在那种场合，千千万万人仿佛变成了一个挥动着巨臂的巨人，正在做着开天辟地的工作。在华南，有些隔离大陆的岛屿给筑起了一条堤坝，和大陆连起来了；有些小山被填到海里，大海涌出陆地来了；干旱的雷州半岛被开出了一条比苏彝士运河还要长的运河；潮汕平原上的土地被整理成棋格一样齐整。我们时代的人既以一寸寸的土地为单位在精细工作着，又以一千里，一万里，更确切来说，又以全部已解放的九百多万平方公里土地作为一个整体来规划和工作着。这十几年来，同是千万年世代相传的大地上，长出了多少崭新的植物品种呵！每逢看到了欣欣向荣的庄稼，看到刚犁好的涌着泥浪的肥沃的土地，我的心头就涌起像《红旗歌谣》中的民歌所描写的——"沙果笑得红了脸，西瓜笑得如蜜甜，花儿笑得分了瓣，豌豆笑得鼓鼓圆"这一类带着泥土、露水、草叶、鲜花香味的大地的情景。让我们对土地激发起更强烈的感情吧！因为大地母亲的镣铐解除了，现在就看我们怎样为哺育我们的大地母亲好好工作了。

事实上，无数的人也正在一天天地发展着这样的感情。你可以从细小或者巨大的场面中觉察到这一切。你看过公社干部率领着一群老农在巡田的情景吗？他们拿着一根软尺，到处量着，计算着一块块土地的水稻穗数；不管是不是自己管理的，看到任何一丘田里面的一根稗草都要涉水下去把它拔掉。你看到农村中的青年技术员在改变土壤的场面吗？有时他们把几千年未曾见过天日的沃土底下的砾土都翻动了，或者深夜焚起篝火烧土，要使一处处的土地都变得膏腴起来。

几万人围在一片土地上建筑堤坝，几千人举着红旗浩浩荡荡上山的情景尤其动人心魄。那呐喊，那笑声，尤其是那一对对灼热的眼睛！虽然在紧张的劳动中大家都少说话了，但是那眼光仿佛在诉说着一切："干呵干呵，向土地夺宝，把我们所有的土地都利用起来。一定要用我们这一代人的双手，搬掉落后和穷困这两座大山！"有时这些声音寄托于劳动号子，寄托于车队奔驰之中，仿佛令人感到战鼓和进军号的撼人的气魄……

让我们捧起一把泥土来仔细端详吧！这是我们的土地呵！怎样保卫每一寸的土地呢？怎样使每一寸土地都发挥它的巨大的潜力，一天天更加美好起来呢？党正在领导和率领着我们前进。青春的大地也好像发出巨大的声音，要求每一个中国人民都作出回答。

(选自秦牧著《秦牧散文》,人民文学出版社2005年5月版)

编选说明

秦牧(1919—1992),广东澄海人,著有散文集《长河浪花集》《长街灯语》等。秦牧散文思路开阔,联想奇妙,融思想性、知识性、趣味性于一体。《土地》从历史和日常生活中的见闻侃侃谈起,以土地为对象,时而展现新时代的风貌,时而追叙惨痛的历史,时而歌颂新社会的建设者和保卫者,时而写到古代的封疆大典,时而又将笔触延伸到殖民者的暴行,从古到今,从草木禽兽到人情世态、到故事传说、到现代科技,都一一揽之于笔下。在旁征博引、谈古论今中,表现了劳动人民对土地的深厚感情,讴歌了真正成为大地主人的我国人民为保卫和建设脚下的土地而奋勇斗争的革命精神,从而激发人们保卫和建设祖国的强烈责任心。本文立意高,选材严,开掘深,具有冲击读者思想的力量。

刘白羽

长江三日

十一月十七日

雾笼罩着江面,气象森严。十二时,"江津"号启碇顺流而下了。在长江与嘉陵江汇合后,江面突然开阔,天穹顿觉低垂。浓浓的黄雾,渐渐把重庆隐去。一刻钟后,船又在两面碧森森的悬崖陡壁之间的狭窄的江面上行驶了。

你看那急速漂流的波涛一起一伏,真是"众水会万涪,瞿塘争一门"。而两三木船,却齐整的摇动着两排木桨,像鸟儿扇动着翅膀,正在逆流而上。我想到李白、杜甫在那遥远的年代,以一叶扁舟,搏浪急进,该是多么雄伟的搏斗,会激发诗人多少瑰丽的诗思啊!……不久,江面更开朗辽阔了。两条大江,骤然相见,欢腾拥抱,激起云雾迷蒙,波涛沸荡,至此似乎稍为平定,水天极目之处,灰蒙蒙的远山展开一卷清淡的水墨画。

从长江上顺流而下,这一心愿真不知从何时就在心中扎下根。年幼时读"大江东去……"读"两岸猿声……"辄心向往之。后来,听说长江发源于一片冰川,春天的冰川上布满奇异艳丽的雪莲,而长江在那儿不过是一泓清溪;可是当你看到它那奔腾叫啸,如万瀑悬空,砰然万里,就不免在神秘气氛的"童话世界"上又涂了一层英雄光彩。后来,我两次到重庆,两次登枇杷山看江上夜景,从万家灯光、灿烂星海之中,辨认航船上缓缓浮动而去的灯火,多想随那惊涛骇浪,直赴瞿塘,直下荆门呀。但亲身领略一下长江风景,直到这次才实现。因此,这一回在"江津"号上,正如我在第二天写的一封信中所说:

"这两天,整天我都在休息室里,透过玻璃窗,观望着三峡。昨天整日都在朦胧的雾罩之中。今天却阳光一片。这庄严秀丽气象万千的长江真是美极了。"

下午三时,天转开朗。长江两岸,层层叠叠,无穷无尽的都是雄伟的山峰,苍松翠竹绿茸茸的遮了一层绣幕。近岸陡壁上,背纤的纤夫历历可见。你向前看,前面群山在江流浩荡之中,则依然为雾笼罩,不过雾不像早晨那样浓,那样黄,而呈乳白色了。现在是"枯水季节",江中突然露出一块黑色礁石,一片黄色浅滩,船常常在很狭窄的两面航标之间迂回前进,顺流驶下。山愈聚愈多,渐渐暮霭低垂了,渐渐进入黄昏了,红绿标灯渐次闪光,而苍翠的山峦模糊为一片灰色。

当我正为夜色降临而惋惜的时候,黑夜里的长江却向我展开另外一种魅力。开始是,这里一星灯火,那儿一簇灯火,好像长江在对你眨着眼睛。而一会儿又是漆黑一片,你从船身微微的荡漾中感到波涛正在翻滚沸腾。一派特别雄伟的景象,出现在深宵。我一个人走到甲板上,这时江风猎猎,上下前后,一片黑森森的,而无数道强烈的探照灯光,从船顶上射向江面,天空江上一片云雾迷蒙,电光闪闪,风声水声,不但使人深深体会到"高江急峡雷霆斗"的赫赫声势,而且你觉得你自己和大自然是那样贴近,就像整个宇宙,都罗列在你的胸前。水天,风雾,浑然融为一体,好像不是一只船,而是你自己正在和江流搏斗而前。"曙光就在前面,我们应当努力。"这时一种庄严而又美好的情感充溢我的心灵,我觉得这是我所经历的大时代突然一下集中地体现在这奔腾的长江之上。是的,我们的全部生活不就是这样战斗、航进,穿过黑夜走向黎明的吗?现在,船上的人都已酣睡,整个世界也都在安眠,而驾驶室上露出一片宁静的灯光。想一想,掌握住舵轮,透过闪闪电炬,从惊涛骇浪之中寻到一条破浪前进的途径,这是多么豪迈的生活啊!我们的哲学是革命的哲学,我们的诗歌是战斗的诗歌,正因为这样我们的生活是最美的生活。列宁有一句话说得好极了:"前进吧!这是多么好啊!这才是生活啊!"……"江津"号昂奋而深沉地鸣响着汽笛向前方航进。

十一月十八日

在信中,我这样叙说:"这一天,我像在一支雄伟而瑰丽的交响乐中飞翔。我在海洋上远航过,我在天空上飞行过,但在我们的母亲河流长江上,第一次,为这样一种大自然的威力所吸慑了。"

朦胧中听见广播到奉节。停泊时天已微明。起来看了一下,峰峦刚刚从黑夜中显露出一片灰蒙蒙的轮廓。启碇续行,我到休息室里来,只见前边两面悬崖绝壁,中间一条狭狭的江面,已进入瞿塘峡了。江随壁转,前面天空上露出一片金色阳光,像横着一条金带,其余天空各处还是云海茫茫。瞿塘峡口上,为三峡最险处,杜甫《夔州歌》云:"白帝高为三峡镇,瞿塘险过百牢关。"古时歌谣说:"滟滪大如马,瞿塘不可下;滟滪大如猴,瞿塘不可游;滟滪大如龟,瞿塘不可回;滟滪大如象,瞿塘不可上。""这滟滪堆指的是一堆黑色巨礁。它对准峡口。万水奔腾一冲进峡口,便直奔巨礁而来。你可想象得到那真是雷霆万钧,船如离弦之箭,稍差分厘,便撞得个粉碎。现在,这巨礁,早已炸掉。不过,瞿塘峡中,激流澎湃,涛如雷鸣,江面形成无数漩涡,船从漩涡中冲过,只听得一片哗啦啦的水声。过了八公里的瞿塘峡,乌沉沉的云雾,突然隐去,峡顶上一道蓝天,浮着几小片金色浮云,一注阳光像闪电样落在左边峭壁上。右面峰顶上一片白云像白银片样发亮了,但阳光还没有降临。这时,远远前方,无数层峦叠嶂之上,迷蒙云雾之中,忽然出现一团红雾,你看,绛紫色的山峰,衬托着这一团雾,真美极了。就像那深谷之中向上反射出红色宝石的闪光,令人仿佛进入了神话境界。这时,你朝江流上望去,也是色彩缤纷:两面巨岩,倒影如墨;中间曲曲折忻,却像有一条闪光的道路,上面荡着细碎的波光;近处山峦,则碧绿如翡翠。时间一分钟一分钟过去,前面那团红雾更红更亮了。船越驶越近,渐渐看清有一高峰亭亭笔立于红雾之中,渐渐看清那红雾原来是千万道强烈的阳光。八点二十分,我们来到这一片晴朗的金黄色朝阳之中。

抬头望处,已到巫山。上面阳光垂照下来,下面浓雾滚涌上去,云蒸霞蔚,颇为壮观。刚从远处看到那个笔直的山峰,就站在巫峡口上,山如斧削,隽秀婀娜,人们告诉我这就是巫山十二峰的第一峰,它仿佛在招呼上游来的客人说:"你看,这就是巫山巫峡了。""江津"号紧贴山脚,进入峡口。红通通的阳光恰在此时射进玻璃厅中,照在我的脸上。峡中,强烈的阳光与乳白色云雾交织一处,数步之隔,这边是阳光,那边是云雾,真是神妙莫测。几只木船从下游上来,帆篷给阳光照得像透明的白色羽翼,山峡却越来越狭,前面两山对峙,看去连一扇大门那么宽也没有,而门外,完全是白雾。

八点五十分,满船人都在仰头观望。我也跑到甲板上来,看到万仞高峰之巅,有一细石耸立如一人对江而望,那就是充满神奇缥缈传说的美女峰了。据说一个渔人在江中打鱼,突遇狂风暴雨,船覆灭顶,他的妻子抱了小孩从峰顶眺望,盼他回来,一天一天,一月一月,他终未回来,而她却依然不顾晨昏,不顾风雨,站在那儿等候着他——至今还在那儿等着他呢!……

　　如果说瞿塘峡像一道闸门,那么巫峡简直像江上一条迂回曲折的画廊。船随山势左一弯,右一转,每一曲,每一折,都向你展开一幅绝好的风景画。两岸山势奇绝,连绵不断,巫山十二峰,各峰有各峰的姿态,人们给它们以很高的美的评价和命名,显然使我们的江山增加了诗意,而诗意又是变化无穷的。突然是深灰色石岩从高空直垂而下浸入江心,令人想到一个巨大的惊叹号;突然是绿茸茸草坂,像一支充满幽情的乐曲;特别好看的是悬岩上那一堆堆给秋霜染得红艳艳的野草,简直像是满山杜鹃了。峡急江陡,江面布满大大小小漩涡,船只能缓缓行进,像一个在丛山峻岭之间慢步前行的旅人。但这正好使远方来的人,有充裕时间欣赏这莽莽苍苍、浩浩荡荡长江上大自然的壮美。苍鹰在高峡上盘旋,江涛追随着山峦激荡,山影云影,日光水光,交织成一片。

　　十点,江面渐趋广阔,急流稳渡,穿过了巫峡。十点十五分至巴东,已入湖北境。十点半到牛口,江浪汹涌,把船推在浪头上,摇摆着前进。江流刚奔出巫峡,还没来得及喘息,却又冲入第三峡西陵峡了。

　　西陵峡比较宽阔,但是江流至此变得特别凶恶,处处是急流,处处是险滩。船一下像流星随着怒涛冲去,一下又绕着险滩迂回浮进。最著名的三个险滩是:泄滩、青滩和崆岭滩。初下泄滩,你看着那万马奔腾的江水,会突然感到江水简直是在旋转不前,一千个、一万个漩涡,使得"江津"号剧烈震动起来。这一节江流虽险,却流传着无数优美的传说。十一点十五分到秭归。据袁崧《宜都山川记》载:秭归是屈原故乡,是楚子熊绎建国之地。后来屈原被流放到汨罗江,死在那里。民间流传着:屈大夫死日,有人在汨罗江畔,看见他峨冠博带,美髯白皙,骑一匹白马飘然而去。又传说:屈原死后,被一大鱼驮回秭归,终于从流放之地回归楚国。这一切初听起来过于神奇怪诞,却正反映了人民对屈原的无限怀念之情。

　　秭归正面有一大片铁青色礁石,森然耸立江面,经过很长一段急流绕过泄滩。在最急峻的地方,"江津"号用尽全副精力,战抖着,震颤着前进。急流刚刚滚过,看见前面有一奇峰突起,江身沿着这山峰右面驶去,山峰左面却又出现一道河流,原来这就是王昭君诞生地香溪,它一下就令人记起杜甫的诗:"群山万壑赴荆门,生长明妃尚有村。"我们遥望了一下香溪,船便沿着山峰进入一道无比险峻的长峡兵书宝剑峡。这儿完全是一条窄巷,我到船头上,仰头上望,只见黄石碧岩,高与天齐,再驶行一段就到了青滩。江面陡然下降,波涛汹涌,浪花四溅,当你还没来得及仔细观看,船已像箭一样迅速飞下,巨浪为船头劈开,旋卷着,合在一起,一下又激荡开去。江水像滚沸了一样,到处是泡沫,到处是浪花。船上的同志指着岩上一片乡镇告我:"长江航船上很多领航人都出生在这儿……每只木船要想渡过青滩,都得请这儿的人引领过去。"这时我正注视着一只逆流而上的木船,看起这青滩的声势十分吓人,但人从汹涌浪涛中掌握了一条前进途径,也就战胜了大自然了。

中午,我们来到了崆岭滩眼前,长江上的人都知道:"泄滩青滩不算滩,崆岭才是鬼门关。"可见其凶险了。眼看一片灰色石礁布满水面,"江津"号却抛锚停泊了。原来崆岭滩一条狭窄航道只能过一只船,这时有一只江轮正在上行,我们只好等下来。谁知竟等了那么久,可见那上行的船只是如何小心翼翼了。当我们驶下崆岭滩时,果然是一片乱石林立,我们简直不像在浩荡的长江上,而是在苍莽的丛林中找寻小径跋涉前进了。

十一月十九日

早晨,一片通红的阳光,把平静的江水照得像玻璃一样发亮。长江三日,千姿万态,现在已不是前天那样大雾迷蒙,也不是昨天"巫山巫峡色萧森",而是"楚地阔无边,苍茫万顷连"了。长江在穿过长峡之后,现在变得如此宁静,就像刚刚诞生过婴儿的年轻母亲一样安详慈爱。天光水色真是柔和极了。江水像微微拂动的丝绸,有两只雪白的鸥鸟缓缓地和"江津"号平行飞进。水天极目之处,凝成一种透明的薄雾,一簇一簇船帆,就像一束一束雪白的花朵在蓝天下闪光。

在这样一天,江轮上非常宁静的一日,我把我全身心沉浸在"红色的罗莎"卢森堡的《狱中书简》中。

这个在一九一八年德国无产阶级革命中最坚定的领袖,我从她的信中,感到一个伟大革命家思想的光芒和胸怀的温暖,突破铁窗镣铐,而闪耀在人间。你看,这一页:

雨点轻柔而均匀地洒落在树叶上，紫红的闪电一次又一次地在铅灰色中闪耀，遥远处，隆隆的雷声像汹涌澎湃的海涛余波似地不断滚滚传来。在这一切阴霾惨淡的情景中，突然间一只夜莺在我窗前的一株枫树上叫起来了！在雨中，闪电中，隆隆的雷声中，夜莺啼叫得像是一只清脆的银铃，它歌唱得如醉如痴，它要压倒雷声，唱亮昏暗……

昨晚九点左右，我还看到壮丽的一幕，我从我的沙发上发现映在窗玻璃上的玫瑰色的返照，这使我非常惊异，因为天空完全是灰色的。我跑到窗前，着了迷似的站在那里。在一色灰沉沉的天空上，东方涌现出一块巨大的、美丽得人间少有的玫瑰色的云彩，它与一切分隔开，孤零零地浮在那里，看起来像是一个微笑，像是来自陌生的远方的一个问候。我如释重负地长吁了一口气，不由自主地把双手伸向这幅富有魅力的图画。有了这样的颜色，这样的形象，然后生活才美妙，才有价值，不是吗？我用目光饱餐这幅光辉灿烂的图画，把这幅图画的每一线玫瑰色的霞光都吞咽下去，直到我突然禁不住笑起自己来。天哪，天空啊，云彩啊，以及整个生命的美并不只存在于佛龙克，用得着我来跟它们告别？不，它们会跟着我走的，不论我到哪儿，只要我活着，天空、云彩和生命的美会跟我同在。

"江津"号在平静的浪花中缓缓驶行。我读着书，一种非常珍贵的感情渗透我的全身。我必须立刻把它写下来，我愿意把它写在这奔腾叫啸、而又安静温柔的长江一起，因为它使我联想到我前天想到的"战斗航进穿过黑夜走向黎明"的想象，过去，多少人，从他们艰巨战斗中想望着一个美好的明天呀！而当我承受着像今天这样灿烂的阳光和清丽的景色时，我不能不意识到，今天我们整个大地，所吐露出来的那一种芬芳、宁馨的呼吸，这社会主义生活的呼吸，正是全世界上，不管在亚洲还是在欧洲，在美洲还是在非洲，一切先驱者的血液，凝聚起来，而发射出来的最自由最强大的光辉。我读完了《狱中书简》，一轮落日那样圆，那样大，像鲜红的珊瑚球一样，把整个江面笼罩在一脉淡淡的红光中，面前像有一种细细的丝幕柔和地、轻悄地撒落下来。

最后让我从我自己的一封信中抄下一段，来结束这一日吧：

夜间，九时余从前面漆黑的夜幕中，看见很小很小几点亮光。人们指给我那就是长江大桥，"江津"号稳稳地向武汉驶近。从这以后，我一直站在船上眺望，渐渐的渐渐的看出那整整齐齐的一排像横串起来的珍珠,在熠熠闪亮。我看着,我觉得在这辽阔无边的大江之上,这正是我们献给我们母亲河流的一顶珍珠冠呀!……再前进,江上无数蓝的、白的、红的、绿的灯光,拖着长长倒影在浮动,那是无数船只在航行,而那由一颗颗珍珠画出的大桥的轮廓,完全像升在云端里一样,高耸空中,而桥那面,灯光稠密得简直像是灿烂的金河,那是什么?仔细分辨,原来是武汉两岸的亿万灯光。当我们的"江津"号,嘹亮地向武汉市发出致敬欢呼的声音时,我心中升起一种庄严的情感,看一看!我们创造的新世界有多么灿烂吧!……

1960年

(选自刘白羽著《刘白羽散文选》,人民文学出版社2009年7月版)

编选说明

刘白羽(1916—2005),北京通州人,《长江三日》是其散文代表作之一。本文以作者游踪为引线,描绘了波涛汹涌的长江,奇伟壮丽的三峡。作者一会儿大开大合,简笔写意,一会儿浓墨重彩,精勾细勒,随着江轮的航进,奇峰、急流、险滩、暗礁、丽日、云雾在其笔下构成了一幅气势磅礴、气象万千的山水长卷。阅读本文,就像是欣赏一幅壮丽的三峡风光图,给人以昂扬向上的力量和奇伟、刚健的审美享受。文章虽落墨于山河画卷,却处处着眼于哲理的诠释,"我们的全部生活不就是这样战斗、航行,穿过黑夜走向黎明的吗?"在结构上以"意"为帅,将人、事、景、物、情、理交织在一起,波澜起伏,跌宕有致。

张爱玲

更衣记

如果当初世代相传的衣服没有大批卖给收旧货的,一年一度六月里晒衣裳,该是一件辉煌热闹的事罢。你在竹竿与竹竿之间走过,两边拦着绫罗绸缎的墙——那是埋在地底下的古代宫室里发掘出来的甬道。你把额角贴在织金的花绣上。太阳在这边的时候,将金线晒得滚烫,然而现在已经冷了。

从前的人吃力地过了一辈子,所作所为,渐渐蒙上了灰尘;子孙晾衣裳的时候又把灰尘给抖了下来,在黄色的太阳里飞舞着。回忆这东西若是有气味的话,那就是樟脑的香,甜而稳妥,像记得分明的快乐,甜而怅惘,像忘却了的忧愁。

我们不大能够想象过去的世界,这么迂缓,宁静,齐整——在满清三百年的统治下,女人竟没有什么时装可言! 一代又一代的人穿着同样的衣服而不觉得厌烦。开国的时候,因为"男降女不降",女子的服装还保留着显著的明代遗风。从17世纪中叶直到19世纪末,流行着极度宽大的衫裤,有一种四平八稳的沉着气象。领圈很低,有等于无。穿在外面的是"大袄"。在非正式的场合,宽了衣,便露出"中袄"。"中袄"里面有紧窄合身的"小袄",上床也不脱去,多半是娇媚的,桃红或水红。三件袄子之上又加着"云肩背心",黑缎宽镶,盘着大云头。

削肩、细腰、平胸,薄而小的标准美女在这一层层衣衫的重压下失踪了。她的本身是不存在的,不过是一个衣架子罢了。中国人不赞成太触目的女人。历史上记载的耸人听闻的美德——譬如说,一只胳膊被陌生男子拉了一把,便将它砍掉——虽然博得普通的赞叹,知识阶级对之总隐隐地觉得有点遗憾,因为一个女人不该吸引过度的注意;任是铁铮铮的名字,挂在千万人的嘴唇上,也在呼吸的水蒸气里生了锈。女人要想出众一点,连这样堂而皇之的途径都有人反对,何况奇装异服，自然那更是伤风败俗了。

　　出门时裤子上罩的裙子，其规律化更为彻底。通常都是黑色，逢着喜庆年节，太太穿红的，姨太太穿粉红。寡妇系黑裙，可是丈夫过世多年之后，如有公婆在堂，她可以穿湖色或雪青。裙上的细褶是女人的仪态最严格的试验。家教好的姑娘，莲步姗姗，百褶裙虽不至于纹丝不动，也只限于最轻微的摇颤。不惯穿裙的小家碧玉走起路来便予人以惊风骇浪的印象。更为苛刻的是新娘的红裙，裙腰垂下一条条半寸来宽的飘带，带端系着铃。行动时只许有一点隐约的叮当，像远山上宝塔上的风铃。晚至一九二〇年前后，比较潇洒自由的宽褶裙入时了，这一类的裙子方才完全废除。

　　穿皮子，更是禁不起一些出入，便被目为暴发户。皮衣有一定的季节，分门别类，至为详尽。十月里若是冷得出奇，穿三层皮是可以的，至于穿什么皮，那却要顾到季节而不能顾到天气了。初冬穿"小毛"，如青种羊、紫羔、珠羔；然后穿"中毛"，如银鼠、灰鼠、灰脊、狐腿、甘肩、倭刀；隆冬穿"大毛"，——白狐、青狐、西狐、玄狐、紫貂。"有功名"的人方能穿貂。中下等阶级的人以前比现在富裕得多，大都有一件金银嵌或羊皮袍子。

　　姑娘们的"昭君套"为阴森的冬月添上点色彩。根据历代的图画，昭君出塞所戴的风兜是爱斯基摩式的，简单大方，好莱坞明星仿制者颇多。中国19世纪的"昭君套"却是癫狂冶艳的，——一顶瓜皮帽，帽檐围上一圈皮，帽顶缀着极大的红绒球，脑后垂着两根粉红缎带，带端缀着一对金印，动辄相击作声。

　　对于细节的过分的注意，为这一时期的服装的要点。现代西方的时装，不必要的点缀品未尝不花样多端，但是都有个目的——把眼睛的蓝色发扬光大起来，补助不发达的胸部，使人看上去高些或矮些，集中注意力在腰肢上，消灭臀部过度的曲线……古中国衣衫上的点缀品却是完全无意义的，若说它是纯粹装饰性质的吧，为什么连鞋底上也满布着繁缛的图案呢？鞋的本身就很少在人前露脸的机会，别说鞋底了，高底的边缘也充塞着密密的花纹。

　　袄子有"三镶三滚""五镶五滚""七镶七滚"之别，镶滚之外，下摆与大襟上还闪烁着水钻盘的梅花、菊花。袖上另钉着名唤"阑干"的丝质花边，宽约七寸，挖空镂出福寿字样。

　　这里聚集了无数小小的有趣之点，这样不停地另生枝节，放恣，不讲理，在不相干的事物上浪费了精力,正是中国有闲阶级一贯的态度。唯有世上最清闲的国家里最闲的人,方才能够领略到这些细节的妙处。制造一百种相仿而不犯重的图案,固然需要艺术与时间;欣赏它,也同样地烦难。

　　古中国的时装设计家似乎不知道,一个女人到底不是大观园。太多的堆砌使兴趣不能集中。我们的时装的历史,一言以蔽之,就是这些点缀品的逐渐减去。

　　当然事情不是这么简单。还有腰身大小的交替盈蚀。第一个严重的变化发生在光绪三十二三年。铁路已经不那么稀罕了,火车开始在中国人的生活里占一重要位置。诸大商港的时新款式迅速地传入内地。衣裤渐渐缩小,"阑干"与阔滚条过了时,单剩下一条极窄的。扁的是"韭菜边",圆的是"灯果边",又称"线香滚"。在政治动乱与社会不靖的时期——譬如欧洲的文艺复兴时代——时髦的衣服永远是紧匝在身上,轻捷利落,容许剧烈的活动,在 15 世纪的意大利,因为衣裤过于紧小,肘弯膝盖,筋骨接榫处非得开缝不可。中国衣服在革命酝酿期间差一点就胀裂开来了。"小皇帝"登基的时候,袄子套在人身上像刀鞘。中国女人的紧身背心的功用实在奇妙——衣服再紧些,衣服底下的肉体也还不是写实派的作风,看上去不大像个女人而像一缕诗魂。长袄的直线延至膝盖为止,下面虚飘飘垂下两条窄窄的裤管,似脚非脚的金莲抱歉地轻轻踏在地上。铅笔一般瘦的裤脚妙在给人一种伶仃无告的感觉。在中国诗里,"可怜"是"可爱"的代名词。男子向有保护异性的嗜好,而在青黄不接的过渡时代,颠连困苦的生活情形更激动了这种倾向。宽袍大袖的,端凝的妇女现在发现太福相了是不行的,做个薄命的人反倒于她们有利。

　　那又是一个各趋极端的时代。政治与家庭制度的缺点突然被揭穿。年轻的知识阶级仇视着传统的一切,甚至于中国的一切。保守性的方面也因为惊恐的缘故而增强了压力。神经质的论争无日不进行着,在家庭里,在报纸上,在娱乐场所。连涂脂抹粉的文明戏演员,姨太太们的理想恋人,也在戏台上向他们的未婚妻借题发挥,讨论时事,声泪俱下。

　　一向心平气和的古国从来没有如此骚动过。在那歇斯底里的气氛里,"元宝领"这东西产生了——高得与鼻尖平行的硬领,像缅甸的一层层叠至尺来高的金属顶圈一般,逼迫女人们伸长了脖子。这吓人的衣领与下面的一捻柳腰完全不相称。头重脚轻,无均衡的性质正象征了那个时代。

民国初建立,有一时期似乎各方面都有浮面的清明气象。大家都认真相信卢骚的理想化的人权主义。学生们热诚拥护投票制度、非孝、自由恋爱。甚至于纯粹的精神恋爱也有人实验过,但似乎不曾成功。

时装上也显出空前的天真,轻快,愉悦。"喇叭管袖子"飘飘欲仙,露出一大截玉腕。短袄腰部极为紧小。上层阶级的女人出门系裙,在家里只穿一条齐膝的短裤,丝袜也只到腰为止。裤与袜的交界处偶然也大胆地暴露了膝盖。存心不良的女人往往从袄底垂下挑拨性的长而宽的淡色丝质裤带,带端飘着排繐。

民国初年的时装,大部分的灵感是得自西方的。衣领减低了不算,甚至被蠲免了的时候也有,领口挖成圆形,方形,鸡心形,金刚钻形。白色丝质围巾四季都能用。白丝袜脚跟上的黑绣花,像虫的行列,蠕蠕爬到腿肚子上。交际花与妓女常常有戴平光眼镜以为美的。舶来品不分皂白地被接受,可见一斑。

军阀来来去去,马蹄后飞沙走石,跟着他们自己的官员、政府、法律,跌跌绊绊赶上去的时候,也同样地千变万化。短袄的下摆忽而圆,忽而尖,忽而六角形。女人的衣服往常是和珠宝一般,没有年纪的,随时可以变卖,然而在民国的当铺里不复受欢迎了,因为过了时就一文不值。

时装的日新月异并不一定表现活泼的精神与新颖的思想。恰巧相反,它可以代表呆滞;由于其他活动范围内的失败,所有的创造力都流入衣服的区域里去。在政治混乱期间,人们没有能力改良他们的生活情形。他们只能够创造他们贴身的环境——那就是衣服。我们各人住在各人的衣服里。

一九二一年,女人穿上了长袍。发源于满洲的旗装自从旗人入关之后一直与中土的服装并行着的,各不相犯,旗下的妇女嫌她们的旗袍缺乏女性美,也想改穿较妩媚的袄裤,然而皇帝下诏,严厉禁止了。五族共和之后,全国妇女突然一致采用旗袍,倒不是为了效忠于满清,提倡复辟运动,而是因为女子蓄意要模仿男子。在中国,自古以来女人的代名词是"三绺梳头,两截穿衣"。一截穿衣与两截穿衣是很细微的区别,似乎没有什么不公平之处,可是一九二〇年的女人很容易地就多了心。她们初受西方文化的熏陶,醉心于男女平权之说,可是四周的实际情形与理想相差太远了,羞愤之下,她们排斥女性化的一切,恨不得将女人的根性斩尽杀绝。因此初兴的旗袍是严冷方正的,具有清教徒的风格。

政治上,对内对外陆续发生的不幸事件使民众灰了心。青年人的理想总有支持不了的一天。时装开始紧缩。喇叭管袖子收小了。一九三〇年,袖长及肘,衣领又高了起来。往年的元宝领的优点在它的适宜的角度,斜斜地切过两腮,不是瓜子脸也变了瓜子脸,这一次的高领却是圆筒式的,紧抵着下颌,肌肉尚未松弛的姑娘们也生了双下巴。这种衣领根本不可恕。可是它象征了十年前那种理智化的淫逸的空气——直挺挺的衣领远远隔开了女神似的头与下面的丰柔的肉身。这儿有讽刺、有绝望后的狂笑。

当时欧美流行着的双排钮扣的军人式的外套正和中国人凄厉的心情一拍即合。然而恪守中庸之道的中国女人在那雄赳赳的大衣底下穿着拂地的丝绒长袍,袍叉开到大腿上,露出同样质料的长裤子,裤脚上闪着银色花边。衣服的主人翁也是这样的奇异的配搭,表面上无不激烈地唱高调。骨子里还是唯物主义者。

近年来最重要的变化是衣袖的废除。(那似乎是极其艰危的工作,小心翼翼地,费了二十年的工夫方才完全剪去。)同时衣领矮了,袍身短了,装饰性质的镶滚也免了,改用盘花钮扣来代替,不久连钮扣也被捐弃了,改用揿钮。总之,这笔帐账全是减法——所有的点缀品,无论有用没用,一概剔去。剩下的只有一件紧身背心,露出颈项、两臂与小腿。

现在要紧的是人,旗袍的作用不外乎烘云托月忠实地将人体轮廓曲曲勾出。革命前的装束却反之,人属次要,单只注意诗意的线条,于是女人的体格公式化,不脱衣服,不知道她与她有什么不同。

我们的时装不是一种有计划有组织的实业,不比在巴黎,几个规模宏大的时装公司如 Lelong's Schiaparelli's,垄断一切,影响及整个白种人的世界。我们的裁缝却是没主张的。公众的幻想往往不谋而合,产生一种不可思议的洪流。裁缝只有追随的份儿。因为这缘故,中国的时装更可以作民意的代表。

究竟谁是时装的首创者,很难证明,因为中国人素不尊重版权,而且作者也不甚介意,既然抄袭是最隆重的赞美。最近入时的半长不短的袖子,又称"四分之三袖",上海人便说是香港发起的,而香港人又说是上海传来的,互相推诿,不敢负责。

一双袖子翩翩归来,预兆形式主义的复兴。最新的发展是向传统的一方面走,细节虽不能恢复,轮廓却可尽量引用,用得活泛,一样能够适应现代环境的需要。旗袍的大襟采取围裙式,就是个好例子,很有点"三日入厨下"的风情,耐人寻味。

男装的近代史较为平淡。只有一个极短的时期,民国四年至八、九年,男人的衣服也讲究花哨,滚上多道的如意头,而且男女的衣料可以通用,然而生当其时的人都认为那是天下大乱的怪现状之一。目前中国人的西装,固然是谨严而黯淡,遵守西洋绅士的成规,即使中装也长年地在灰色、咖啡色、深青里面打滚,质地与图案也极单调。男子的生活比女子自由得多,然而单凭这一件不自由,我就不愿意做一个男子。

衣服似乎是不足挂齿的小事。刘备说过这样的话:"兄弟如手足,妻子如衣服。"可是如果女人能够做到"丈夫如衣服"的地步,就很不容易。有个西方作家(是萧伯纳么?)曾经抱怨过,多数女人选择丈夫远不及选择帽子一般的聚精会神,慎重考虑。再没有心肝的女子说起她"去年那件织锦缎夹袍"的时候,也是一往情深的。

直到18世纪为止,中外的男子尚有穿红着绿的权利。男子服色的限制是现代文明的特征。不论这在心理上有没有不健康的影响,至少这是不必要的压抑。文明社会的集团生活里,必要的压抑有许多种,似乎小节上应当放纵些,作为补偿。有这么一种议论,说男性如果对于衣着感到兴趣些,也许他们会安分一点,不至于千方百计争取社会的注意与赞美,为了造就一己的声望,不惜祸国殃民。若说只消将男人打扮得花红柳绿的,天下就太平了,那当然是笑话。大红蟒衣里面戴着绣花肚兜的官员,照样会淆乱朝纲。但是预言家威尔斯的合理化的乌托邦里面的男女公民一律穿着最鲜艳的薄膜质的衣裤、斗篷,这倒也值得做我们参考的资料。

因为习惯上的关系,男子打扮得略略不中程式,的确看着不顾眼,中装上加大衣,就是一个例子,不如另加上一件棉袍或皮袍来得妥当,便臃肿些也不妨。有一次我在电车上看见一个年轻人,也许是学生,也许是店伙,用米色绿方格的兔子呢制了太紧的袍,脚上穿着女式红绿条纹短袜,嘴里衔着别致的描花假象牙烟斗,烟斗里并没有烟。他吮了一会,拿下来把它一截截拆开了,又装上去,再送到嘴里吮,面上颇有得色。乍看觉得可笑,然而为什么不呢,如果他喜欢?……

秋凉的薄暮,小菜场上收了摊子,满地的鱼腥和青白色的芦粟的皮与渣。一个小孩骑了自行车冲过来,卖弄本领,大叫一声,放松了扶手,摇摆着,轻倩地掠过。在这一刹那,满街的人都充满了不可理喻的景仰之心。人生最可爱的当儿便在那一撒手吧?

〔选自钱谷融编著《中国现当代文学作品选》(上下卷),华东师范大学出版社2008年6月版〕

编选说明

张爱玲(1920—1995),原名张瑛,生于上海,是现代中国文坛的"异数",善于从日常生活、家庭婚姻中揭示和剖析人性的阴暗面,有一种深刻的悲凉,代表作有小说《金锁记》《倾城之恋》等。《更衣记》写尽了中国女子服装三百年的沧桑,但更深的用意,还在于从服饰中显示"民意和人性":从面料、配色和腰身、领子、衣袖等款式的变化中显示时代风俗的演变;从男女服饰的对比中透视中国文化传统的渊源;从中西服饰特点和流行方式的对比分析中,揭示中国文化的普遍性格。张爱玲既有敏锐的感性观察力,又能超越具象描写,发掘隐伏其背后的理性意蕴。对市井生活的浓厚兴趣,从不妨碍她看透生命的苍凉,表达生存的悲悯。

杨绛

下放记别

中国社会科学院,以前是中国科学院哲学社会科学部,简称学部。我们夫妇同属学部;默存在文学所,我在外文所。1969 年,学部的知识分子正在接受"工人、解放军宣传队"的"再教育"。全体人员先是"集中"住在办公室里,六七人至九人十人一间,每天清晨练操,上下午和晚饭后共三个单元分班学习。过了些时候,年老体弱的可以回家住,学习时间渐渐减为上下午两个单元。我们俩都搬回家去住,不过料想我们住在一起的日子不会长久,不日就该下放干校了。干校的地点在纷纷传说中逐渐明确,下放的日期却只能猜测,只能等待。

我们俩每天各在自己单位的食堂排队买饭吃。排队足足要费半小时;回家自己做饭又太费事,也来不及。工、军宣队后来管束稍懈,我们经常中午约会同上饭店。饭店里并没有好饭吃,也得等待;但两人一起等,可以说说话。那年 11 月 3 日,我先在学部大门口的公共汽车站等待,看见默存杂在人群里出来。他过来站在我旁边,低声说:"待会儿告诉你一件大事。"我看看他的脸色,猜不出什么事。

我们挤上了车,他才告诉我:"这个月 11 号,我就要走了。我是先遣队。"

尽管天天在等待行期,听到这个消息,却好像头顶上着了一个焦雷。再过几天是默存虚岁六十生辰,我们商量好:到那天两人要吃一顿寿面庆祝。再等着过七十岁的生日,只怕轮不到我们了。可是只差几天,等不及这个生日,他就得下干校。

"为什么你要先遣呢?"

"因为有你。别人得带着家眷,或者安顿了家再走;我可以把家撂给你。"

干校的地点在河南罗山,他们全所是 11 月 17 号走。

我们到了预定的小吃店,叫了一个最现成的沙锅鸡块——不过是鸡皮鸡骨。我舀些清汤泡了半碗饭,饭还是咽不下。

只有一个星期置备行装,可是默存要到末了两天才得放假。我倒借此赖了几天学,在家收拾东西。这次下放是所谓"连锅端"——就是拔宅下放,好像是奉命一去不复返的意思。没用的东西、不穿的衣服、自己宝贵的图书、笔记等等,全得带走,行李一大堆。当时我们的女儿阿圆、女婿得一,各在工厂劳动,不能叫回来帮忙。他们休息日回家,就帮着收拾行李,并且学别人的样,把箱子用粗绳子密密缠捆,防旅途摔破或压塌。可惜能用粗绳子缠捆保护的,只不过是木箱铁箱等粗重行李;这些木箱、铁箱,确也不如血肉之躯经得起折磨。

经受折磨,就叫锻炼;除了准备锻炼,还有什么可准备的呢。准备的衣服如果太旧,怕不经穿;如果太结实,怕洗来费劲。我久不缝纫,胡乱把耐脏的绸子用缝衣机做了个毛毯的套子,准备经年不洗。我补了一条裤子,坐处像个布满经线纬线的地球仪,而且厚如角壳。默存倒很欣赏,说好极了,穿上好比随身带着个座儿,随处都可以坐下。他说,不用筹备得太周全,只需等我也下去,就可以照看他。至于家人团聚,等几时阿圆和得一乡间落户,待他们迎养吧。

转眼到了 11 号先遣队动身的日子。我和阿圆、得一送行。默存随身行李不多,我们找个旮旯儿歇着等待上车。候车室里,闹嚷嚷、乱哄哄人来人往;先遣队的领队人忙乱得只恨分身无术,而随身行李太多的,只恨少生了几双手。得一忙放下自己拿的东西,去帮助随身行李多得无法摆布的人。默存和我看他热心为旁人效力,不禁赞许新社会的好风尚,同时又互相安慰说:得一和善忠厚,阿圆有他在一起,我们可以放心。

得一掮着、拎着别人的行李,我和阿圆帮默存拿着他的几件小包小袋,排队挤进月台。挤上火车,找到个车厢安顿了默存。我们三人就下车,痴痴站着等火车开动。

我记得从前看见坐海船出洋的旅客,登上摆渡的小火轮,送行者就把许多彩色的纸带抛向小轮船;小船慢慢向大船开去,那一条条彩色的纸带先后迸断,岸上就拍手欢呼。也有人在欢呼声中落泪;迸断的彩带好似迸断的离情。这番送人上干校,车上的先遣队和车下送行的亲人,彼此间的离情假如看得见,就决不是彩色的,也不能一迸就断。

默存走到车门口,叫我们回去吧,别等了。彼此遥遥相望,也无话可说。我想,让他看我们回去还有三人,何以放心释念,免得火车驰走时,他看到我们眼里,都在不放心他一人离去。我们遵照他的意思,不等车开,先自走了。几次回头望望,车还不动,车下还是挤满了人。我们默默回家;阿圆和得一接着也各回工厂。他们同在一校而不同系,不在同一工厂劳动。

过了一两天,文学所有人通知我,下干校的可以带自己的床,不过得用绳子缠捆好,立即送到学部去。粗硬的绳子要缠捆得服贴,关键在绳子两头;不能打结子,得把绳头紧紧压在绳下。这至少得两人一齐动手才行。我只有一天的期限,一人请假在家,把自己的小木床拆掉。左放、右放,怎么也无法捆在一起,只好分别捆;而且我至少还欠一只手,只好用牙齿帮忙。我用细绳缚住粗绳头,用牙咬住,然后把一只床分三部分捆好,各件重复写上默存的名字。小小一只床分拆了几部,就好比兵荒马乱中的一家人,只怕一出家门就彼此失散,再聚不到一处去。据默存来信,那三部分重新团聚一处,确也害他好生寻找。

文学所和另一所最先下放。用部队的辞儿,不称"所"而称"连"。两连动身的日子,学部敲锣打鼓,我们都放了学去欢送。下放人员整队而出;红旗开处,俞平老和俞师母领队当先。年逾七旬的老人了,还像学龄儿童那样排着队伍,远赴干校上学,我看着心中不忍,抽身先退;一路回去,发现许多人缺乏欢送的热情,也纷纷回去上班。大家脸上都漠无表情。

我们等待着下干校改造,没有心情理会什么离愁别恨,也没有闲暇去品尝那"别是一般"的"滋味"。学部既已有一部分下了干校,没下去的也得加紧干活儿。成天坐着学习,连"再教育"我们的"工人师傅"们也腻味了。有一位二十二三岁的小"师傅"嘀咕说:"我天天在炉前炼钢,并不觉得劳累;现在成天坐着,屁股也痛,脑袋也痛,浑身不得劲儿。"显然炼人比炼钢费事;"坐冷板凳"也是一项苦功夫。

炼人靠体力劳动。我们挖完了防空洞——一个四通八达的地下建筑,就把图书搬来搬去。捆、扎、搬运,从这楼搬到那楼,从这处搬往那处;搬完自己单位的图书,又搬别单位的图书。有一次,我们到一个积尘三年的图书馆去搬出书籍、书柜、书架等,要腾出屋子来。有人一进去给尘土呛得连打了二十来个喷嚏。

我们尽管戴着口罩,出来都满面尘土,咳吐的尽是黑痰。我记得那时候天气已经由寒转暖而转热。沉重的铁书架、沉重的大书橱、沉重的卡片柜——卡片屉内满满都是卡片,全都由年轻人狠命用肩膀扛,贴身的衣衫磨破,露出肉来。这又使我惊叹,最经磨的还是人的血肉之躯!

弱者总沾便宜;我只干些微不足道的细事,得空就打点包裹寄给干校的默存。默存得空就写家信;三言两语,断断续续,白天黑夜都写。这些信如果保留下来,如今重读该多么有趣!但更有价值的书信都毁掉了,又何惜那几封。

他们一下去,先打扫了一个土积尘封的劳改营。当晚睡在草铺上还觉得燠热。忽然一场大雪,满地泥泞,天气骤寒。17日大队人马到来,八十个单身汉聚居一间屋里,分睡在几个炕上。有个跟着爸爸下放的淘气小男孩儿,临睡常绕炕撒尿一匝,为炕上的人"施肥"。休息日大家到镇上去买吃的:有烧鸡,还有煮熟的乌龟。我问默存味道如何;他却没有尝过,只悄悄做了几首打油诗寄我。

罗山无地可耕,干校无事可干。过了一个多月,干校人员连同家眷又带着大堆箱笼物件,搬到息县东岳。地图上能找到息县,却找不到东岳。那儿地僻人穷,冬天没有燃料生火炉子,好多女同志脸上生了冻疮。洗衣服得蹲在水塘边上"投"。默存的新衬衣请当地的大娘代洗,洗完就不见了。我只愁他跌落水塘;能请人代洗,便赔掉几件衣服也值得。

在北京等待上干校的人,当然关心干校生活,常叫我讲些给他们听。大家最爱听的是何其芳同志吃鱼的故事。当地竭泽而渔,食堂改善伙食,有红烧鱼。其芳同志忙拿了自己的大漱口杯去买了一份;可是吃来味道很怪,愈吃愈怪。他捞起最大的一块想尝个究竟,一看原来是还未泡烂的药肥皂,落在漱口杯里没有拿掉。大家听完大笑,带着无限同情。他们也告诉我一个笑话,说钱钟书和丁××两位一级研究员,半天烧不开一锅炉水!我代他们辩护:锅炉设在露天,大风大雪中,烧开一锅炉水不是容易。可是笑话毕竟还是笑话。

他们过年就开始自己造房。女同志也拉大车,脱坯,造砖,盖房,充当壮劳力。默存和俞平伯先生等几位"老弱病残"都在免役之列,只干些打杂的轻活儿。他们下去八个月之后,我们的"连"才下放。那时候,他们已住进自己盖的新屋。

我们"连"是1970年7月12日动身下干校的。上次送默存走,有我和阿圆还有得一。这次送我走,只剩了阿圆一人;得一已于一月前自杀去世。

得一承认自己总是"偏右"一点,可是他说,实在看不惯那伙"过左派"。他们大学里开始围剿"五一六"的时候,几个有"五一六"之嫌的"过左派"供出得一是他们的"组织者","五一六"的名单就在他手里。那时候得一已回校,阿圆还在工厂劳动;两人不能同日回家。得一末了一次离开我的时候说:"妈妈,我不能对群众态度不好,也不能顶撞宣传队;可是我决不能捏造个名单害人,我也不会撒谎。"他到校就失去自由。阶级斗争如火如荼,阿圆等在厂劳动的都返回学校。工宣队领导全系每天三个单元斗得一,逼他交出名单。得一就自杀了。

阿圆送我上了火车,我也促她先归,别等车开。她不是一个脆弱的女孩子,我该可以放心撇下她。可是我看着她踽踽独归的背影,心上凄楚,忙闭上眼睛;闭上了眼睛,越发能看到她在我们那破残凌乱的家里,独自收拾整理,忙又睁开眼。车窗外已不见了她的背影。我又合上眼,让眼泪流进鼻子,流入肚里。火车慢慢开动,我离开了北京。

干校的默存又黑又瘦,简直换了个样儿,奇怪的是我还一见就认识。

我们干校有一位心直口快的黄大夫。一次默存去看病,她看他在签名簿上写上钱钟书的名字,怒道:"胡说!你什么钱钟书!钱钟书我认识!"默存一口咬定自己是钱钟书。黄大夫说:"我认识钱钟书的爱人。"默存经得起考验,报出了他爱人的名字。黄大夫还待信不信,不过默存是否冒牌也没有关系,就不再争辩。事后我向黄大夫提起这事,她不禁大笑说:"怎么的,全不像了。"

我记不起默存当时的面貌,也记不起他穿的什么衣服,只看见他右下颌一个红包,虽然只有榛子大小,形状却峥嵘险恶:高处是亮红色,低处是暗黄色,显然已经灌脓。我吃惊说:"啊呀,这是个疽吧?得用热敷。"可是谁给他做热敷呢?我后来看见他们的红十字急救药箱,纱布上、药棉上尽是泥手印。默存说他已经生过一个同样的外疹,领导上让他休息几天,并叫他改行不再烧锅炉。他目前白天看管工具,晚上巡夜。他的顶头上司因我去探亲,还特地给了他半天假。可是我的排长却非常严厉,只让我跟着别人去探望一下,吩咐我立即回队。默存送我回队,我们没说得几句话就分手了。得一去世的事,阿圆和我暂时还瞒着他,这时也未及告诉。过了一两天他来信说:那个包儿是疽,穿了五个孔。幸亏打了几针也渐渐痊愈。

我们虽然相去不过一小时的路程,却各有所属,得听指挥、服从纪律,不能随便走动,经常只是书信来往,到休息日才许探亲。休息日不是星期日;十天一次休息,称为大礼拜。如有事,大礼拜可以取消。可是比了独在北京的阿圆,我们就算是同在一处了。

〔选自钱谷融编著《中国现当代文学作品选》(上下卷),华东师范大学出版社 2008 年 6 月版〕

编选说明

杨绛(1911—),原名杨季康,江苏无锡人。杨绛仿清代沈复《浮生六记》的书名和篇名作《干校六记》,本文是其中的第一篇,其余五篇为《凿井记劳》《学圃记闲》《"小趋"记情》《冒险记幸》《误传记妄》。"六记"从衣食住行、同志之谊、夫妻之情等琐事中反映知识分子"文化大革命"时在干校的劳动生活。文笔淡雅细腻,语言诙谐幽默,具有"怨而不怒、哀而不伤"的格调。《下放记别》写下放干校时的别离之情,带出政治运动对人性和生命的戕害。作者用平和的语调絮说着生活小事,至多也不过是加一点点淡淡的无奈和温婉的诙谐。但是,仔细咀嚼,你会从中尝出一点辛辣的味道。

史铁生

我与地坛（1—3）

一

我在好几篇小说中都提到过一座废弃的古园,实际就是地坛。许多年前旅游业还没有开展,园子荒芜冷落得如同一片野地,很少被人记起。

地坛离我家很近。或者说我家离地坛很近。总之,只好认为这是缘分。地坛在我出生前四百多年就坐落在那儿了,而自从我的祖母年轻时带着我父亲来到北京,就一直住在离它不远的地方——五十多年间搬过几次家,可搬来搬去总是在它周围,而且是越搬离它越近了。我常觉得这中间有着宿命的味道:仿佛这古园就是为了等我,而历尽沧桑在那儿等待了四百多年。

它等待我出生,然后又等待我活到最狂妄的年龄上忽地残废了双腿。四百多年里,它一面剥蚀了古殿檐头浮夸的琉璃,淡褪了门壁上炫耀的朱红,坍圮了一段段高墙又散落了玉砌雕栏,祭坛四周的老柏树愈见苍幽,到处的野草荒藤也都茂盛得自在坦荡。这时候想必我是该来了。十五年前的一个下午,我摇着轮椅进入园中,它为一个失魂落魄的人把一切都准备好了。那时,太阳循着亘古不变的路途正越来越大,也越红。在满园弥漫的沉静光芒中,一个人更容易看到时间,并看见自己的身影。

自从那个下午我无意中进了这园子,就再没长久地离开过它。我一下子就理解了它的意图。正如我在一篇小说中所说的:"在人口密聚的城市里,有这样一个宁静的去处,像是上帝的苦心安排。"

两条腿残废后的最初几年,我找不到工作,找不到去路,忽然间几乎什么都找不到了,我就摇了轮椅总是到它那儿去,仅为着那儿是可以逃避一个世界的另一个世界。我在那篇小说中写道:"没处可去我便一天到晚耗在这园子里。跟上班下班一样,别人去上班我就摇了轮椅到这儿来。园子无人看管,上下班时间有些抄近路的人们从园中穿过,园子里活跃一阵,过后便沉寂下来。""园墙在金晃晃的空气中斜切下一溜阴凉,我把轮椅开进去,把椅背放倒,坐着或是躺着,看书或者想事,撅一杈树枝左右拍打,驱赶那些和我一样不明白为什么要来这世上的小昆虫。""蜂儿如一朵小雾稳稳地停在半空;蚂蚁摇头晃脑捋着触须,猛然间想透了什么,转身疾行而去;瓢虫爬得不耐烦了,累了祈祷一回便支开翅膀,忽悠一下升空了;树干上留着一只蝉蜕,寂寞如一间空屋;露水在草叶上滚动,聚集,压弯了草叶轰然坠地摔开万道金光。""满园子都是草木竞生长弄出的响动,悉悉碎碎片刻不息。"这都是真实的记录,园子荒芜但并不衰败。

除去几座殿堂我无法进去,除去那座祭坛我不能上去而只能从各个角度张望它,地坛的每一棵树下我都去过,差不多它的每一米草地上都有过我的车轮印。无论是什么季节,什么天气,什么时间,我都在这园子里呆过。有时候待一会儿就回家,有时候就呆到满地上都亮起月光。记不清都是在它的哪些角落里了。我一连几小时专心致志地想关于死的事,也以同样的耐心和方式想过我为什么要出生。这样想了好几年,最后事情终于弄明白了:一个人,出生了,这就不再是一个可以辩论的问题,而只是上帝交给他的一个事实;上帝在交给我们这件事实的时候,已经顺便保证了它的结果,所以死是一件不必急于求成的事,死是一个必然会降临的节日。这样想过之后我安心多了,眼前的一切不再那么可怕。比如你起早、熬夜准备考试的时候,忽然想起有一个长长的假期在前面等待你,你会不会觉得轻松一点?并且庆幸并且感激这样的安排?

剩下的就是怎样活的问题了,这却不是在某一个瞬间就能完全想透的、不是一次性能够解决的事,怕是活多久就要想它多久了,就像是伴你终生的魔鬼或恋人。所以,十五年了,我还是总得到那古园里去,去它的老树下或荒草边或颓墙旁,去默坐,去呆想,去推开耳边的嘈杂理一理纷乱的思绪,去窥看自己的心魂。

十五年中,这古园的形体被不能理解它的人肆意雕琢,幸好有些东西任谁也不能改变它的。譬如祭坛石门中的落日,寂静的光辉平铺的一刻,地上的每一个坎坷都被映照得灿烂;譬如在园中最为落寞的时间,一群雨燕便出来高歌,把天地都叫喊得苍凉;譬如冬天雪地上孩子的脚印,总让人猜想他们是谁,曾在哪儿做过些什么、然后又都到哪儿去了;譬如那些苍黑的古柏,你忧郁的时候它们镇静地站在那儿,你欣喜的时候它们依然镇静地站在那儿,它们没日没夜地站在那儿,从你没有出生一直站到这个世界上又没了你的时候;譬如暴雨骤临园中,激起一阵阵灼烈而清纯的草木和泥土的气味,让人想起无数个夏天的事件;譬如秋风忽至,再有一场早霜,落叶或飘摇歌舞或坦然安卧,满园中播散着熨帖而微苦的味道。味道是最说不清楚的。味道不能写只能闻,要你身临其境去闻才能明了。味道甚至是难于记忆的,只有你又闻到它你才能记起它的全部情感和意蕴。所以我常常要到那园子里去。

二

现在我才想到,当年我总是独自跑到地坛去,曾经给母亲出了一个怎样的难题。

她不是那种光会疼爱儿子而不懂得理解儿子的母亲。她知道我心里的苦闷,知道不该阻止我出去走走,知道我要是老待在家里结果会更糟,但她又担心我一个人在那荒僻的园子里整天都想些什么。我那时脾气坏到极点,经常是发了疯一样地离开家,从那园子里回来又中了魔似的什么话都不说。母亲知道有些事不宜问,便犹犹豫豫地想问而终于不敢问,因为她自己心里也没有答案。她料想我不会愿意她跟我一同去,所以她从未这样要求过,她知道得给我一点独处的时间,得有这样一段过程。她只是不知道这过程得要多久,和这过程的尽头究竟是什么。每次我要动身时,她便无言地帮我准备,帮助我上了轮椅车,看着我摇车拐出小院;这以后她会怎样,当年我不曾想过。

有一回我摇车出了小院;想起一件什么事又返身回来,看见母亲仍站在原地,还是送我走时的姿势,望着我拐出小院去的那处墙角,对我的回来竟一时没有反应。待她再次送我出门的时候,她说:"出去活动活动,去地坛看看书,我说这挺好。"许多年以后我才渐渐听出,母亲这话实际上是自我安慰,是暗自的祷告,是给我的提示,是恳求与嘱咐。只是在她猝然去世之后,我才有余暇设想。当我不在家里的那些漫长的时间,她是怎样心神不定坐卧难宁,兼着痛苦与惊恐与一个母亲最低限度的祈求。现在我可以断定,以她的聪慧和坚忍,在那些空落的白天后的黑夜,在那不眠的黑夜后的白天,她思来想去最后准是对自己说:"反正我不能不让他出去,未来的日子是他自己的,如果他真的要在那园子里出了什么事,这苦难也只好我来承担。"在那段日子里——那是好几年长的一段日子,我想我一定使母亲作过了最坏的准备了,但她从来没有对我说过:"你为我想想。"事实上我也真的没为她想过。那时她的儿子,还太年轻,还来不及为母亲想,他被命运击昏了头,一心以为自己是世上最不幸的一个,不知道儿子的不幸在母亲那儿总是要加倍的。她有一个长到二十岁上忽然截瘫了的儿子,这是她唯一的儿子;她情愿截瘫的是自己而不是儿子,可这事无法代替;她想,只要儿子能活下去哪怕自己去死呢也行,可她又确信一个人不能仅仅是活着,儿子得有一条路走向自己的幸福;而这条路呢,没有谁能保证她的儿子终于能找到。——这样一个母亲,注定是活得最苦的母亲。

有一次与一个作家朋友聊天,我问他学写作的最初动机是什么?他想了一会说:"为我母亲。为了让她骄傲。"我心里一惊,良久无言。回想自己最初写小说的动机,虽不似这位朋友的那般单纯,但如他一样的愿望我也有,且一经细想,发现这愿望也在全部动机中占了很大比重。这位朋友说:"我的动机太低俗了吧?"我光是摇头,心想低俗并不见得低俗,只怕是这愿望过于天真了。他又说:"我那时真就是想出名,出了名让别人羡慕我母亲。"我想,他比我坦率。我想,他又比我幸福,因为他的母亲还活着。而且我想,他的母亲也比我的母亲运气好,他的母亲没有一个双腿残废的儿子,否则事情就不这么简单。

在我的头一篇小说发表的时候,在我的小说第一次获奖的那些日子里,我真是多么希望我的母亲还活着。我便又不能在家里呆了,又整天整天独自跑到地坛去,心里是没头没尾的沉郁和哀怨,走遍整个园子却怎么也想不通:母亲为什么就不能再多活两年?为什么在她儿子就快要碰撞开一条路的时候,她却忽然熬不住了?莫非她来此世上只是为了替儿子担忧,却不该分享我的一点点快乐?她匆匆离我去时才只有四十九呀!有那么一会,我甚至对世界对上帝充满了仇恨和厌恶。后来我在一篇题为"合欢树"的文章中写道:"我坐在小公园安静的树林里,闭上眼睛,想,上帝为什么早早地召母亲回去呢?很久很久,迷迷糊糊的我听见了回答:'她心里太苦了,上帝看她受不住了,就召她回去。'我似乎得了一点安慰,睁开眼睛,看见风正从树林里穿过。"小公园,指的也是地坛。

只是到了这时候,纷纭的往事才在我眼前幻现得清晰,母亲的苦难与伟大才在我心中渗透得深彻。上帝的考虑,也许是对的。

摇着轮椅在园中慢慢走,又是雾罩的清晨,又是骄阳高悬的白昼,我只想着一件事:母亲已经不在了。在老柏树旁停下,在草地上在颓墙边停下,又是处处虫鸣的午后,又是鸟儿归巢的傍晚,我心里只默念着一句话:可是母亲已经不在了。把椅背放倒,躺下,似睡非睡挨到日没,坐起来,心神恍惚,呆呆地直坐到古祭坛上落满黑暗然后再渐渐浮起月光,心里才有点明白,母亲不能再来这园中找我了。

曾有过好多回,我在这园子里呆得太久了,母亲就来找我。她来找我又不想让我发觉,只要见我还好好地在这园子里,她就悄悄转身回去,我看见过几次她的背影。我也看见过几回她四处张望的情景,她视力不好,端着眼镜像在寻找海上的一条船,她没看见我时我已经看见她了,待我看见她也看见我了我就不去看她,过一会我再抬头看她就又看见她缓缓离去的背影。我单是无法知道有多少回她没有找到我。有一回我坐在矮树丛中,树丛很密,我看见她没有找到我;她一个人在园子里走,走过我的身旁,走过我经常呆的一些地方,步履茫然又急迫。我不知道她已经找了多久还要找多久,我不知道为什么我决意不喊她——但这绝不是小时候的捉迷藏,这也许是出于长大了的男孩子的倔强或羞涩?但这倔强只留给我痛悔丝毫也没有骄傲。我真想告诫所有长大了的男孩子,千万不要跟母亲来这套倔强,羞涩就更不必,我已经懂了可我已经来不及了。

儿子想使母亲骄傲,这心情毕竟是太真实了,以致使"想出名"这一声名狼藉的念头也多少改变了一点形象。这是个复杂的问题,且不去管它了罢。随着小说获奖的激动逐日暗淡,我开始相信,至少有一点我是想错了:我用纸笔在报刊上碰撞开的一条路,并不就是母亲盼望我找到的那条路。年年月月我都到这园子里来,年年月月我都要想,母亲盼望我找到的那条路到底是什么。母亲生前没给我留下过什么隽永的哲言,或要我恪守的教诲,只是在她去世之后,她艰难的命运,坚忍的意志和毫不张扬的爱,随光阴流转,在我的印象中愈加鲜明深刻。

有一年,十月的风又翻动起安详的落叶,我在园中读书,听见两个散步的老人说:"没想到这园子有这么大。"我放下书,想,这么大一座园子,要在其中找到她的儿子,母亲走过了多少焦灼的路。多年来我头一次意识到,这园中不单是处处都有过我的车辙,有过我的车辙的地方也都有过母亲的脚印。

三

  如果以一天中的时间来对应四季,当然春天是早晨,夏天是中午,秋天是黄昏,冬天是夜晚。如果以乐器来对应四季,我想春天应该是小号,夏天是定音鼓,秋天是大提琴,冬天是圆号和长笛。要是以这园子里的声响来对应四季呢?那么,春天是祭坛上空漂浮着的鸽子的哨音,夏天是冗长的蝉歌和杨树叶子哗啦啦地对蝉歌的取笑,秋天是古殿檐头的风铃响,冬天是啄木鸟随意而空旷的啄木声。以园中的景物对应四季,春天是一径时而苍白时而黑润的小路,时而明朗时而阴晦的天上摇荡着串串扬花;夏天是一条条耀眼而灼人的石凳,或阴凉而爬满了青苔的石阶,阶下有果皮,阶上有半张被坐皱的报纸;秋天是一座青铜的大钟,在园子的西北角上曾丢弃着一座很大的铜钟,铜钟与这园子一般年纪,浑身挂满绿锈,文字已不清晰;冬天,是林中空地上几只羽毛蓬松的老麻雀。以心绪对应四季呢?春天是卧病的季节,否则人们不易发觉春天的残忍与渴望;夏天,情人们应该在这个季节里失恋,不然就似乎对不起爱情;秋天是从外面买一棵盆花回家的时候,把花搁在阔别了的家中,并且打开窗户把阳光也放进屋里,慢慢回忆慢慢整理一些发过霉的东西;冬天伴着火炉和书,一遍遍坚定不死的决心,写一些并不发出的信。还可以用艺术形式对应四季,这样春天就是一幅画,夏天是一部长篇小说,秋天是一首短歌或诗,冬天是一群雕塑。以梦呢?以梦对应四季呢?春天是树尖上的呼喊,夏天是呼喊中的细雨,秋天是细雨中的土地,冬天是干净的土地上的一只孤零的烟斗。

  因为这园子,我常感恩于自己的命运。

  我甚至现在就能清楚地看见,一旦有一天我不得不长久地离开它,我会怎样想念它,我会怎样想念它并且梦见它,我会怎样因为不敢想念它而梦也梦不到它。

〔选自钱谷融编著《中国现当代文学作品选》(上下卷),华东师范大学出版社 2008 年 6 月版〕

编选说明

  史铁生(1951—2010),生于北京,代表作有小说《命若琴弦》、散文《我与地坛》等。史铁生 21 岁时双腿瘫痪,自称"职业是生病,业余在写作"。他的写作与他的生命完全同构在一起。史铁生用残缺的身体说出了最为健全而丰满的思想。他体验到的是生命的苦难,表达出的却是存在的明朗和欢乐。本文回忆了"我"双腿残疾以后日日与地坛相伴的经历和母亲对"我"的无限关爱,母爱的伟大和生命的感悟是其主题。"我"与地坛是有着隐秘的精神默契。地坛于"我",已不是一般的景观了,而是精神栖居的家园。它沉寂、荒凉中流露出的超然博大的历史沧桑感和生生不息的生命韧性使我从中领悟到了赖以支撑自己生命的哲理和情思。

余秋雨

一个王朝的背影

一

我们这些人,对清代总有一种复杂的情感阻隔。记得很小的时候,历史老师讲到"扬州十日"、"嘉定三屠"时眼含泪花,这是清代的开始;而讲到"火烧圆明园"、"戊戌变法"时又有泪花了,这是清代的尾声。年迈的老师一哭,孩子们也跟着哭,清代历史,是小学中唯一用眼泪浸润的课程。从小种下的怨恨,很难化解得开。

老人的眼泪和孩子们的眼泪拌和在一起,使这种历史情绪有了一种最世俗的力量。我小学的同学全是汉族,没有满族,因此很容易在课堂里获得一种共同语言。好像汉族理所当然是中国的主宰,你满族为什么要来抢夺呢?抢夺去了能够弄好倒也罢了,偏偏越弄越糟,最后几乎让外国人给瓜分了。于是,在闪闪泪光中,我们懂得了什么是汉奸,什么是卖国贼,什么是民族大义,什么是气节。我们似乎也知道了中国之所以落后于世界列强,关键就在于清代,而辛亥革命的启蒙者们重新点燃汉人对清人的仇恨,提出"驱除鞑虏,恢复中化"的口号,又是多么有必要,多么让人解气。清朝终于被推翻了,但至今在很多中国人心里,它仍然是一种冤孽般的存在。

年长以后,我开始对这种情绪产生警惕。因为无数事实证明,在我们中国,许多情绪化的社会评判规范,虽然堂而皇之地传之久远,却包含着极大的不公正。我们缺少人类普遍意义上的价值启蒙,因此这些情绪化的社会评判规范大多是从封建正统观念逐渐引申出来的,带有很多盲目性。先是姓氏正统论,刘汉、李唐、赵宋、朱明……在同一姓氏的传代系列中所出现的继承人,哪怕是昏君、懦夫、色鬼、守财奴、精神失常者,都是合法而合理的,而外姓人氏若有觊觎,即便有一千条一万条道理,也站不住脚,真伪、正邪、忠奸全由此划分。由姓氏正统论扩而大之,就是民族正统论。这种观念要比姓氏正统论复杂得多,你看辛亥革命的闯将们与封建主义的姓氏正统论势不两立,却也需要大声宣扬民族正统论,便是例证。民族正统论涉及几乎一切中国人都耳熟能详的许多著名人物和著名事件,是一个在今后仍然要不断争论的麻烦问题。在这儿请允许我稍稍回避一下,我需要肯定的仅仅是这样一点:满族是中国的满族,清朝的历史是中国历史的一部分;统观全部中国古代史,清朝的皇帝在总体上还算比较好的,而其中的康熙皇帝甚至可说是中国历史上最好的皇帝之一,他与唐太宗李世民一样使我这个现代汉族中国人感到骄傲。

既然说到了唐太宗,我们又不能不指出,据现代历史学家考证,他更可能是鲜卑族而不是汉族之后。

如果说先后在巨大的社会灾难中迅速开创了"贞观之治"和"康雍乾盛世"的两位中国历史上最杰出帝王都不是汉族,如果我们还愿意想一想那位至今还在被全世界历史学家惊叹的建立了赫赫战功的元太祖成吉思汗,那么我们的中华历史观一定会比小学里的历史课开阔得多。

汉族当然非常伟大,汉族当然没有理由要受到外族的屠杀和欺凌,当自己的民族遭受危难时当然要挺身而出进行无畏的抗争,为了个人的私利不惜出卖民族利益的无耻之徒当然要受到永久的唾弃,这些都是没有异议的。问题是,不能由此而把汉族等同于中华,把中华历史的正义、光亮、希望,全都押在汉族一边。与其他民族一样,汉族也有大量的污浊、昏聩和丑恶,它的统治者常常一再地把整个中国历史推入死胡同。在这种情况下历史有可能作出超越汉族正统论的选择,而这种选择又未必是倒退。

《桃花扇》中那位秦淮名妓李香君,身份低贱而品格高洁,在清兵浩荡南下、大明江山风雨飘摇时节保持着多大的民族气节!但是,她万万没有想到,就在她和她的恋人侯朝宗为抗清扶明不惜赴汤蹈火、奔命呼号的时候,恰恰正是苟延残喘而仍然荒淫无度的南明小朝廷,作践了他们。那个在当时当地看来既是明朝也是汉族的最后代表的弘光政权,根本不要她和她的姐妹们的忠君泪、报国心,而只要她们作为一个女人最可怜的色相。李香君真想与恋人一起为大明捐躯流血,但叫她恶心的是,竟然是大明的官僚来强逼她成婚,而使她血溅纸扇,染成"桃花"。"桃花扇底送南朝",这样的朝廷就让它去了吧,长叹一声,气节、操守、抗争、奔走,全都成了荒诞和自嘲。《桃花扇》的作者孔尚任是孔老夫子的后裔,连他,也对历史转捩时期那种盲目的正统观念产生了深深的怀疑。他把这种怀疑,转化成了笔底的灭寂和苍凉。

对李香君和候朝宗来说,明末的一切,看够了,清代会怎么样呢,不想看了。文学作品总要结束,但历史还在往前走,事实上,清代还是很可看看的。

为此,我要写写承德的避暑山庄。清代的史料成捆成扎,把这些留给历史学家吧,我们,只要轻手轻脚地绕到这个消夏的别墅里去偷看几眼也就够了。这种偷看其实也是偷看自己,偷看自己心底从小埋下的历史情绪和民族情绪,有多少可以留存,有多少需要校正。

二

承德的避暑山庄是清代皇家园林,又称热河行宫、承德离宫,虽然闻名史册,但久为禁苑,又地处塞外,历来光顾的人不多,直到这几年才被旅游者搅得有点热闹。我原先并不知道能在那里获得一点什么,只是今年夏天中央电视台在承德组织了一次国内优秀电视编剧和导演的聚会,要我给他们讲点课,就被他们接去了。住所正在避暑山庄背后,刚到那天的薄暮时分,我独个儿走出住所大门,对着眼前黑黝黝的山岭发呆。查过地图,这山岭便是避暑山庄北部的最后屏障,就像一张罗圈椅的椅背。在这张罗圈椅上,休息过一个疲惫的王朝。奇怪的是,整个中华版图都已归属了这个王朝,为什么还要把这张休息的罗圈椅放到长城之外呢?清代的帝王们在这张椅子上面南而坐的时候在想一些什么呢?月亮升起来了,眼前的山壁显得更加巍然怆然。北京的故宫把几个不同的朝代混杂在一起,谁的形象也看不真切,而在这里,远远的,静静的,纯纯的,悄悄的,躲开了中原王气,藏下了一个不羼杂的清代。它实在对我产生了一种巨大的诱惑,于是匆匆讲完几次课,便一头埋到了山庄里边。

山庄很大,本来觉得北京的颐和园已经大得令人咋舌,它竟比颐和园还大整整一倍,据说装下八九个北海公园是没有问题的。我想不出国内还有哪个古典园林能望其项背。山庄外面还有一圈被称之为"外八庙"的寺庙群,这暂不去说它,光说山庄里面,除了前半部有层层叠叠的宫殿外,主要是开阔的湖区、平原区和山区。

尤其是山区,几乎占了整个山庄的八成左右,这让游惯了别的园林的人很不习惯。园林是用来休闲的,何况是皇家园林大多追求方便平适,有的也会堆几座小山装点一下,哪有像这儿的,硬是圈进莽莽苍苍一大片真正的山岭来消遣?这个格局,包含着一种需要我们抬头仰望、低头思索的审美观念和人生观念。

　　山庄里有很多楹联和石碑,上面的文字大多由皇帝们亲自撰写,他们当然想不到多少年后会有我们这些陌生人闯入他们的私家园林,来读这些文字,这些文字是写给他们后辈继承人看的。朝廷给别人看的东西很多,有大量刻印广颁的官样文章,而写在这里的文字,尽管有时也咬文嚼字,但总的来说是说给儿孙们听的体己话,比较真实可信。我踏着青苔和蔓草,辨识和解读着一切能找到的文字,连藏在山间树林中的石碑都不放过,读完一篇,便舒松开筋骨四周看看。一路走去,终于可以有把握地说,山庄的营造完全出自一代政治家在精神上的强健。

　　首先是康熙,山庄正宫午门上悬挂着的"避暑山庄"四个字就是他写的,这四个汉字写得很好,撇捺间透露出一个胜利者的从容和安祥,可以想见他首次踏进山庄时的步履也是这样的。他一定会这样,因为他是走了一条艰难而又成功的长途才走进山庄的,到这里来喘口气,应该。

　　他一生的艰难都是自找的。他的父辈本来已经给他打下了一个很完整的华夏江山,他八岁即位,十四岁亲政,年轻轻一个孩子,坐享其成就是了,能在如此辽阔的疆土、如此兴盛的运势前做些什么呢?他稚气未脱的眼睛,竟然疑惑地盯上了两个庞然大物,一个是朝廷中最有权势的辅政大臣鳌拜,一个是恃当初做汉奸领清兵入关有功、拥兵自重于南方的吴三桂。平心而论,对于这样与自己的祖辈、父辈都有密切关系的重要政治势力,即便是德高望重的一代雄主也未必下得了决心去动手,但康熙却向他们、也向自己挑战了,十六岁上干脆利落地除了鳌拜集团,二十岁开始向吴三桂开战,花八年时间的征战取得彻底胜利。他等于把到手的江山重新打理了一遍,使自己从一个继承者变成了创业者。他成熟了,眼前几乎已经找不到什么对手,但他还是经常骑着马,在中国北方山林草泽间徘徊,这是他祖辈崛起的所在,他在寻找着自己的生命和事业的依托点。

　　他每次都要经过长城,长城多年失修,已经破败。对着这堵受到历代帝王切切关心的城墙,他想了很多。他的祖辈是破长城进来的,没有吴三桂也绝对进得了,那么长城究竟有什么用呢?堂堂一个朝廷,难道就靠这些砖块去保卫?但是如果没有长城,我们的防线又在哪里呢？他思考的结果,可以从1691年他的一份上谕中看出个大概。那年五月,古北口总兵官蔡元向朝廷提出,他所管辖的那一带长城"倾塌甚多,请行修筑",康熙竟然完全不同意,他的上谕是:

秦筑长城以来,汉、唐、宋亦常修理,其时岂无边患？明末我太祖统大兵长驱直入,诸路瓦解,皆莫能当。可见守国之道,惟在修得民心。民心悦则邦本得,而边境自固,所谓"众志成城"者是也。如古北、喜峰口一带,朕皆巡阅,概多损坏,今欲修之,兴工劳役,岂能无害百姓？且长城延袤数千里,养兵几何方能分守？

说得实在是很有道理。我对埋在我们民族心底的"长城情结"一直不敢恭维,读了康熙这段话,简直是找到了一个远年知音。由于康熙这样说,清代成了中国古代基本上不修长城的一个朝代,对此我也觉得不无痛快。当然,我们今天从保护文物的意义上修理长城是完全另外一回事了,只要不把长城永远作为中华文明的最高象征就好。

康熙希望能筑起一座无形的长城。"修得安民"云云说得过于堂皇而蹈空,实际上他有硬的一手和软的一手。硬的一手是在长城外设立"木兰围场",每年秋天,由皇帝亲自率领王公大臣、各级官兵一万余人去进行大规模的"围猎",实际上是一种声势浩大的军事演习,这既可以使王公大臣们保持住勇猛、强悍的人生风范,又可顺便对北方边境起一个威慑作用。"木兰围场"既然设在长城之外的边远地带,离北京就很有一点距离,如此众多的朝廷要员前去秋猎,当然要建造一些大大小小的行宫,而热河行宫,就是其中最大的一座；软的一手是与北方边疆的各少数民族建立起一种常来常往的友好关系,他们的首领不必长途进京也有与清廷彼此交谊的机会和场所,而且还为他们准备下各自的宗教场所,这也就需要有热河行宫和它周围的寺庙群了。总之,软硬两手最后都汇集到这一座行宫、这一个山庄里来了,说是避暑,说是休息,意义却又远远不止于此。把复杂的政治目的和军事意义转化为一片幽静闲适的园林,一圈香火缭绕的寺庙,这不能不说是康熙的大本事。然而,眼前又是道道地地的园林和寺庙,道道地地的休息和祈祷,军事和政治,消解得那样烟水葱茏、慈眉善目,如果不是那些石碑提醒,我们甚至连可以疑惑的痕迹都找不到。

避暑山庄是康熙的"长城",与蜿蜒千里的秦始皇长城相比,哪个更高明些呢?康熙几乎每年立秋之后都要到"木兰围场"参加一次为期二十天的秋猎,一生参加了四十八次。每次围猎,情景都极为壮观。先由康熙选定逐年轮换的狩猎区域(逐年轮换是为了生态保护),然后就搭建一百七十多座大帐篷为"内城",二百五十多座大帐篷为"外城",城外再设警卫。第二天拂晓,八旗官兵在皇帝的统一督导下集结围拢,在上万官兵齐声呐喊下,康熙首先一马当先,引弓射猎,每有所中便引来一片欢呼,然后扈从大臣和各级将士也紧随康熙射猎。康熙身强力壮,骑术高明,围猎时智勇双全,弓箭上的功夫更让王公大臣由衷惊服,因而他本人的猎获就很多。晚上,营地上篝火处处,肉香飘荡,人笑马嘶,而康熙还必须回帐篷里批阅每天疾驰送来的奏章文书。康熙一生身先士卒打过许多著名的仗,但在晚年,他最得意的还是自己打猎的成绩,因为这纯粹是他个人生命力的验证。1719年康熙自"木兰围场"行猎后返回避暑山庄时曾兴致勃勃地告谕御前侍卫:

朕自幼至今已用鸟枪弓矢获虎一百五十三只,熊十二只,豹二十五只,猞二十只,麋鹿十四只,狼九十六只,野猪一百三十三口,哨获之鹿已数百,其余围场内随便射获诸兽不胜记矣。朕于一日内射兔三百一十八只,若庸常人毕世亦不能及此一日之数也。

这笔流水账,他说得很得意,我们读得也很高兴。身体的强健和精神的强健往往是连在一起的,须知中国历史上多的是有气无力病恹恹的皇帝,他们即便再"内秀",也何以面对如此庞大的国家。

由于强健,他有足够的精力处理挺复杂的西藏事务和蒙古事务,解决治理黄河、淮河和疏通漕支等大问题,而且大多很有成效,功泽后世。由于强健,他还愿意勤奋地学习,结果不仅武功一流,"内秀"也十分了得,成为中国历代皇帝中特别有学问、也特别重视学问的一位,这一点一直很使我震动,而且我可以肯定,当时也把一大群冷眼旁观的汉族知识分子震动了。

谁能想得到呢,这位清朝帝王竟然比明代历朝皇帝更热爱和精通汉族传统文化!大凡经、史、子、集、诗、书、音律,他都下过一番工夫,其中对朱熹哲学钻研最深。他亲自批点《资治通鉴纲目大全》,与一批著名的理学家进行水平不低的学术探讨,并命他们编纂了《朱子大全》《理性精义》等著作。他下令访求遗散在民间的善本珍籍加以整理,并且大规模地组织人力编辑出版了卷帙浩繁的《古今图书集成》《康熙字典》《佩文韵府》《大清会典》,文化气魄铺地盖天,直到今天,我们研究中国古代文化还离不开这些极其重要的工具书。他派人通过对全国土地的实际测量,编成了全国地图《皇舆全览图》。在他倡导的文化气氛下,涌现了一大批在整个中国文化史上都可以称得上第一流大师的人文科学家,在这一点上,几乎很少有朝代能与康熙朝相比肩。

以上讲的还只是我们所说的"国学",可能更让现代读者惊异的是他的"西学"。因为即使到了现代,在我们印象中,国学和西学虽然可以沟通但在同一个人身上深潜两边的毕竟不多,尤其对一些官员来说更是如此。然而早在三百年前,康熙皇帝竟然在北京故宫和承德避暑山庄认真研究了欧几里得几何学,经常演算习题,又学习了法国数学家巴蒂的《实用和理论几何学》,并比较它与欧几里得几何学的差别。他的老师是当时来中国的一批西方传教士,但后来他的演算比传教士还快,他亲自审校译成汉文和满文的西方数学著作,而且一有机会就向大臣们讲授西方数学。以数学为基础,康熙又进而学习了西方的天文、历法、物理、医学、化学,与中国原有的这方面知识比较,取长补短。在自然科学问题上,中国官僚和外国传教士经常发生矛盾,康熙不袒护中国官僚,也不主观臆断,而是靠自己发愤学习,真正弄通西方学说,几乎每次都作出了公正的裁断。他任命一名外国人担任钦天监监副,并命令礼部挑选一批学生去钦天监学习自然科学,学好了就选拔为博士官。西方的自然科学著作《验气图说》《仪像志》《赤道南北星图》《穷理学》《坤舆图说》等等被一一翻译过来,有的已经译成汉文的西方自然科学著作如《几何原理》前六卷他又命人译成满文。

这一切,居然与他所醉心的"国学"互不排斥,居然与他一天射猎三百一十八只野兔互不排斥,居然与他一连串重大的政治行为、军事行为、经济行为互不排斥!我并不认为康熙给中国带来了根本性的希望,他的政权也做过不少坏事,如臭名昭著的"文字狱"之类;我想说的只是,在中国历代帝王中,这位少数民族出身的帝王具有超乎寻常的生命力,他的人格比较健全。有时,个人的生命力和人格,会给历史留下重重的印记。与他相比,明代的许多皇帝都活得太不像样了,鲁迅说他们是"无赖儿郎",确有点像。尤其让人生气的是明代万历皇帝(神宗)朱翊钧,在位四十八年,亲政三十八年,竟有二十五年时间躲在深宫之内不见外人的面,完全不理国事,连内阁首辅也见不到他,不知在干什么。没见他玩过什么,似乎也没有好色的嫌疑,历史学家们只能推断他躺在烟榻上抽了二十多年的鸦片烟!他聚敛的金银如山似海,但当清军起事,朝廷束手无策时问他要钱,他也死不肯拿出来,最后拿出一个无济于事的小零头,竟然都是因窖藏太久变黑发霉、腐蚀得不能见天日的银子!这完全是一个失去任何人格支撑的心理变态者,但他又集权于一身,明朝怎能不垮?他死后还有儿子朱常洛(光宗)、孙子朱由校(熹宗)和朱由检(思宗)先后继位,但明朝已在他的手里败定了,他的儿孙们非常可怜。康熙与他正相反,把生命从深宫里释放出来,在旷野、猎场和各个知识领域挥洒,避暑山庄就是他这种生命方式的一个重要吐纳口站,因此也是当时中国历史的一所"吉宅"。

三

康熙与晚明帝王的对比,避暑山庄与万历深宫的对比,当时的汉族知识分子当然也感受到了,心情比较复杂。

开始大多数汉族知识分子都是抗清复明,甚至在赳赳武夫们纷纷掉头转向之后,一群柔弱的文人还宁死不折。文人中也有一些著名的变节者,但他们往往也承受着深刻的心理矛盾和精神痛苦。我想这便是文化的力量。一切军事争逐都是浮面的,而事情到了要摇撼某个文化生态系统的时候才会真正变得严重起来。一个民族,一个国家,一个人种,其最终意义不是军事的、地域的、政治的,而是文化的。当时江南地区好几次重大的抗清事件,都起之于"削发"之争,即汉人历来束发而清人强令削发,甚至到了"留头不留发,留发不留头"的地步。头发的样式看来事小却关系文化生态,结果,是否"毁我衣冠"的问题成了"夷夏抗争"的最高爆发点。这中间,最能把事情与整个文化系统联系起来的是文化人,最懂得文明和野蛮的差别,并把"鞑虏"与野蛮连在一起的也是文化人。老百姓的头发终于被削掉了,而不少文人还在拼死坚持。著名大学者刘宗周住在杭州,自清兵进杭州后便绝食,二十天后死亡;他的门生,另一位著名大学者黄宗羲投身于武装抗清行列,失败后回余姚家乡事母著述;又一位著名大学者顾炎武比黄宗羲更进一步,武装抗清失败后还走遍全国许多地方图谋复明,最后终老陕西……这些一代宗师如此强硬，他们的门生和崇拜者们当然也多有追随。

但是，事情到康熙那儿却发生了一些微妙的变化。文人们依然像朱耷笔下的秃鹫，以"天地为之一寒"的冷眼看着朝廷，而朝廷却奇怪地流泻出一种压抑不住的对汉文化的热忱。开始大家以为是一种笼络人心的策略，但从康熙身上看好像不完全是。他在讨伐吴三桂的战争还没有结束的时候，就迫不及待把下令各级官员以"崇儒重道"为目的，朝廷推荐"学问兼优、文辞卓越"的士子，由他亲自主考录用，称作"博学鸿词科"。这次被保荐、征召的共一百四十三人，后来录取了五十人。其中有傅山、李颙等人被推荐了却宁死不应考。傅山被人推荐后又被强抬进北京，他见到"大清门"三字便滚倒在地，两泪直流，如此行动康熙不仅不怪罪反而免他考试，任命他为"中书舍人"。他回乡后不准别人以"中书舍人"称他，但这个时候说他对康熙本人还有多大仇恨，大概谈不上了。

李颙也是如此，受到推荐后称病拒考，被人抬到省城后竟以绝食相抗，别人只得作罢。这事发生在康熙十七年，康熙本人二十六岁，没想到二十五年后，五十余岁的康熙西巡时还记得这位强硬的学人，召见他，他没有应召，但心里毕竟已经很过意不去了，派儿子李慎言作代表应召，并送自己的两部著作《四书反身录》和《二曲集》给康熙。这件事带有一定的象征性，表示最有抵触的汉族知识分子也开始与康熙和解了。

与李颙相比，黄宗羲是大人物了，康熙更是礼仪有加，多次请黄宗羲出山未能如愿，便命令当地巡抚到黄宗羲家里，把黄宗羲写的书认真抄来，送入宫内以供自己拜读。这一来，黄宗羲也不能不有所感动，与李颙一样，自己出面终究不便，由儿子代理，黄宗羲让自己的儿子黄百家进入皇家修史局，帮助完成康熙交下的修《明史》的任务。你看，即便是原先与清廷不共戴天黄宗羲、李颙他们，也觉得儿子一辈可以在康熙手下好生过日子了。这不是变节，也不是妥协，而是一种文化生态意义上的开始认同。既然康熙对汉文化认同的那么诚恳，汉族文人为什么就完全不能与他认同呢？政治军事，不过是文化的外表罢了。

黄宗羲不是让儿子参加康熙下令编写的《明史》吗？编《明史》这事给汉族知识界震动不小。康熙任命了大历史学家徐元文、万斯同、张玉书、王鸿绪等负责此事，要他们根据《明实录》如实编定，说"他书或以文章见长，独修史宜直书实事"，他还多次要大家仔细研究明代晚期破败的教训，引以为戒。汉族知识文化界要反清复明,而清廷君主竟然亲自领导着汉族的历史学家在冷静研究明代了,这种研究又高于反清复明者的思考水平,那么,对峙也就不能不渐渐化解了。《明史》后来成为整个二十四史中写得较好的一部,这是直到今天还要承认的事实。

当然,也还余留着几个坚持不肯认同的文人。例如康熙时代浙江有个学者叫吕留良的,在著书和讲学中还一再强调孔子思想的精义是"尊王攘夷",这个提法,在他死后被湖南一个叫曾静的落第书生看到了,很是激动,赶到浙江找到吕留良的儿子和学生几人,策划反清。这时康熙也早已过世,已是雍正年间,这群文人手下无一兵一卒,能干成什么事呢?他们打听到川陕总督岳钟琪是岳飞的后代,想来肯定能继承岳飞遗志来抗击外夷,就派人带给他一封策反的信,眼巴巴地请他起事。这事说起来已经有点近乎笑话,岳飞抗金到那时已隔着整整一个元朝、整整一个明朝,清朝也已过了八九十年,算到岳钟琪身上都是多少代的事情啦,还想着让他凭着一个"岳"字拍案而起,中国书生的昏愚和天真就在这里。岳钟琪是清朝大官,做梦也没想到过要反清,接信后虚假地应付了一下,却理所当然地报告了雍正皇帝。

雍正下令逮捕了这个谋反集团,又亲自阅读了书信、著作,觉得其中有好些观念需要自己写文章来与汉族知识分子辩论,而且认为有过康熙一代,朝廷已有足够的事实和勇气证明清代统治者并不差,为什么还要对抗清廷?于是这位皇帝亲自编了一部《大义觉迷录》颁发各地,而且特免肇事者曾静等人的死罪,让他们专到江浙一带去宣讲。

雍正的《大义觉迷录》写得颇为诚恳。他的大意是:不错,我们是夷人,我们是"外国"人,但这是籍贯而已,天命要我们来抚育中原生民,被抚育者为什么还要把华、夷分开来看?你们所尊重的舜是东夷之人,文王是西夷之人,这难道有损于他们的圣德吗?吕留良这样著书立说的人,连前朝康熙皇帝的文治武功、赫赫盛德都加以隐匿和诬蔑,实在是不顾民生国运只泄私愤了。外族入主中原,可以反而勇于为善,如果著书立说的人只认为生在中原的君主不必修德行仁也可享有名分,而外族君主即便励精图治也得不到褒扬,外族君主为善之心也会因之而懈怠,受苦的不还是中原的百姓吗?

雍正的这番话,带着明显的委屈情绪,而且是给父亲康熙打抱不平,也真有一些动人的地方。但他的整体思维能力显然比不上康熙,口口声声说自己是"外国"人、"夷人",尽管他所说的"外国"只是指外族,而且也仅指中原地区之外的几个少数民族,与我们今天所说的外国不同,但无论如何在一些前提性的概念上把事情搞复杂了,反而不利。他的儿子乾隆看出了这个毛病,即位后把《大义觉迷录》全部收回,列为禁书,杀了被雍正赦免了的曾静等人,开始大兴文字狱。康熙、雍正年间也有丑恶的文字狱,但来得特别厉害的是乾隆,他不许汉族知识分子把清廷看成是"夷人",连一般文字中也不让出现"虏"、"胡"之类字样,不小心写出来了很可能被砍头。他想用暴力抹去这种对立,然后一心一意做个好皇帝。除了华夷之分的敏感点外,其他地方他倒是比较宽容,有度量,听得进忠臣贤士们的尖锐意见和建议,因此在他执政的前期,做了很多好事,国运可称昌盛。这样一来,即便存有异念的少数汉族知识分子也不敢有什么想头,到后来也真没有什么想头了。其实本来这样的人已不可多觅,雍正和乾隆都把文章做过了头。真正第一流的大学者,在乾隆时代已不想作反清复明的事了。乾隆,靠着人才济济的智力优势,靠着康熙、雍正给他奠定丰厚基业,也靠着他本人的韬略雄才,做起了中国历史上福气最好的大皇帝。承德避暑山庄,他来得最多,总共逗留的时间很长,因此他的踪迹更是随处可见。乾隆也经常参加"木兰秋狝",亲自射获的猎物也极为可观,但他的主要心思却放在边疆征战上,避暑山庄和周围的外八庙内,记载这种征战成果的碑文极多。这种征战与汉族的利益没有冲突,反而弘扬了中国的国威,连汉族知识界也引以为荣,甚至可以把乾隆看成是华夏圣君了,但我细看碑文之后却产生一个强烈的感觉:有的仗迫不得已,打打也可以,但多数边境战争的必要性深可怀疑。需要打得这么大吗?需要反复那么多次吗?需要这样强横地来对待邻居们吗?需要杀得如此残酷吗?

好大喜功的乾隆把他的所谓"十全武功"镌刻在避暑山庄里乐滋滋地自我品尝,这使山庄回荡出一些燥热而又不详的气氛。在满、汉文化对峙基本上结束之后,这里洋溢着的中华帝国的自得情绪。江南塞北的风景名胜在这里聚会,上天的唯一骄子在这里安驻,再下令编一部综览全部典籍的《四库全书》在这里存放,几乎什么也不缺了。乾隆不断地写诗,说避暑山庄里的意境已远远超过唐宋诗词里的描绘,而他则一直等着到时间卸任成为"林下人",在此间度过余生。在山庄内松云峡的同一座石碑上,乾隆一生竟先后刻下了六首御诗表述这种自得情怀。

是的,乾隆一朝确实不算窝囊,但须知这已是十八世纪(乾隆正好死于十八世纪最后一年),十九世纪已经迎面而来,世界发生了多大的变化!乾隆打了那么多仗,耗资该有多少?他重用的大贪官和珅,又把国力糟蹋到了何等地步?事实上,清朝乃至中国的整体历史悲剧,就在乾隆这个貌似全盛期的皇帝身上,在山水宜人的避暑山庄内,已经酿就。但此时的避暑山庄,还完全沉湎在中华帝国的梦幻中,而全国的文化良知,也都在这个梦幻边沿口或陶醉,或喑哑。

1793年9月14日,一个英国使团来到避暑山庄,乾隆以盛宴欢迎,还在山庄的万树园内以大型歌舞和焰火晚会招待,避暑山庄一片热闹。英方的目的是希望乾隆同意他们派使臣常驻北京,在北京设立洋行,希望中国开放天津、宁波、舟山为贸易口岸,在广州附近拨一些地方让英商居住,又希望英国货物在广州至澳门的内河流通时能获免税和减税的优惠。本来,这是可以谈判的事,但对居住在避暑山庄、一生喜欢用武力炫耀华夏威仪的乾隆来说却不存在任何谈判的可能。他给英国国王写了信,信的标题是《赐英吉利国王敕书》,信内对一切要求全部拒绝,说"天朝尺土俱归版籍,疆址森然,即使岛屿沙洲,亦必划界分疆各有专属"、"从无外人等在北京城开设货行之事"、"此与天朝体制不合,断不可行!",也许至今有人认为这几句话充满了爱国主义的凛然大义,与以后清廷签订的卖国条约不可同日而语,对此我实在不敢苟同。本来康熙早在1684年就已开放海禁,在广东、福建、浙江、江苏分设四个海关欢迎外商来贸易,过了七十多年乾隆反而关闭其他海关只许外商在广州贸易,外商在广州也有许多可笑的限制,例如不准学说中国话、买中国书,不许坐轿,更不许把妇女带来,等等。我们闭目就能想象朝廷对外国人的这些限制是出于何种心理规定出来的。康熙向传教士学西方自然科学,关系不错,而乾隆却把天主教给禁了。自高自大,无视外部世界,满脑天朝意识,这与以后的受辱挨打有着必然的逻辑联系。乾隆在避暑山庄训斥外国帝王的朗声言词,就连历史老人也会听得不太顺耳。这座园林,已羼杂进某种凶兆。

四

我在山庄松云峡细读乾隆写了六首诗的那座石碑时,在碑的西侧又读到他儿子嘉庆的一首。嘉庆即位后经过这里,读了父亲那些得意洋洋的诗后不禁长叹一声:父亲的诗真是深奥,而我这个做儿子的却实在觉得肩上的担子太重了!("瞻题蕴精奥,守位重仔肩")嘉庆为人比较懦弱宽厚,在父亲留下的这副担子前不知如何是好,他一生都在面对内忧外患,最后不明不白地死在避暑山庄。

道光皇帝继嘉庆之位时已四十来岁,没有什么才能,只知艰苦朴素,穿的裤子还打过补丁。这对一国元首来说可不是什么佳话。朝中大臣竞相模仿,穿了破旧衣服上朝,一眼看去,这个朝廷已经没有多少气数了。父亲死在避暑山庄,畏怯的道光也就不愿意去那里了,让它空关了几十年,他有时想想也该像祖宗一样去打一次猎,打听能不能不经过避暑山庄就可以到"木兰围场",回答说没有别的道路,他也就不去打猎了。像他这么个可怜巴巴的皇帝,似乎本来就与山庄和打猎没有缘分的,鸦片战争已经爆发,他忧愁的目光只能一直注视着南方。

避暑山庄一直关到1860年9月,突然接到命令,咸丰皇帝要来,赶快打扫。咸丰这次来时带的银两特别多,原来是来逃难的,英法联军正威胁着北京。咸丰这一来就不走了,东走走西看看,庆幸祖辈留下这么个好地方让他躲避。他在这里又批准了好几份丧权辱国的条约,但签约后还是不走,直到1861年8月22日死在这儿,差不多住了近一年。

咸丰一死,避暑山庄热闹了好些天,各种政治势力围着遗体进行着明明暗暗的较量。一场被历史学家称之为"辛酉政变"的行动方案在山庄的几间屋子里制定,然后,咸丰的棺木向北京启运了,刚继位的小皇帝也出发了,浩浩荡荡。避暑山庄的大门又一次紧紧地关住了,而就在这支浩浩荡荡的队伍中间,很快站出来一个二十七岁的青年女子,她将统治中国数十年。

她就是慈禧,离开了山庄后再也没有回来。不久又下了一道命令,说热河避暑山庄已经几十年不用,殿亭各宫多已倾圮,只是咸丰皇帝去时稍稍修治了一下,现在咸丰已逝,众人已走,"所有热河一切工程,著即停止。"

这个命令,与康熙不修长城的谕旨前后辉映。康熙的"长城"也终于倾坍了,荒草凄迷,暮鸦回翔,旧墙斑驳,霉苔处处,而大门却紧紧地关着。关住了那些宫殿房舍倒也罢了,还关住了那么些苍郁的山,那么些晶亮的水。在康熙看来,这儿就是他心目中的清代,但清代把它丢弃了,于是自己也就成了一个丧魂落魄的朝代。慈禧在北京修了一个颐和园,与避暑山庄对抗,塞外溯北的园林不会再有对抗的能力和兴趣,它似乎已属于另外一个时代。康熙连同他的园林一起失败了,败在一个没有读过什么书,没有建立过什么功业的女人手里。热河的雄风早已吹散,清朝从此阴气重重、劣迹斑斑。当新的一个世纪来到的时候,一大群汉族知识分子向这个政权发出了毁灭性声讨,民族仇恨重新在心底燃起,三百年前抗清志士的事迹重新被发掘和播扬。避暑山庄,在这个时候是一个邪恶的象征,老老实实躲在远处,尽量不要叫人发现。

五

清朝灭亡后,社会震荡,世事忙乱,人们也没有心思去品咂一下这次历史变更的苦涩厚味,匆匆忙忙赶路去了。直到1927年6月1日,大学者王国维先生在颐和园投水而死,才让全国的有心人肃然深思。王国维先生的死因众说纷纭,我们且不管它,只知道这位汉族文化大师拖着清代的一条辫子,自尽在清代的皇家园林里,遗嘱为"五十之年,只欠一死;经此事变,义无再辱"。

他不会不知道明末清初为汉族人是束发还是留辫之争曾发生过惊人的血案,他不会不知道刘宗周、黄宗羲、顾炎武这些大学者的慷慨行迹,他更不会不知道按照世界历史的进程,社会巨变乃属必然,但是他还是死了。我赞成陈寅恪先生的说法,王国维先生并不死于政治斗争、人事纠葛,或仅仅为清廷尽忠,而是死于一种文化:

凡一种文化值衰落之时,为此文化所化之人,必感苦痛,其表现此文化之程量愈宏,则其所受之苦痛亦愈甚;迨既达极深之度,殆非出于自杀无以求一己之心安而义尽也。

(《王观堂先生挽词并序》)

王国维先生实在又无法把自己为之而死的文化与清廷分割开来。在他的书架里,《古今图书集成》《康熙字典》《四库全书》《红楼梦》《桃花扇》《长生殿》、乾嘉学派、纳兰性德等等都把两者连在一起了,于是对他来说衣冠举止、生态心态,也莫不两相混同。我们记得,在康熙手下,汉族高层知识分子经过剧烈的心理挣扎已开始与朝廷产生某种文化认同,没有想到的是,当康熙的政治事业和军事事业已经破败之后,文化认同竟还未消散。为此,宏才多学的王国维先生要以生命来祭奠它。他没有从心理挣扎中找到希望,死得可惜又死得必然。知识分子总是不同寻常,他们总要在政治军事的折腾之后表现出长久的文化韧性,文化变成了生命,只有靠生命来拥抱文化了,别无他途;明末以后是这样,清末以后也是这样。但清末又是整个中国封建制度的末尾,因此王国维先生祭奠的该是整个中国传统文化。清代只是他的落脚点。

王国维先生到颐和园这也还是第一次,是从一个同事处借了五元钱才去的,颐和园门票六角,死后口袋中尚余四元四角,他去不了承德,也推不开山庄紧闭的大门。

今天,我们面对着避暑山庄的清澈湖水,却不能不想起王国维先生的面容和身影。我轻轻地叹息一声,一个风云数百年的朝代,总是以一群强者英武的雄姿开头,而打下最后一个句点的,却常常是一些文质彬彬的凄怨灵魂。

(选自余秋雨著《山居笔记》,作家出版社2007年11月版)

编选说明

余秋雨(1946—),浙江余姚人,代表作有散文集《文化苦旅》《山居笔记》等。余秋雨凭借其丰厚的文化感悟力和艺术表现力创作的"文化散文",为中国当代散文的发展注入了一股新鲜的活力。本文是其代表作之一。作者以一位现代知识分子的犀利眼光重新审视中国最后一个封建王朝,通过一个能表现清王朝特殊气质的重要符号——承德避暑山庄来透视它几百年的兴衰史和精神变迁史。在所写皇帝中,着墨最多的是康熙,因为他的身上有作者所激赏的强健生命力和健全人格。著名学者孙绍振先生评价他的散文说,"把诗情、智性和历史的信息和谐地结合成一个升华了的意象和深化了的话语","进入纷纭的历史资料,而不为史料所役,还要用自由的想象和深邃的理性去驾驭它"。

扩展阅读

1. 鲁迅著:《鲁迅小说集》,黑龙江人民出版社 2005 年 1 版。
2. 周作人著:《周作人散文》,人民文学出版社 2005 年版。
3. 落花生(许地山)著:《缀网劳蛛》,百花文艺出版社 2006 年版。
4. 郁达夫著:《迟桂花》,中国青年出版社 2004 年版。
5. 丁玲著:《莎菲女士的日记》,人民文学出版社 2004 年版。
6. 沈从文著:《边城》,北京十月文艺出版社 2008 年版。
7. 茅盾著:《林家铺子》,人民文学出版社 1992 年版。
8. 茅盾著:《子夜》,长江文艺出版社 2010 年版。
9. 老舍著:《骆驼祥子》,人民文学出版社 2008 年版。
10. 老舍著:《四世同堂》,北京十月文艺出版社 2008 年版。
11. 巴金著:《家》,人民文学出版社 1981 年版。
12. 巴金著:《随想录》,作家出版社 2009 年版。
13. 曹禺著:《雷雨》《日出》,人民文学出版社 2010 年版。
14. 郭沫若著:《女神》,人民文学出版社 1997 年版。
15. 钱钟书著:《围城》,人民文学出版社 1991 年版。
16. 萧红著:《呼兰河传》,中国青年出版社 2008 年版。
17. 丁玲著:《太阳照在桑乾河上》,华夏出版社 2008 年版。
18. 周立波著:《暴风骤雨》,时代文艺出版社 2009 年版。
19. 杨沫著:《青春之歌》,人民文学出版社 2005 年版。
20. 李劼人著:《死水微澜》,华夏出版社 2009 年版。
21. 梁斌著:《红旗谱》,人民文学出版社 2005 年版。
22. 罗广斌、杨益言著:《红岩》,中国青年出版社 2000 年版。

23. 古华著:《芙蓉镇》,人民文学出版社1981年版。
24. 阿城著:《阿城精选集》,北京燕山出版社2011年版。
25. 王蒙著:《活动变人形》,作家出版社2009年版。
26. 路遥著:《平凡的世界》,北京十月文艺出版社2009年版。
27. 杨绛著:《洗澡》,人民文学出版社2004年版。
28. 陈忠实著:《白鹿原》,北京十月文艺出版社2008年版。
29. 阿来著:《尘埃落定》,人民文学出版社2005年版。
30. 王安忆著:《长恨歌》,南海出版社2003年版。
31. 贾平凹著:《秦腔》,作家出版社2008年版。
32. 余秋雨著:《文化苦旅》,东方出版中心2002年版。

外国文学

蒙田

要生活得惬意

　　跳舞的时候我便跳舞,睡觉的时候我就睡觉。即便我一人在幽美的花园中散步,倘若我的思绪一时转到与散步无关的事物上去,我也会很快将思绪收回,令其想想花园,寻味独处的愉悦,思量一下我自己。天性促使我们为保证自身需要而进行活动,这种活动也就给我们带来愉快。慈母般的天性是顾及这一点的。它推动我们去满足理性与欲望的需要,打破它的规矩就违背情理了。
　　我知道恺撒与亚历山大就在活动最繁忙的时候,仍然充分享受自然的,也就是必需的、正当的生活乐趣。我想指出,这不是要使精神松懈,而是使之增强,因为要让激烈的活动、艰苦的思索服从于日常生活习惯,那是需要有极大的勇气的。他们认为,享受生活乐趣是自己正常的活动,而战事才是非常的活动。他们持这种看法是明智的。我们倒是些大傻瓜。我们说:"他一辈子一事无成。"或者说:"我今天什么事也没有做……"怎么!您不是生活过来了吗?这不仅是最基本的活动,而且也是我们的诸活动中最有光彩的。"如果我能够处理重大的事情,我本可以表现出我的才能。"您懂得考虑自己的生活,懂得去安排它吧?那您就做了最重要的事情了。天性的表露与发挥作用,无需异常的境遇。它在各个方面乃至在暗中也都表现出来,无异于在不设幕的舞台上一样。我们的责任是调整我们的生活习惯,而不是去编书;是使我们的举止井然有致,而不是去打仗,去扩张领地。我们最豪迈、最光荣的事业乃是生活得惬意,一切其他事情,执政、致富、创造产业,充其量也只不过是这一事业的点缀和从属品。

(选自毕军编著《永恒的经典:流传千古的130篇传世散文》,天津科学技术出版社2010年版)

编选说明

蒙田(1533—1592),法国人文主义思想家,主要作品有《蒙田随笔全集》。在16世纪的作家中,很少有人像蒙田那样受到现代人的崇敬和接受的。他是启蒙运动以前法国的一位知识权威和批评家,是一位人类感情的冷峻的观察家,亦是对各民族文化,特别是西方文化进行冷静研究的学者。他的哲学随笔,因其丰富的思想内涵而闻名于世,被誉为"思想的宝库"。他的名声在17世纪即已远播海外,培根的随笔就深受其影响。在本文中,蒙田认为"我们最豪迈、最光荣的事业乃是生活得惬意,一切其他事情,执政、致富、创造产业,充其量也只不过是这一事业的点缀和从属品"。享受必需的、正当的生活乐趣不是要使精神松懈,而是使之增强,使之更有利于创造美好的生活。

培根

论读书

　　读书可以作为消遣,可以作为装饰,也可以增长才干。
　　孤独寂寞时,阅读可以消遣。高谈阔论时,知识可供装饰。处世行事时,知识意味着才干。懂得事务因果的人是幸运的。有实际经验的人虽能够处理个别性的事务,但若要综观整体,运筹全局,却唯有学识方能办到。
　　读书太慢的人驰惰,为装潢而读书是欺人,完全按照书本做事就是呆子。
　　求知可以改进人性,而经验又可以改进知识本身。人的天性犹如野生的花草,求知学习好比修剪移栽。学问虽能指引方向,但往往流于浅泛,必须依靠经验才能扎下根基。
　　狡诈者轻鄙学问,愚鲁者羡慕学问,聪明者则运用学问。知识本身并没有告诉人怎样运用它,运用的智慧在于书本之外。这是技艺,不体验就学不到。
　　读书的目的是为了认识事物原理。为挑剔辩驳去读书是无聊的。但也不可过于迷信书本。求知的目的不是为了吹嘘炫耀,而应该是为了寻找真理,启迪智慧。
　　书籍好比食品。有些只需浅尝,有些可以吞咽,只有少数需要仔细咀嚼,慢慢品味。所以,有的书只要读其中一部分,有的书只需知其梗概,而对于少数好书,则应当通读,细读,反复读。
　　有的书可以请人代读,然后看他的笔记摘要就行了。但这只应限于不太重要的议论和质量粗劣的书。否则一本书将像已被蒸馏过的水,变得淡而无味了。
　　读书使人充实,讨论使人机敏,写作则能使人精确。
　　因此,如果有人不读书又想冒充博学多知,他就必须很狡黠,才能掩人耳目。

如果一个人懒于动笔,他的记忆力就必须强而可靠。如果一个人要孤独探索,他的头脑就必须格外锐利。

读史使人明智,读诗使人聪慧,学习数学使人精密,物理学使人深刻,伦理学使人高尚,逻辑修辞使人善辩。总之,"知识能塑造人的性格"。

不仅如此,精神上的各种缺陷,都可以通过求知来改善——正如身体上的缺陷,可能通过适当的运动来改善一样。例如打球有利于腰背,射箭可扩胸利肺,散步则有助于消化,骑术使人反应敏捷,等等。同样道理,一个思维不集中的人,他可以研习数学,因为数学稍不仔细就会出错。缺乏分析判断的人,他可以研习形而上学,因为这门学问最讲究细琐的辩证。不善于推理的人,可以研习法律案例。如此等等。这种心灵上的缺陷,都可以通过学习而得到改善。

(选自盛文林编著《最经典的外国散文》,台海出版社2011年版)

编选说明

弗朗西斯·培根(1561—1626),英国哲学家、思想家、作家和科学家,被马克思称为"英国唯物主义和整个现代实验科学的真正始祖"。著有《新工具》《论说随笔文集》等。《论读书》是培根随笔中的名篇,对读书的意义、作用和方法都作了透彻的论述。他猛烈抨击中世纪的蒙昧主义,论证了知识的巨大作用,成为提出"知识就是力量"的第一人。特别是文章的最后一段,充分体现了作者的阅读疗法思想:人有了精神方面的障碍或心理淤积,都可以通过对症的书籍来疏通和排解。本文语言凝练,见解深刻,议论精确。黑格尔曾评价说:"他的著作虽然充满着最美妙,最聪明的言论,但是要理解其中的智慧,通常只需要付出很少的理性努力。因此他的话常常被人拿来当作格言。"

夏多布里昂

别了，法兰西

起锚了，对远航者这是一个庄严的时刻。领水员将船引导到港外，他离去时，太阳正在坠落。天色灰暗，微风习习，距船几链远的地方，海浪沉重地拍打着礁石。

我凝视着圣马罗。我在那儿丢下了泪流满面的母亲。我遥望着我和吕西儿常去做礼拜的教堂和钟楼和圆屋顶、房屋、城墙、堡垒、塔楼和海滩；我同热斯里尔和其他朋友儿时一道在那儿度过了我的童年。在我四分五裂的祖国失去一位无法取代的伟人时，我撒手而去了。我对祖国和自己的命运同样感到迷茫：谁将沉没？法兰西还是我自己？有朝一日，我还能看见法兰西和我的亲人吗？

船驶到海峡出口，夜幕已经降临，周围一片沉寂。城内点燃了万家灯火，灯塔已亮了：我祖屋的那些颤抖的灯光照耀着我在礁石、波涛和黑夜包围中的航程，同时微笑着同我告别。

我只带走了我的青春和梦想，我踏过的这块土地上的尘埃，以及数过这一片天空的星星。而我现在离开这个世界，到一个土地和天空对我都很陌生的世界去。如果我能够到达航行的目的地，那么会发生什么事情呢？我可能在极北的海岸漂泊，那叱咤风云、毁灭过那么多代人的失去和平的年代对我也许会毫无影响；我也许不会目睹这场翻天覆地的变革。我也许不会拿起笔，从事这不幸的写作生涯；我的名字也许会默默无闻，或者只得到一种为嫉妒者所不屑但平静安逸的光荣。谁知道，也许我会重渡大西洋，也许我会像一名全盛时期的征服者，定居在我冒险探索和发现的偏远的国度里！

不！为了改变这儿的苦难，为了变成一个同过去的我迥然不同的人，我应该回到我的祖国。孕育我的大海将成为我第二次生命的摇篮。我首次远航时她载负着我,好像我的乳母把我抱在她的怀中;好像倾听我诉说我最初的痛苦和最初的欢乐的女友把我抱在她的双臂里。

风停了,落潮的海水把我们带到外海,岸上的灯火渐渐模糊,最后全然消失了。由于沉思、淡淡的怅惘和更加朦胧的期望,我困倦了。我走下甲板进入我的房间。我躺在床上被摇晃着,轻轻拍打船侧的波涛噼啪作响。起风了,桅杆上升起了风帆。次日清晨我登上甲板时,再也看不见法兰西的土地了。

这是我命运的转折:"再出海去。"(拜伦)

(选自苏福忠编著《外国散文百篇必读》,人民文学出版社2011年版)

编选说明

夏多布里昂(1768—1848),法国作家。生于圣马洛,中学毕业后乘船去美洲探险。回国后由于参加了孔德亲王的侨民团而逃亡到布鲁塞尔和伦敦,在流亡中写出了《革命论》等著作。回国后勤奋写作,小说《阿达拉》《基督教真谛》受到拿破仑的赏识,七年内重版八次。七月革命后闭门写作六卷本巨著《墓中回忆录》。作者离别法兰西,是因为资产阶级革命爆发,他想回避革命去北美。在乘船远离之际,他深深眷恋着自己的祖国;对祖国的命运、自己的前途都感到非常的迷茫。但迷茫中有个信念却在逐渐清晰,那就是"不!为了改变这儿的苦难,为了变成一个同过去的我迥然不同的人,我应该回到我的祖国"。作者对祖国的一片深情真切感人。

雪莱

论　爱

　　什么是爱？要回答这个问题，让我们先问那些活着的人，什么是生活？问那些虔诚的教徒，什么是上帝？

　　我不知其他人的内心结构，也不知你们——我正与之讲话的你们的内心；我看到在有些外在属性上，别人同我相像；或于这种形似，当我诉诸某些应当共通的情感并向他们吐露灵魂深处的心声时，我发现我的话语遭到了误解，仿佛它是一个遥远而野蛮的国度的语言。人们给我体验的机会越多，我们之间的距离越远，理解与同情也就愈离我而去。带着无法承受这种现实的情绪，在温柔的颤栗和虚弱中，我在海角天涯寻觅知音，而得到的却只是憎恨与失望。

　　你垂询什么是爱吗？当我们在自身思想的幽谷中发现一片虚空，从而在天地万物中呼唤、寻求与身内之物的通感对应之时，受到我们所感、所惧、所企望的事物的那种情不自禁的、强有力的吸引，这就是爱。

　　倘使我们推理，我们总希望能够被人理解；倘使我们遐想，我们总希望自己头脑中逍遥自在的孩童会在别人的头脑里获得新生；倘若我们感受，那么，我们祈求他人的神经能和我们一起共振，他人的目光和我们交融，他人的眼睛和我们的一样炯炯有神；我们祈愿漠然麻木的冰唇不要对另一颗火热的心讥诮嘲讽。这就是爱，这就是那不仅联接了人与人而且联接了人与万物的神圣的契约和债券。我们降临世间，我们的内心深处存在着某种东西，自有自我存在的那一刻起，就渴求着与它相似的东西。也许这与婴儿吮吸母亲乳房的奶汁这一规律相一致。这种与生俱来的倾向随着天性的发展而发展。在思维能力的本性中，我们隐隐约约地看到的仿佛是完整自我的一个缩影，它丧失了我们所蔑视、嫌厌的成分，而成为尽善尽美的人性的理想典范。它不仅是一帧外在肖像，更是构成我们天性的最精细微小的粒子组合。它是一面只映射出纯洁和明亮形态的镜子；它是在其灵魂固有的乐园外勾画出一个为痛苦、悲哀和邪恶所无法逾越的圆圈的灵魂。这一精魂同样渴求与之相像或对应的知觉相关联。当我们在大千世界中寻觅到了灵魂的对应物，在天地万物中发现了可以无误地评估我们自身的知音（它能准确地、敏感地捕捉我们所珍惜并怀着喜悦悄悄展露的一切），那么，我们与对应物就好比两架精美的竖琴上的琴弦，在一个快乐的声音伴奏下发出音响，这音响与我们自身神经组织的震颤相共振。这——就是爱所要达到的无形的、不可企及的目标。正是它，驱使人的力量去捕捉其淡淡的影子；没有它，为爱所驾驭的心灵就永远不会安宁，永远不会歇息。因此，在孤独中，或处在一群毫不理解我们的人群中（这时，我们仿佛遭到遗弃），我们会热爱花朵、小草、河流以及天空。就在蓝天下，在春天树叶的颤动中，我们找到神秘的心灵的回应：无语的风中有一种雄辩；流淌的溪水和河边瑟瑟的苇叶声中，有一首歌谣。它们与我们灵魂之间神秘的感应，唤醒了我们心中的精灵去跳一场酣畅淋漓的狂喜之舞，并使神秘的温柔的泪盈满我们的眼睛，如爱国志士胜利的热情，又如心爱的人为你独自歌唱之音。因此，斯泰恩说，假如他身在沙漠，他会爱上柏树枝的。爱的需求或力量一旦死去，人就成为一个活着的墓穴，苟延残喘的只是一副躯壳。

（选自雪莱著、徐文惠等译《雪莱散文》，人民文学出版社 2008 年版）

编选说明

珀西·比希·雪莱（1792—1822），英国文学史上最有才华的抒情诗人之一，诗歌代表作有《麦布女王》《伊斯兰的起义》《致英国人民》《云雀颂》《西风颂》等。1822 年 7 月雪莱驾小艇旅行，途中偶遇风暴，溺水而亡，时年 20 岁。本文所论之"爱"，是特指"理解"。我们总是希望自己的思想、情感得到别人的理解和共振，希望心与心之间能够相通相契，作者把这称为"爱"，并认为这是"联接了人与人而且联接了人与万物的神圣的契约和债券"，所以当我们处在一群毫不理解我们的人群中时，我们会去热爱花朵、小草、河流、天空，从大自然中寻求灵魂上的神秘感应。本文虽是说理，却不枯燥空洞，行文中充满感情，语言形象生动，运用了很多精彩的比喻，文风灵动优雅。

安徒生

皇帝的新装

　　许多年以前有一位皇帝,他非常喜欢穿好看的新衣服。他为了要穿得漂亮,把所有的钱都花到衣服上去了,他一点也不关心他的军队,也不喜欢去看戏。除非是为了炫耀一下新衣服,他也不喜欢乘着马车逛公园。他每天每个钟头要换一套新衣服。人们提到皇帝时总是说:"皇上在会议室里。"但是人们一提到他时,总是说:"皇上在更衣室里。"

　　在他住的那个大城市里,生活很轻松,很愉快。每天有许多外国人到来。有一天来了两个骗子,他们说他们是织工。他们说,他们能织出谁也想象不到的最美丽的布。这种布的色彩和图案不仅非常好看,而且用它缝出来的衣服还有一种奇异的作用,那就是凡是不称职的人或者愚蠢的人,都看不见这衣服。

　　"那正是我最喜欢的衣服!"皇帝心里想。"我穿了这样的衣服,就可以看出我的王国里哪些人不称职;我就可以辨别出哪些人是聪明人,哪些人是傻子。是的,我要叫他们马上织出这样的布来!"他付了许多现款给这两个骗子,叫他们马上开始工作。

　　他们摆出两架织机来,装作是在工作的样子,可是他们的织机上什么东西也没有。他们接二连三地请求皇帝发一些最好的生丝和金子给他们。他们把这些东西都装进自己的腰包,却假装在那两架空空的织机上忙碌地工作,一直忙到深夜。

　　"我很想知道他们织布究竟织得怎样了,"皇帝想。不过,他立刻就想起了愚蠢的人或不称职的人是看不见这布的。他心里的确感到有些不大自在。他相信他自己是用不着害怕的。虽然如此,他还是觉得先派一个人去看看比较妥当。

全城的人都听说过这种布料有一种奇异的力量,所以大家都很想趁这机会来测验一下,看看他们的邻人究竟有多笨,有多傻。

"我要派诚实的老部长到织工那儿去看看,"皇帝想。"只有他能看出这布料是个什么样子,因为他这个人很有头脑,而且谁也不像他那样称职。"

因此这位善良的老部长就到那两个骗子的工作地点去。他们正在空空的织机上忙忙碌碌地工作着。

"这是怎么一回事儿?"老部长想,把眼睛睁得有碗口那么大。

"我什么东西也没有看见!"但是他不敢把这句话说出来。

那两个骗子请求他走近一点,同时问他,布的花纹是不是很美丽,色彩是不是很漂亮。他们指着那两架空空的织机。

这位可怜的老大臣的眼睛越睁越大,可是他还是看不见什么东西,因为的确没有什么东西可看。

"我的老天爷!"他想。"难道我是一个愚蠢的人吗?我从来没有怀疑过我自己。我决不能让人知道这件事。难道我不称职吗?——不成;我决不能让人知道我看不见布料。"

"哎,您一点意见也没有吗?"一个正在织布的织工说。

"啊,美极了!真是美妙极了!"老大臣说。他戴着眼镜仔细地看。"多么美的花纹!多么美的色彩!是的,我将要呈报皇上说我对于这布感到非常满意。"

"嗯,我们听到您的话真高兴,"两个织工一起说。他们把这些稀有的色彩和花纹描述了一番,还加上些名词儿。这位老大臣注意地听着,以便回到皇帝那里去时,可以照样背得出来。事实上他也就这样办了。

这两个骗子又要了很多的钱,更多的丝和金子,他们说这是为了织布的需要。他们把这些东西全装进腰包里,连一根线也没有放到织机上去。不过他们还是继续在空空的机架上工作。

过了不久,皇帝派了另一位诚实的官员去看看,布是不是很快就可以织好。他的运气并不比头一位大臣的好:他看了又看,但是那两架空空的织机上什么也没有,他什么东西也看不出来。

"您看这段布美不美?"两个骗子问。他们指着一些美丽的花纹,并且作了一些解释。事实上什么花纹也没有。

"我并不愚蠢!"这位官员想。"这大概是因为我不配担当现在这样好的官职吧?这也真够滑稽,但是我决不能让人看出来!"因此他就把他完全没有看见的布称赞了一番,同时对他们说,他非常喜欢这些美丽的颜色和巧妙的花纹。"是的,那真是太美了,"他回去对皇帝说。

城里所有的人都在谈论这美丽的布料。

当这布还在织的时候,皇帝就很想亲自去看一次。他选了一群特别圈定的随员——其中包括已经去看过的那两位诚实的大臣。这样,他就到那两个狡猾的骗子住的地方去。这两个家伙正以全副精神织布,但是一根线的影子也看不见。"您看这不漂亮吗?"那两位诚实的官员说。"陛下请看,多么美丽的花纹!多么美丽的色彩!"他们指着那架空空的织机,因为他们以为别人一定会看得见布料的。

"这是怎么一回事儿呢?"皇帝心里想。"我什么也没有看见!这真是荒唐!难道我是一个愚蠢的人吗?难道我不配做皇帝吗?这真是我从来没有碰见过的一件最可怕的事情。"

"啊,它真是美极了!"皇帝说。"我表示十二分地满意!"

于是他点头表示满意。他装作做很仔细地看着织机的样子,因为他不愿意说出他什么也没有看见。跟他来的全体随员也仔细地看了又看,可是他们也没有看出更多的东西。不过,他们也照着皇帝的话说:"啊,真是美极了!"他们建议皇帝用这种新奇的、美丽的布料做成衣服,穿上这衣服亲自去参加快要举行的游行大典。"真美丽!真精致!真是好极了!"每人都随声附和着。每人都有说不出的快乐。皇帝赐给骗子每人一个爵士的头衔和一枚可以挂在纽扣洞上的勋章;并且还封他们为"御聘织师"。

第二天早晨游行大典就要举行了。在头天晚上,这两个骗子整夜不睡,点起16支蜡烛。你可以看到他们是在赶夜工,要完成皇帝的新衣。他们装作把布料从织机上取下来。他们用两把大剪刀在空中裁了一阵子,同时又用没有穿线的针缝了一通。最后,他们齐声说:"请看!新衣服缝好了!"

皇帝带着他的一群最高贵的骑士们亲自到来了。这两个骗子每人举起一只手,好像他们拿着一件什么东西似的。他们说:"请看吧,这是裤子,这是袍子!这是外衣!"等等。"这衣服轻柔得像蜘蛛网一样:穿着它的人会觉得好像身上没有什么东西似的——这也正是这衣服的妙处。"

"一点也不错，"所有的骑士们都说。可是他们什么也没有看见，因为实际上什么东西也没有。

"现在请皇上脱下衣服，"两个骗子说，我们要在这个大镜子面前为陛下换上新衣。

皇帝把身上的衣服统统都脱光了。这两个骗子装作把他们刚才缝好的新衣服一件一件地交给他。他们在他的腰围那儿弄了一阵子，好像是系上一件什么东西似的：这就是后裙。皇帝在镜子面前转了转身子，扭了扭腰肢。

"上帝，这衣服多么合身啊！式样裁得多么好看啊！"大家都说。"多么美的花纹！多么美的色彩！这真是一套贵重的衣服！"

"大家已经在外面把华盖准备好了，只等陛下一出去，就可撑起来去游行！"典礼官说。

"对，我已经穿好了，"皇帝说，"这衣服合我的身么？"于是他又在镜子面前把身子转动了一下，因为他要叫大家看出他在认真地欣赏他美丽的服装。那些将要托着后裙的内臣们，都把手在地上东摸西摸，好像他们真的在拾其后裙似的。他们开步走，手中托着空气——他们不敢让人瞧出他们实在什么东西也没有看见。

这么着，皇帝就在那个富丽的华盖下游行起来了。站在街上和窗子里的人都说："乖乖，皇上的新装真是漂亮！他上衣下面的后裙是多么美丽！衣服多么合身！"谁也不愿意让人知道自己看不见什么东西，因为这样就会暴露自己不称职，或是太愚蠢。皇帝所有的衣服从来没有得到这样普遍的称赞。

"可是他什么衣服也没有穿呀！"一个小孩子最后叫出声来。

"上帝哟，你听这个天真的声音！"爸爸说。于是大家把这孩子讲的话私自低声地传播开来。

"他并没有穿什么衣服！有一个小孩子说他并没有穿什么衣服呀！"

"他实在是没有穿什么衣服呀！"最后所有的老百姓都说。

皇帝有点儿发抖，因为他似乎觉得老百姓所讲的话是对的。不过他自己心里却这样想："我必须把这游行大典举行完毕。"因此他摆出一副更骄傲的神气，他的内臣们跟在他后面走，手中托着一个并不存在的后裙。

（选自安徒生著《安徒生童话选》，译林出版社2010年版）

编选说明

　　汉斯·克里斯蒂安·安徒生（1805—1875），丹麦作家，诗人，"世界童话之王"，一生共创作一百六十八篇童话，作品被译成一百五十多种语言和文字，代表作有《丑小鸭》《皇帝的新装》《卖火柴的小女孩》《拇指姑娘》等。其作品具有独特的艺术风格：即诗意的美和喜剧性的幽默。本文写于1837年，是作者有感于丹麦黑暗的社会现实而根据西班牙一则民间故事改编创作而成的。它运用想象和夸张的艺术手法，通过一个昏庸无能而又穷奢极欲的皇帝受骗上当的故事，揭露和讽刺了皇帝和大臣们的虚伪、愚蠢和自欺欺人的丑行。本文采用儿童们最易接受的顺叙法，开篇就介绍皇帝爱穿新衣的"癖好"，然后引出骗子，接着写织布、做衣，最后写皇帝穿上"新衣"参加游行大典，在人们面前出尽洋相。故事环环相扣，结尾意味深长。

狄更斯

尼亚加拉大瀑布

那一天的天气寒冷潮湿，着实苦人：凄雾浓重，几欲成滴，树木在这个北国里还都枝杈赤裸，完全冬意。不论多会儿，只要车一停下来，我就侧耳静听，看是否能听到瀑布的吼声，同时还不断地往我认为一定是瀑布所在那方面死乞白赖地看；我所以知道瀑布就在那一方面，因为我看见河水滚滚朝着那儿流去；每一分钟都盼望会有飞溅的浪花出现。恰恰在我们停车以前几分钟内，我看见了两片嵯峨的白云，从地心深处巍巍而出，冉冉而上。当时所见，仅止于此。后来我们到底下了车了；于是我才头一回听到洪流的砰訇，同时觉得大地都在我脚下颤动。

崖岸陡峭，又因为有刚刚下过的雨和化了一半的冰，地上滑溜溜的，所以我自己也不知道我是怎么下去的，不过我却一会儿就站在山根那儿，同两个英国军官（他们也正走过那儿，现在和我到了一块儿）攀登到一片嶙峋的乱石上了；那时澎渤大作，震耳欲聋，玉花飞溅，我全身濡湿，衣履俱透。原来我们正站在美国瀑布的下面。我只能看见巨浪滔天，劈空而下，但是对于这片巨浪的形状和地位，却毫无概念，只渺渺茫茫，感到泉飞水立，浩瀚汪洋而已。

我们坐在小渡船上，从两个大瀑布前面那条汹涌奔腾的河里过的时候，我才开始感到是怎么回事；不过我却有些目眩心摇，因而领会不到这幅光景到底有多博大。一直到我来到平顶岩上看去的时候——哎呀天哪，那样一片飞立倒悬的晶莹碧波！——它的巍巍凛凛，浩瀚峻伟，才在我眼前整个呈现。

于是我感到，我站的地方和造物者多么近了，那时候，那幅宏伟的景象，一时之间所给我的印象，同时也就是永久无尽所给我的印象——一瞬的感觉，而又是永久的感觉——是一片和平之感；是心的宁静，是灵的恬适，是对于死者淡泊安详的回忆，是对于永久的安息和永久的幸福恢廓的展望，不掺杂一丁点黯淡之情，不掺杂一丁点恐怖之心。尼亚加拉一下就在我心里留下深刻的印象——留下了一个美丽的形象；这形象，一直留在我的心头，永远不改变，永远不磨灭，一直到我的心房停止了搏动的时候。

我们在那个神工鬼斧、天魔帝力所创造出来的地方待了十天，在那永久令人难忘的十天里，日常生活中的龃龉和烦恼，如何离我而去，越去越远啊！巨浪的砰訇对于我如何振聋发聩啊！绝迹于尘世之上而却出现于晶莹垂波之中的，是何等的面目啊！在变幻无常、横亘半空的灿烂虹霓四围上下，天使的泪如何玉圆珠明，异彩缤纷，纷飞乱洒，纵翻横出啊！在这种眼泪里，天心帝意，又如何透露而出啊！

我一起始，就跑到了加拿大那一边儿，在那十天里就一直在那儿没动。我从来没再过过河；因为我知道，河那边也有人，而在这种地方，当然不能和不相干的闲杂人掺合。整天往来徘徊，从一切角度，来看这个垂瀑；站在马蹄铁大瀑布的边缘上，看着奔腾的水，在快到崖头的时候，力充劲足，然而却又好像在驰下崖头、投入深渊之前，先停顿一下似的；从河面上往上看巨涛下涌；攀上邻岭，从树杪间瞭望，看激湍盘旋而前，翻下万丈悬崖；站在下游三英里的巨石森岩下面，看着河水，波涌涡漩，砰訇应答，表面上看不出来它这样的原因，实在在河水深处，却受到巨瀑奔腾的骚扰；永远有尼亚加拉当前，看它受日光的蒸腾，受月华的迤逗，夕阳西下中一片红，暮色苍茫中一片灰；白天整天眼里看它，夜里枕上醒来耳里听它；这样的福就够我享的了。

我现在每到平静之时都要想：那片浩瀚汹涌的水，仍旧尽日横冲直滚，飞悬倒洒，砰訇澎渤，雷鸣山崩；那些虹霓仍旧在它下面一百英尺的空中弯亘横跨。太阳照在它上面的时候，它仍旧像玉液金波，晶莹明彻。天色暗淡的时候，它仍旧像玉霰琼雪，纷纷飞洒；像轻屑细末，从白垩质的悬崖峭壁上阵阵剥落；像如絮如棉的浓烟，从山腹幽岫里蒸腾喷涌。但是这个滔天的巨浪，在它要往下流去的时候，好像先死去一番似的，从它那深不可测、以水为国的坟里，永远有浪花和迷雾的鬼魂，其大无物可与伦比，其强永远不受降伏，在宇宙还是一片混沌、黑暗的时候，在匝地的巨浪——水——以前，另一个漫天的巨浪——光——还没经上帝吩咐而一下弥漫宇宙的时候,就在这儿森然庄严地呈异显灵。

(选自卓尔编著《外国散文名篇精选》,人民出版社2010年版)

▍编选说明 ▍

  查理·狄更斯(1812—1870),19世纪英国批判现实主义小说家,擅长描写英国社会底层小人物的生活遭遇,主要作品有《匹克威克外传》《雾都孤儿》《艰难时世》《大卫·科波菲尔》《双城记》等。本文所描写的尼亚加拉大瀑布号称世界七大奇景之一,狄更斯在那儿盘桓了十天之久,对它进行了全面细致的观察。从不同的角度欣赏:站在马蹄铁形的边缘上看,从河面上俯瞰,攀上邻岭眺望,站在下面的巨岩下仰视,看它的千姿百态,美不胜收;在一天中不同时间里欣赏:阳光下,夕阳里,暮霭中,月光下,看它变幻多端,气象万千。它砰訇澎渤震耳欲聋的滔天气势,它如天使的眼泪般的空灵脱俗,使作者接受了一次庄严的洗礼,感受到了恬适的幸福,参悟了大自然的神秘与永恒。

梭罗

蚂蚁大战

森林并非总是一片歌舞升平的和平景象。我还是一场战争的见证人。一天,我出门到我的木柴堆去,更准确地说,堆树根之处,我瞥见两只蚂蚁,一只红的,另一只是黑的,后者比前者大得多,差不多有半英寸之长。两只蚂蚁缠斗不已。一交上手,谁也不退却,推搡着,撕咬着,在木片上翻滚起伏。放眼远望,我惊叹不已,木柴堆上到处都有这样奋力厮杀的勇士,看来不是单挑决斗,而是一场战争,两个蚂蚁王国的大决战。红蚂蚁与黑蚂蚁势不两立,通常是两红对一黑。木柴堆上都是这些能征善战的弥尔弥冬军团。地上躺满已死和将死者,红黑混杂一片。这是我亲眼所见的唯一一场大决战,我亲临激战的中心地带。相互残杀的恶战啊,红色的共和党和黑色的帝王派展开你死我活的厮杀,虽没听到声声呐喊,但是人类之战却从未如此奋不顾身。

在一束阳光照射下的木片"小山谷"中,一对武士相互死死抱住对方。现在正是烈日当空,它们准备血拼到底,或魂归天国。那精瘦的红色斗士像老虎钳一样紧紧咬住死敌的额头不放。尽管双方在战场上翻来滚去,但红色斗士却一刻不停地噬住对手的一根触须的根部,另一根触须已被咬断,而胖大的黑色斗士,举起对手撞来撞去。我凑近观战,发现红蚂蚁的身体好些已被咬掉,它们比斗犬厮杀更惨烈。双方都不让分毫,显然他们的战争信念是"不战胜,毋宁死"。

在小山谷顶上出现一个荷载独彷徨的红蚂蚁,它看来斗志正盛,不是已击毙一个对手,就是刚刚投入战场——据我的分析是后者,因为它还没有缺胳膊少腿。它的母亲要它举着盾牌凯旋而归,或者躺在盾牌上由战友抬回故里。也许它是阿喀琉斯一般的猛将,独自在热火朝天的战场外生闷气,现在来救生死之交的帕特洛克罗斯了,或者为这位不幸的亡友来报仇雪恨。它从远处瞅见这场势不均力不敌的搏斗——黑蚂蚁比红蚂蚁庞大近一倍——它奔驰过来,离开那对生死之搏的战斗者约半英寸处,看准时机,奋不顾身地扑向黑武士,一下咬住对方的前腿根。不管对手会在自己身上哪一块反咬一口;三个战斗者为了生存黏在一起,好像已产生出一种新的粘胶剂,让任何锁链和水泥相形见绌。

这时,如看到他们各自的军乐队,在各方突起的木片上排成方阵,威武雄壮地高奏国歌,以振奋前仆后继的前线将士,并激励起那些奄奄一息的光荣斗士,我不会感到诧异。我自己是热血沸腾,仿佛它们是人。

你越深究下去,越觉得它们与人类并无两样。起码在康科德的地方史志中,暂且不谈美国历史,当然是没有一场战争博弈能与之并驾齐驱。无论从投入的总兵力,还是所激发的爱国主义和英雄主义,都无法相提并论。就双方参战数量和惨烈程度,这是一场奥斯特利茨大决战,或鏖兵于德累斯顿的大血战。嘿!康科德之战!爱国志士死了两个,而路德·布朗夏尔受了重伤!啊,这里的每一个蚂蚁都是一个波特林克,大呼着——开火,为上帝而战。开火!——千百个生命却像戴维斯和胡斯曼一样杀身成仁。没有一个雇佣兵,我不怀疑,它们是为真理而斗争,正如我的父辈一样,并非为了区区三便士茶叶税的缘故。当然,这场决战对双方来说是何等重大,将载入史册,永志不忘,犹如我们的邦克山战役一样。

我特别关注三位武士的混战,便把它们决战其上的木片端进小木屋,放在我的窗台上,罩上一个反扣的玻璃杯,以观战况。我用放大镜观察最初提到的红蚂蚁,看到它狠狠的咬住敌方的前腿上部,且咬断了对方剩下的触须,可自己的胸部却被黑武士撕开了。露出了内脏,而黑武士的胸甲太结实,无法刺穿。这痛苦的红武士暗红的眸子发出战争激发出的凶光。它们在杯子下又缠斗了半小时,当我再次观战时,那黑武士已使敌人身首异处,但那两个依然有生命的脑袋,挂在它身体的两侧,犹如悬吊在马鞍边的两个恐怖的战利品,两个红蚂蚁头仍死咬住不放。黑蚂蚁微弱地挣扎着,它没有触须,且剩下唯一的腿也已残缺不全,浑身伤痕累累,它用尽力气要甩掉它们。这件事半小时后总算完成。我拿起罩杯,它一瘸一拐爬过窗台。经过这场恶战,它能否活下来,能否把余生消磨在荣军院中,我并不清楚。我想以后它不能再挑起什么重担了。我不清楚谁是胜利的一方,也不知大战的起因。但因目击这一场大血战,而整天陷入亢奋和失落的情绪之中，就像在我的大门前经过一场惊心动魄的战争。

吉尔贝和斯宾塞告诉我们，蚂蚁战争长久以来就受到人们的敬重，彪炳史册，战争的日期也有明确的记载，尽管据他们声称，近代作家中大约只有胡贝尔曾考察了蚂蚁大战。他们说："对战事发生在一棵梨树干上的蚂蚁大战有过描述，这是一场大蚂蚁对小蚂蚁的难度极大的攻坚战。"之后他们加上注解——"'这场苦战发生在教皇尤琴尼斯四世治下，目击者为著名律师尼古拉斯·毕斯托利安西斯，他的记录忠实可信。'另有一场规模相当的大蚂蚁和小蚂蚁之战，由俄拉乌斯·玛格纳斯记录在案，结果小蚂蚁以弱胜强。据说战后它们掩埋了自己的烈士，让大蚂蚁的尸首曝尸荒野，任飞鸟去啄食。这场战争发生于残暴的克利斯蒂安二世被逐出瑞典之前。"至于我目睹的这场大战，发生于总统波尔克任内，时间间隔在韦伯斯特制订的逃亡奴隶法案通过前5年。

（选自亨利·戴维·梭罗著《瓦尔登湖》，上海译文出版社2009年版）

编选说明

亨利·戴维·梭罗（1817—1862），美国作家，思想家。梭罗的作品很多，大部分是对自然的观察和描写，最有名的是小说《瓦尔登湖》。它记载了梭罗在瓦尔登湖畔两年又两个月的生活，对美国乃至世界的生态文学、生态理念和生态保护运动皆影响深远。本文是其中的一章，详细地描写了两个对立的蚂蚁王国之间的一场大战，并以人类历史上的诸多战争事件进行类比，从而得出"你越深究下去，越觉得它们和人类战争并无两样"的结论。仔细品味，梭罗的蚂蚁大战描写中处处蕴含着社会和人生的大义，即战争只能造成两败俱伤，给人类生命和精神造成深重的灾难。本文观察细致，描写生动，联想丰富，议论精彩。

泰戈尔

人生旅途

我在路边坐下来写作，一时想不起该写些什么。

树荫遮盖的路，路畔是我的小屋，窗户敞开着，第一束阳光跟随无忧树摇颤的绿影，走进来立在面前，端详我片刻，扑进我怀里撒娇。随后溜到我的文稿上面，临别的时候，隐隐留下金色的吻痕。

黎明在我作品的四周崭露。原野的鲜花，云霓的色彩，凉爽的晨风，残存的睡意，在我的书页里浑然交融。朝阳的爱抚在我手迹周遭青藤般地伸延。

我前面的行人川流不息。晨光为他们祝福，真诚地说：祝他们一路顺风。鸟儿在唱吉利的歌曲。道路两旁，希望似的花朵竞相怒放。启程时人人都说：请放心，没有什么可怕的。

浩茫的宇宙为旅行顺利而高歌。光芒四射的太阳乘车驶过无垠的晴空。整个世界仿佛欢呼着天帝的胜利出现了。黎明笑吟吟的，臂膀伸向苍穹，指着无穷的未来，为世界指路。黎明是世界的希冀、慰藉、白昼的礼赞，每日启东方金碧的门户，为人间携来天国的福音，送来汲取的甘露；与此同时，仙境奇花的芳菲唤醒凡世的花香。黎明是人世旅程的祝福，真心诚意的祝福。

人世行客的身影落在我的作品里。他们不带走什么。他们忘却哀乐，抛下每一瞬间的生活负荷。他们的欢笑悲啼在我的文稿里萌发幼芽。他们忘记他们唱的歌谣，留下他们的爱情。

是的，他们别无所有，只有爱。他们爱脚下的路，爱脚踩过的地面，企望留下足印。他离别洒下的泪水沃泽了立足之处。他们走过的路的两旁，盛开了新奇的鲜花。他们热爱同路的陌生人。爱是他们前进的动力，消除他们跋涉的疲累。

人间美景和母亲的慈爱一样,伴随着他们,召唤他们走出心境的黯淡,从后面簇拥着他们前行。

爱情若被锁缚,世人的旅程即刻中止。爱情若葬入坟墓,旅人就是倒在坟上的墓碑。就像船的特点是被驾驭着航行,爱情不允许被幽禁,只允许被推着向前。爱情的纽带的力量,足以粉碎一切羁绊。崇高爱情的影响下,渺小爱情的绳索断裂;世界得以运动,否则会被本身的重量压瘫。

当旅人行进时,我倚窗望见他们开怀大笑,听见他们伤心哭泣。让人落泪的爱情,也能抹去人眼里的泪水,催发笑颜的光华。欢笑,泪水,阳光,雨露,使我四周"美"的茂林百花吐艳。

爱情不让人常年垂泪。因一个人的离别而使你潸然泪下的爱情,把五个人引到你身边。爱情说:细心察看吧,他们绝不比那离去的人逊色。可是你泪眼濛濛,看不见谁,因而也不能爱。你甚至万念俱灰,无心做事。你向后转身木然地坐着,无意继续人生的旅程。然而爱情最终获胜,牵引你上路,你不可能永远把脸俯贴在死亡上面。

拂晓,满心喜悦动身的旅人,前往远方,要走很长的路。沿途没有他们的爱,他们走不完漫长的路。因为他们爱路,迈出每一步都感到快慰,不停地向前;也因为他们爱路,他们舍不得走,腿抬不起来,走一步便产生错觉;已经获得的大概今后再也得不到了。然而朝前走又忘掉这些,走一步消除一分忧愁。开初他们啜泣是由于惶恐,除此别无缘由。

你看,母亲怀里抱着婴儿走在人世的路上。是谁把母子联结在一起?是谁通过孩子引导着母亲?是谁把婴儿放在母亲怀里,道路便像卧房一样温馨?是爱变母亲脚下的蒺藜为花朵!可是母亲为什么误解?为什么觉得孩子意味着她"无限"的终结呢?

漫长的路上,凡世的孩子们聚在一起娱乐。一个孩子拉着母亲的手,进入孩子的王国——那里储藏着取之不竭的安慰。因着一张张细嫩的脸蛋,那里像天国乐园一般。他们快活地争抢天上的月亮,处处荡漾着欢声笑语的波澜。但是你听,路的一侧,可爱无助的孩子的啼哭!疾病侵入他们的皮肤,损坏花瓣似的柔软肢体。他们纤嫩的喉咙发不出声音;他们想哭,哭声消逝在喉咙里。野蛮的成年人用各种办法虐待他们。

我们生来都是旅人；假如万能的天帝强迫我们在无尽头的路上跋涉，假如严酷的厄运攥着我们的头发向前拖，作为弱者，我们有什么法子？启程的时刻，我们听不到威胁的雷鸣，只听黎明的诺言。不顾途中的危险，艰苦，我们怀着爱心前进。虽然有时忍受不了，但有爱从四面八方伸过手来。让我们学会响应不倦的爱情的召唤，不陷入迷惘，不让惨烈的压迫用锁链将我们束缚！

我坐在络绎不绝的旅人的哀泣和欢声的旁边，注望着，沉思着，深爱着。我对他们说："祝你们一路平安，我把我的爱作为川资赠给你们。因为行路不为别的，是出于爱的需要。愿大家彼此奉献真爱，旅人们在旅途互相帮助。"

（选自泰戈尔著《泰戈尔经典散文集》，新世界出版社2010年版）

编选说明

泰戈尔（1861—1941），印度诗人、作家、社会活动家，1913年凭借宗教抒情诗《吉檀迦利》获得诺贝尔文学奖，是首位获得诺贝尔文学奖的亚洲人。除了宗教内容外，他诗歌的另一个重要内容是自然和生命，"爱"是其核心主题。本文开篇，作者即以诗意之笔描写了大自然给予他的无限爱意，朝阳、绿影、云霓、晨风，一切的一切，在作者的眼里，都是那样地亲切可爱。然后，由眼前川流不息的行人引发感慨，使文章向深刻与开阔。人生就是一条漫长的旅途，每个人都是天生的旅人，不管遇到什么艰难险阻，我们都要怀着爱心前进。有爱才有动力，有爱才不会迷惘。最后，作者真诚地呼唤："愿大家彼此奉献真爱，旅人们在旅途互相帮助。"

高尔基

海 燕

在苍茫的大海上,狂风卷集着乌云。在乌云和大海之间,海燕像黑色的闪电,在高傲的飞翔。

一会儿翅膀碰着波浪,一会儿箭一般地直冲向乌云,它叫喊着,——就在这鸟儿勇敢的叫喊声里,乌云听出了欢乐。

在这叫喊声里——充满着对暴风雨的渴望!在这叫喊声里,乌云听出了愤怒的力量、热情的火焰和胜利的信心。

海鸥在暴风雨来临之前呻吟着,——呻吟着,它们在大海上飞窜,想把自己对暴风雨的恐惧,掩藏到大海深处。海鸭也在呻吟着,——它们这些海鸭啊,享受不了生活的战斗的欢乐:轰隆隆的雷声就把它们吓坏了。

蠢笨的企鹅,胆怯地把肥胖的身体躲藏到悬崖底下……只有那高傲的海燕,勇敢地,自由自在地,在泛起白沫的大海上飞翔!

乌云越来越暗,越来越低,向海面直压下来,而波浪一边歌唱,一边冲向高空,去迎接那雷声。

雷声轰隆。波浪在愤怒的飞沫中呼叫,跟狂风争鸣。看吧,狂风紧紧抱起一层层巨浪,恶狠狠地把它们甩到悬崖上,把这些大块的翡翠摔成尘雾和碎末。

海燕叫喊着,飞翔着,像黑色的闪电,箭一般地穿过乌云,翅膀掠起波浪的飞沫。

看吧,它飞舞着,像个精灵,——高傲的、黑色的暴风雨的精灵,——它在大笑,它又在号叫……它笑那些乌云,它因为欢乐而号叫!

这个敏感的精灵,——它从雷声的震怒里,早就听出了困乏,它深信,乌云遮不住太阳,——是的,遮不住的!

狂风吼叫……雷声轰响……

一堆堆乌云,像青色的火焰,在无底的大海上燃烧。大海抓住闪电的箭光,把它们熄灭在自己的深渊里。这些闪电的影子,活像一条条火蛇,在大海里蜿蜒游动,一晃就消失了。

——暴风雨!暴风雨就要来啦!

这是勇敢的海燕,在怒吼的大海上,在闪电中间,高傲地飞翔;这是胜利的预言家在叫喊:

——让暴风雨来得更猛烈些吧!

(选自卓尔编著《外国散文名篇精选》,新疆美术摄影出版社2010年版)

编选说明

高尔基(1868—1936),苏联无产阶级作家。《海燕》是无产阶级文学的开山之作。在作品中,高尔基以昂扬的浪漫主义激情,气势磅礴的艺术笔触,对大自然中暴风雨即将来临时的景象进行了生动的描绘,形象地反映了俄国1905年大革命前夜"山雨欲来风满楼"的社会形势,暗示了革命暴风雨即将到来,沙皇专制统治必然崩溃,革命事业必然胜利。全诗语言充满激情,使人振奋,尤其是结尾"让暴风雨来得更猛烈些吧"既是对革命风暴的期盼又是对广大人民的战斗召唤。在整体的审美上,《海燕》既是一首色彩鲜明的抒情诗,又是一幅富有流动感的油画。本文气势磅礴,色彩厚重,情感激越,具有很强的艺术感染力。

黑 塞

红房子

　　红房子,从你的小花园和葡萄园里,向我送来了整个阿尔卑斯山南面的芬芳!我多少次从你身边经过,头一回经过时,我的流浪的乐趣就震颤地想起了它的对称极,我又一次奏起往昔经常弹奏的旋律:有一个家,绿色花园里的一幢小屋,周围一片寂静,远离村落;在小房间里,朝东放着我的床,我自己的床;在小房间里,朝南摆着我的桌子,那里我也会挂上一幅小小的古老的圣母像,那是我在早年的一次旅途中,在布雷西亚买到的。

　　正如白昼是在清晨和夜晚之间,我的人生也是在旅行的欲望和安家的愿望之间渐渐消逝的。也许有朝一日我会达到这样的境地,旅途和远方在心灵中属我所有,我心灵中有它们的图像,不必再把它们变成为现实。也许有朝一日我还会达到这样的境地,我的心灵中有家乡,那就不会再向花园和红房子以目送情了——心灵中有家乡!

　　如果有一个中心,所有的力从这个中心出发向两端摆动。那是,生活会是多么不同啊!

　　但是,我的生活没有这样一个中心,而是震颤地在许多组正极和负极之间摇摆。这边是眷恋在家安居,那边是思念永远在旅途中。这边是渴望孤独和修道院,那边是思慕爱和团体!我收集过书籍和图画,但又把它们送掉。我曾摆过阔,染上过恶习,也曾转而去禁欲与苦行。我曾经虔诚地把生命当做根本来崇敬,后来却又只能把生命看做是功能并加以爱护。

　　但是,把我变成另一个模样,这不是我的事情。这是神迹的事情。谁要寻找神迹,谁要把他引来,谁要帮助它,它就逃避谁。我的事情是,漂浮在许多紧张对立的矛盾之间,并且作好了精神准备,如果奇迹突然降临到我头上的话。我的事情是,不满并忍受着动荡不安。

绿色中的红房子!我对你已经有过体验,我可不想再次体验了。我曾经有过家乡,建造过一幢房屋,丈量过墙壁和屋顶,筑过花园里的小径,也曾把自己的画挂在自己的墙上。每个人都有这样的欲望——我也想按这种欲望来生活!我的许多愿望已经在生活中实现了。我想成为诗人,也真的成了诗人。我想有一所房子,也真为自己建造了一所。我想有妻室和孩子,后来也都有了。我要同人们谈话并影响他们,我也做了。可是每当一个愿望实现了以后,很快就变成了不满足。但这是我所不能忍受的。我于是怀疑起写诗来了。我觉得房屋变狭窄了。已经达到的目的,都谈不上是目的,每条路都是一条弯路,每次休憩都产生新的渴望。

我还会走许多弯路,还将实现许多愿望,但到头来仍将使我失望。总有一天一切都将显示它的意义。

那儿,矛盾消失的地方,是涅槃境界。可是,可爱的眷念的群星还向我放射出明亮的光。

〔选自朱怀江主编《青年必知名家散文精选》(外国卷),中国国际广播出版社 2001 年版〕

▎编选说明▎

赫尔曼·黑塞(1877—1962),德国作家,1946 年获诺贝尔文学奖,雨果·巴尔称他为"德国浪漫派最后一个骑士",主要作品有长篇小说《彼得·卡门青》《荒原狼》《玻璃球游戏》等。黑塞擅长运用象征的艺术手段使作品的意义得以凝聚和升华,本文也是这样。"绿色中的红房子"曾是作者生活的理想,可现在拥有了,却又感到不满足,又有了新的渴望。人生就是这样,充满着矛盾。矛盾消失了,生命也就涅槃了。所以,人的一生都与矛盾同行。一个愿望实现了,很快就变成了不满足,愿望变成了失望。但是,我们的每一次追求、走过的每一条弯路,"总有一天一切都将显示它的意义"。所以,我们应该正视矛盾,在矛盾中进取,追求有意义的人生。

川端康成

花未眠

　　我常常不可思议地思考一些微不足道的问题。昨日一来到热海的旅馆,旅馆的人拿来了与壁龛里的花不同的海棠花。我太劳顿,早早就入睡了。凌晨四点醒来,发现海棠花未眠。

　　发现花未眠,我大吃一惊。有葫芦花和夜来香,也有牵牛花和合欢花,这些花差不多都是昼夜绽放的。花在夜间是不眠的。这是众所周知的事。可我仿佛才明白过来。凌晨四点凝视海棠花,更觉得它美极了。它盛放,含有一种哀伤的美。

　　花未眠这众所周知的事,忽然成了新发现花的机缘。自然的美是无限的。人感受到的美却是有限的。正因为人感受美的能力是有限的,所以说人感受到的美是有限的,自然的美是无限的。至少人的一生中感受到的美是有限的,是很有限的,这是我的实际感受,也是我的感叹。人感受美的能力,既不是与时代同步前进,也不是伴随年龄而增长。凌晨四点的海棠花,应该说也是难能可贵的。如果说,一朵花很美,那么我有时就会不由自主地自语道:要活下去!

　　画家雷诺阿说:只要有点进步,那就是进一步接近死亡,这是多么凄惨啊。他又说:我相信我还在进步。这是他临终的话。米开朗基罗临终的话也是:事物好不容易如愿表现出来的时候,也就是死亡。米开朗基罗享年八十九岁。我喜欢他的用石膏套制的脸型。

　　毋宁说,感受美的能力,发展到一定程度是比较容易的。光凭头脑想象是困难的。美是邂逅所得,是亲近所得。这是需要反复陶冶的。比如唯一一件的古美术作品,成了美的启迪,成了美的开光,这种情况确是很多。所以说,一朵花也是好的。

　　凝视着壁龛里摆着的一朵插花，我心里想道：与这同样的花自然开放的时候，我会这样仔细凝视它吗？只摘了一朵花插入花瓶，摆在壁龛里，我才凝神注视它。不仅限于花。就说文学吧，今天的小说家如同今天的歌人一样，一般都不怎么认真观察自然。大概认真观察的机会很少吧。壁龛里插上一朵花，要再挂上一幅花的画。这画的美，不亚于真花的当然不多。在这种情况下，要是画作拙劣，那么真花就更加显得美。就算画中花很美，可真花的美仍然是很显眼的。然而，我们仔细观赏画中花，却不怎么留心欣赏真的花。

　　李迪、钱舜举也好，宗达、光琳、御舟以及古径也好，许多时候我们是从他们描绘的花画中领略到真花的美。不仅限于花。最近我在书桌上摆上两件小青铜像，一件是罗丹创作的《女人的手》，一件是玛伊约尔创作的《勒达像》。光这两件作品也能看出罗丹和玛伊约尔的风格是迥然不同的。从罗丹的作品中可以体味到各种的手势，从玛伊约尔的作品中则可以领略到女人的肌肤。他们观察之仔细，不禁让人惊讶。

　　我家的狗产仔，小狗东倒西歪地迈步的时候，看见一只小狗的小小形象，我吓了一跳。因为它的形象和某种东西一模一样。我发觉原来它和宗达所画的小狗很相似。那是宗达水墨画中的一只在春草上的小狗的形象。我家喂养的是杂种狗，算不上什么好狗，但我深深理解宗达高尚的写实精神。

　　去年岁暮，我在京都观察晚霞，就觉得它同长次郎使用的红色一模一样。我以前曾看见过长次郎制造的称之为夕暮的名茶碗。这只茶碗的黄色带红釉子，的确是日本黄昏的天色，它渗透到我的心中。我是在京都仰望真正的天空才想起茶碗来的。观赏这只茶碗的时候，我不由地浮现出坂本繁二郎的画来。那是一幅小画。画的是在荒原寂寞村庄的黄昏天空上，泛起破碎而蓬乱的十字型云彩。这的确是日本黄昏的天色，它渗入我的心。坂本繁二郎画的霞彩，同长次郎制造的茶碗的颜色，都是日本色彩。在日暮时分的京都，我也想起了这幅画。于是，繁二郎的画、长次郎的茶碗和真正黄昏的天空，三者在我心中相互呼应，显得更美了。

　　那时候，我去本能寺拜谒浦上玉堂的墓，归途正是黄昏。翌日，我去岚山观赏赖山阳刻的玉堂碑。由于是冬天，没有人到岚山来参观。可我却第一次发现了岚山的美。以前我也曾来过几次，作为一般的名胜，我没有很好地欣赏它的美。岚山总是美的。自然总是美的。不过，有时候，这种美只是某些人看到罢了。

　　我之发现花未眠，大概也是我独自住在旅馆里，凌晨四时就醒来的缘故吧。

一九五〇年五月

（选自射大光编著《百年外国散文精华》，浙江文艺出版社2007年版）

编选说明

　　川端康成（1899—1972），日本新感觉派代表作家，代表作有小说《伊豆的舞女》《雪国》《千只鹤》等。他"以非凡的锐敏表现了日本人的精神实质"，于1968年获诺贝尔文学奖。《花未眠》是一篇论美的散文，由自然之美引发对生命之美的思考。作者由"凌晨四点醒来，发现海棠花未眠"这一小事感叹自然的美是无限的，人感受到的美却是有限的。尽管海棠花深夜寂寞地开放，美得哀伤，但作者却从中感受到了生命的力量和伟大，一朵花的美能让人产生"要活下去"的勇气。感受美，不是凭头脑想象，而是"邂逅所得"、"亲近所得"，是需要机缘的。生活中、自然中处处有美，不过，"有时候，这种美只是某些人看到罢了"。

茨威格

世间最美的坟墓
——记1928年的一次俄国旅行

　　我在俄国所见到的景物再没有比托尔斯泰墓更宏伟、更感人的了。这块将被后代永远怀着敬畏之情朝拜的尊严圣地，远离尘嚣，孤零零地躺在林荫里。顺着一条羊肠小路信步走去，穿过林间空地和灌木丛，便到了墓冢前。这只是一个长方形的土堆而已。无人守护，无人管理，只有几株大树荫庇。他的外孙女跟我讲，这些高大挺拔、在初秋的风中微微摇动的树木是托尔斯泰亲手栽种的。小的时候，他的哥哥尼古莱和他听保姆或村妇讲过一个古老传说，提到亲手种树的地方会变成幸福的所在。于是他们俩就在自己庄园的某块地上栽了几株树苗，这个儿童游戏不久也就忘了。托尔斯泰晚年才想起这桩儿时往事和关于幸福的奇妙许诺，饱经忧患的老人突然中获到了一个新的、更美好的启示。他当即表示愿意将来埋骨于那些亲手栽种的树木之下。

　　后来就这样办了，完全按照托尔斯泰的愿望；他的墓成了世间最美的、给人印象最深刻的、最感人的坟墓。它只是树林中的一个小小长方形土丘，上面开满鲜花，没有十字架没有墓碑，没有墓志铭，连托尔斯泰这个名字也没有。这个比谁都感到受自己的声名所累的伟人，就像偶尔被发现的流浪汉、不为人知的士兵那样不留名姓地被人埋葬了。谁都可以踏进他最后的安息地，围在四周的稀疏的木栅栏是不关闭的——保护列夫·托尔斯泰得以安息的没有任何别的东西，唯有人们的敬意；而通常，人们却总是怀着好奇，去破坏伟人墓地的宁静。这里，逼人的朴素禁锢住任何一种观赏的闲情，并且不容许你大声说话。风儿在俯临这座无名者之墓的树木之间飒飒响着，和暖的阳光在坟头嬉戏；冬天，白雪温柔地覆盖这片幽暗的土地。无论你在夏天还是冬天经过这儿，你都想象不到，这个小小的、隆起的长方形包容着当代最伟大的人物当中的一个。然而,恰恰是不留姓名,比所有挖空心思置办的大理石和奢华装饰更扣人心弦:今天,在这个特殊的日子里,成百上千到他的安息地来的人中间没有一个有勇气,哪怕仅仅从这幽暗的土丘上摘下一朵花留作纪念。人们重新感到,这个世界上再也没有比这最后留下的、纪念碑式的朴素更打动人心的了。老残军人退休院大理石穹隆底下拿破仑的墓穴,魏玛公侯之墓中歌德的灵寝,西敏司寺里莎士比亚的石棺,看上去都不像树林中的这个只有风儿低吟,甚至全无人语声,庄严肃穆,感人至深的无名墓冢那样能剧烈震撼每一个人内心深藏着的感情。

(选自卓尔编著《外国散文名篇精选》,人民出版社2010年版)

编选说明

斯蒂芬·茨威格(1881—1942),奥地利著名作家,擅长写小说、人物传记,代表作有《月光小巷》《看不见的珍藏》《一个陌生女人的来信》等。本文用抒情笔调,描写了托尔斯泰墓地极其朴素、清幽、简陋的环境,"这只是一个长方形的土堆而已。无人守护,无人管理","没有十字架,没有墓碑,没有墓志铭,连托尔斯泰这个名字也没有"。墓的朴素平凡与墓中人的伟大崇高形成了巨大的反差,在作者的内心引起了强烈的震撼,笔端自然流泻出对托尔斯泰的无限敬意与景仰。同时,他也在告诉人们,普通蕴含着伟大,平凡衬托出崇高,光辉的人格魅力才能长久地震撼人们的心灵。

罗 素

论老之将至

　　虽然有这样一个标题,这篇文章真正要谈的却是怎样才能不老。在我这个年纪,这实在是一个至关重要的问题。我的第一个忠告是,要仔细选择你的祖先。尽管我的双亲皆属早逝,但是考虑到我的其他祖先,我的选择还是很不错的。是的,我的外祖父六十七岁时去世,正值盛年,可是另外三位祖父辈的亲人都活到八十岁以上。至于稍远些的亲戚,我只发现一位没能长寿的,他死于一种现已罕见的病症:被杀头。我的一位曾祖母是吉本的朋友,她活到九十二岁高龄,一直到死,她始终是让子孙们全都感到敬畏的人。我的外祖母,一辈子生了十个孩子,活了九个,还有一个早年夭折,此外还有过多次流产。可是守寡以后,她马上就致力于妇女的高等教育事业。她是格顿学院的创办人之一,力图使妇女进入医疗行业。她总好讲起她在意大利遇到过的一位面容悲哀的老年绅士。她询问他忧郁的缘故,他说他刚刚同两个孙儿女分手。"天哪!"她叫道,"我有七十二个孙儿孙女,如果我每次分手就要悲伤不已,那我早就没法活了!""奇怪的母亲。"他回答说。但是,作为她的七十二个孙儿孙女的一员,我却要说我更喜欢她的见地。上了八十岁,她开始感到有些难以入睡,她便经常在午夜时分至凌晨三时这段时间里阅读科普方面的书籍。我想她根本就没有工夫去留意她在衰老。我认为,这就是保持年轻的最佳方法。如果你的兴趣和活动既广泛又浓烈,而且你又能从中感到自己仍然精力旺盛,那么你就不必去考虑你已经活了多少年这种纯粹的统计学情况,更不必去考虑你那也许不很长久的未来。

　　至于健康,由于我这一生几乎从未患过病,也就没有什么有益的忠告。我吃喝均随心所欲,醒不了的时候就睡觉。我做事情从不以它是否有益健康为依据,尽管实际上我喜欢做的事情通常都是有益健康的。

从心理角度讲,老年需防止两种危险。一是过分沉湎于往事。人不能生活在回忆当中,不能生活在对美好往昔的怀念或对去世的友人的哀念之中。一个人应当把心思放在未来,放到需要自己去做点什么的事情上。要做到这一点并非轻而易举,往事的影响总是在不断增加。人们总好认为自己过去的情感要比现在强烈得多,头脑也比现在敏锐。假如真的如此,就该忘掉它;而如果可以忘掉它,那你自以为是的情况就可能并不是真的。

另一件应当避免的事是依恋年轻人,期望从他们的勃勃生气中获取力量。子女们长大成人以后,都想按照自己的意愿生活。如果你还想像她们年幼时那样关心他们,你就会成为他们的包袱,除非她们是异常迟钝的人。我不是说不应该关心子女,而是说这种关心应该是含蓄的,假如可能的话,还应是宽厚的,而不应该过分地感情用事。动物的幼子一旦自立,大动物就不再关心它们了。人类则因其幼年时期较长而难于做到这一点。

我认为,对于那些具有强烈的爱好,其活动又都恰当适宜、并且不受个人情感影响的人们,成功地度过老年决非难事。只有在这个范围里,长寿才真正有益;只有在这个范围里,源于经验的智慧才能得到运用而不令人感到压抑。告诫已经成人的孩子别犯错误是没有用处的,因为一来他们不会相信你,二来错误原本就是教育所必不可少的要素之一。但是,如果你是那种受个人情感支配的人,你就会感到,不把心思都放在子女和孙儿女身上,你就会觉得生活很空虚。假如事实确是如此,那么你必须明白,虽然你还能为他们提供物质上的帮助,比如支援他们一笔钱或者为他们编织毛线外套的时候,决不要期望他们会因为你的陪伴而感到快乐。

有些老人因害怕死亡而苦恼。年轻人害怕死亡是可以理解的。有些年轻人担心他们会在战斗中丧身。一想到会失去生活能够给予他们的种种美好事务,他们就感到痛苦。这种担心并不是无缘无故的,也是情有可原的。但是,对于一位经历了人世的悲欢、履行了个人职责的老人,害怕死亡就有些可怜且可耻了。克服这种恐惧的最好办法是——至少我是这样看的——逐渐扩大你的兴趣范围并使其不受个人情感的影响,直至包围自我的围墙一点一点地离开你,而你的生活则越来越融合于大家的生活之中。每一个人的生活都应该像河水一样——开始是细小的,被限制在狭窄的两岸之间,然后热烈地冲过巨石,滑下瀑布。渐渐地,河道变宽了,河岸扩展了,河水流得更平稳了。最后,河水流入了海洋,不再有明显的间断和停顿,而后便毫无痛苦地摆脱了自身的存在。能够这样理解自己一生的老人,将不会因害怕死亡而痛苦,因为他所珍爱的一切都将继续存在下去。而且,如果随着精力的衰退,疲倦之感日渐增加,长眠并非是不受欢迎的念头。我渴望死于尚能劳作之时,同时知道他人将继续我所未竟的事业,我大可因为已经尽了自己之所能而感到安慰。

(选自盛文林编著《最经典的外国散文》,台海出版社2011年版)

编选说明

伯特兰·亚瑟·威廉·罗素(1872—1970),20世纪声誉卓著、影响深远的思想家之一,一生中完成了四十多部著作,涉及哲学、数学、科学、伦理学、社会学、教育、历史、宗教、政治等各个方面。1950年获诺贝尔文学奖。本文中,罗素以他的睿智和人生经验,为老年人如何顺利度过晚年提出了很多有益的建议:不要过分沉湎于往事;不要依恋年轻人;不要害怕死亡,克服死亡恐惧的最好办法是,"逐渐扩大你的兴趣范围并使其不受个人情感的影响,直至包围自我的围墙一点一点地离开你,而你的生活则越来越融合于大家的生活之中",作者用了一个形象的比喻来说明这个道理,即人生如同一条河,渐流渐宽,渐流渐远,最后平静地入海。

马丁·路德·金

我有一个梦想

　　一百年前,一位伟大的美国人签署了解放黑奴宣言,今天我们就是在他的雕像前集会。这一庄严宣言犹如灯塔的光芒,给千百万在那摧残生命的不义之火中受煎熬的黑奴带来了希望。它之到来犹如欢乐的黎明,结束了束缚黑人的漫漫长夜。

　　然而一百年后的今天,我们必须正视黑人还没有得到自由这一悲惨的事实。一百年后的今天,在种族隔离的镣铐和种族歧视的枷锁下,黑人的生活备受压榨。一百年后的今天,黑人仍生活在物质充裕的海洋中一个穷困的孤岛上。一百年后的今天,黑人仍然萎缩在美国社会的角落里,并且意识到自己是故土家园中的流亡者。今天我们在这里集会,就是要把这种骇人听闻的情况公之于众。

　　就某种意义而言,今天我们是为了要求兑现诺言而汇集到我们国家的首都来的。我们共和国的缔造者草拟宪法和独立宣言的气壮山河的词句时,曾向每一个美国人许下了诺言,他们承诺给予所有的人以生存、自由和追求幸福的不可剥夺的权利。

　　就有色公民而论,美国显然没有实践她的诺言。美国没有履行这项神圣的义务,只是给黑人开了一张空头支票,支票上盖着"资金不足"的戳子后便退了回来。但是我们不相信正义的银行已经破产,我们不相信,在这个国家巨大的机会之库里已没有足够的储备。因此今天我们要求将支票兑现——这张支票将给予我们宝贵的自由和正义的保障。

　　我们来到这个圣地也是为了提醒美国,现在是非常急迫的时刻。现在决非侈谈冷静下来或服用渐进主义的镇静剂的时候。现在是实现民主的诺言的时候,现在是从种族隔离的荒凉阴暗的深谷攀登种族平等的光明大道的时候,现在是向上帝所有的儿女开放机会之门的时候,现在是把我们的国家从种族不平等的流沙中拯救出来,置于兄弟情谊的磐石上的时候。

如果美国忽视时间的迫切性和低估黑人的决心,那么,这对美国来说,将是致命伤。自由和平等的爽朗秋天如不到来,黑人义愤填膺的酷暑就不会过去。1963年并不意味着斗争的结束,而是开始。有人希望,黑人只要撒撒气就会满足;如果国家安之若素,毫无反应,这些人必会大失所望的。黑人得不到公民的权利,美国就不可能有安宁或平静,正义的光明的一天不到来,叛乱的旋风就将继续动摇这个国家的基础。

但是对于等候在正义之宫门口的心急如焚的人们,有些话我是必须说的。在争取合法地位的过程中,我们不要采取错误的做法。我们不要为了满足对自由的渴望而抱着敌对和仇恨之杯痛饮。我们斗争时必须永远举止得体,纪律严明。我们不能容许我们的具有崭新内容的抗议蜕变为暴力行动。我们要不断地升华到以精神力量对付物质力量的崇高境界中去。

现在黑人社会充满着了不起的新的战斗精神,但是不能因此而不信任所有的白人。因为我们的许多白人兄弟已经认识到,他们的命运与我们的命运是紧密相连的,他们今天参加游行集会就是明证。他们的自由与我们的自由是息息相关的。我们不能单独行动。

当我们行动时,我们必须保证向前进。我们不能倒退。现在有人问热心民权运动的人:"你们什么时候才能满足?"

只要黑人仍然遭受警察难以形容的野蛮迫害,我们就绝不会满足。

只要我们在外奔波而疲乏的身躯不能在公路旁的汽车旅馆和城里的旅馆找到住宿之所,我们就绝不会满足。

只要黑人的基本活动范围只是从少数民族聚居的小贫民区转移到大贫民区,我们就绝不会满足。

只要密西西比仍然有一个黑人不能参加选举,只要纽约有一个黑人认为他投票无济于事,我们就绝不会满足。

不!我们现在并不满足,我们将来也不满足,除非正义和公正犹如江海之波涛,汹涌澎湃,滚滚而来。

我并非没有注意到,参加今天集会的人中,有些受尽苦难和折磨,有些刚刚走出窄小的牢房,有些由于寻求自由,曾在居住地惨遭疯狂迫害和打击,并在警察暴行的旋风中摇摇欲坠。你们是人为痛苦的长期受难者。坚持下去吧,要坚决相信,忍受不应得的痛苦是一种赎罪。

让我们回到密西西比去,回到亚拉巴马去,回到南卡罗来纳去,回到佐治亚去,回到路易斯安那去,回到我们北方城市中的贫民区和少数民族居住区去,要心中有数,这种状况是能够也必将改变的。我们不要陷入绝望而不可自拔。

朋友们,今天我对你们说,在此时此刻,我们虽然遭受种种困难和挫折,我仍然有一个梦想,这个梦想是深深扎根于美国的梦想中的。

我梦想有一天,这个国家会站立起来,真正实现其信条的真谛:"我们认为这些真理是不言而喻的,人人生而平等。"

我梦想有一天,在佐治亚的红山上,从前奴隶的后嗣将能够和奴隶主的后嗣坐在一起,共叙兄弟情谊。

我梦想有一天,甚至连密西西比州这个正义匿迹,压迫成风,如同沙漠般的地方,也将变成自由和正义的绿洲。

我梦想有一天,我的四个孩子将在一个不是以他们的肤色,而是以他们的品格优劣来评价他们的国度里生活。

我今天有一个梦想。我梦想有一天,亚拉巴马州能够有所转变,尽管该州州长现在仍然满口异议,反对联邦法令,但有朝一日,那里的黑人男孩和女孩将能与白人男孩和女孩情同骨肉,携手并进。

我今天有一个梦想。

我梦想有一天,幽谷上升,高山下降;坎坷曲折之路成坦途,圣光披露,满照人间。

这就是我们的希望。我怀着这种信念回到南方。有了这个信念,我们将能从绝望之岭劈出一块希望之石。有了这个信念,我们将能把这个国家刺耳的争吵声,改变成为一支洋溢手足之情的优美交响曲。

有了这个信念,我们将能一起工作,一起祈祷,一起斗争,一起坐牢,一起维护自由;因为我们知道,终有一天,我们是会自由的。

在自由到来的那一天,上帝的所有儿女们将以新的含义高唱这支歌:"我的祖国，美丽的自由之乡，我为您歌唱。您是父辈逝去的地方，您是最初移民的骄傲，让自由之声响彻每个山岗。"

如果美国要成为一个伟大的国家，这个梦想必须实现。让自由之声从新罕布什尔州的巍峨的崇山峻岭响起来！让自由之声从纽约州的崇山峻岭响起来！"

让自由之声从科罗拉多州冰雪覆盖的落基山响起来！让自由之声从加利福尼亚州蜿蜒的群峰响起来！不仅如此，还要让自由之声从佐治亚州的石岭响起来！让自由之声从田纳西州的瞭望山响起来！

让自由之声从密西西比的每一座丘陵响起来！让自由之声从每一片山坡响起来。

当我们让自由之声响起来，让自由之声从每一个大小村庄、每一个州和每一个城市响起来时，我们将能够加速这一天的到来。那时，上帝的所有儿女，黑人和白人，犹太教徒和非犹太教徒，耶稣教徒和天主教徒，都将手携手，合唱一首古老的黑人灵歌："终于自由啦！终于自由啦！感谢全能天父，我们终于自由啦！"

（选自盛文林编著《最经典的外国散文》，台海出版社 2011 年版）

编选说明

马丁·路德·金（1929—1968），美国黑人律师，著名黑人民权运动领袖，1964 年获诺贝尔和平奖，被誉为近百年来"八大最具说服力的演说家"之一。他的演说语音铿锵，雄浑苍凉，激昂雄辩，极具震撼人心之力。《我有一个梦想》被誉为"20 世纪最振奋人心的为自由民主而战的檄文"。它精辟、有力，充满意蕴。马丁提出美国应走出种族不平等的现状，不论白人还是黑人都应享有不可让渡的生存权、自由权和追求幸福权。他梦想有一天，这个国家将会奋起，实现其立国信条的真谛："人人生而平等。"马丁的梦想不只是美国黑人的梦想，也是全世界人民共同的梦想。

扩展阅读

1. (俄)列夫·托尔斯泰著:《安娜·卡列尼娜》,上海译文出版社1982年版。
2. (法)罗曼·罗兰著:《约翰·克里斯朵夫》,人民文学出版社1957年版。
3. (德)托马斯·曼著:《布登勃洛克一家》,译林出版社1999年版。
4. (西班牙)塞万提斯著:《堂吉珂德》,译林出版社1999年版。
5. (法)斯丹达尔著:《红与黑》,译林出版社1999年版。
6. (法)雨果著:《悲惨世界》,译林出版社2001年版。
7. (英)哈代著:《德伯家的苔丝》,人民文学出版社1984年版。
8. (美)梭罗著:《瓦尔登湖》,上海译文出版社2004年版。
9. (法)福楼拜著:《包法利夫人》,译林出版社1999年版。
10. (俄)陀思妥耶夫斯基著:《罪与罚》,译林出版社,1999年版。
11. (俄)阿·托尔斯泰著:《战争与和平》,上海译文出版社2010年版。
12. (英)莎士比亚著:《哈姆莱特》《罗密欧与朱丽叶》,译林出版社2000年版。
13. (苏联)尼·奥斯特洛夫斯基著:《钢铁是怎样炼成的》,译林出版社1999年版。
14. (苏联)鲍·瓦西里耶夫著:《这里的黎明静悄悄》,贵州人民出版社1994年版。
15. (美)菲茨杰拉德著:《了不起的盖茨比》,上海译文出版社2009年版。
16. (爱尔兰)乔伊斯著:《尤利西斯》,译林出版社1999年版。
17. (法)普鲁斯特著:《追忆似水年华》,译林出版社1999年版。
18. (日本)川端康成著:《雪国》,译林出版社1999年版。
19. (俄)帕斯捷尔纳克著:《日瓦戈医生》,外国文学出版社1987年版。
20. (美)海明威著:《老人与海》,上海译文出版社2001年版。
21. (哥伦比亚)马尔克斯著:《百年孤独》,浙江文艺出版社1991年版。

22. (印度)泰戈尔著:《吉檀枷利》,外语教学与研究出版社 2010 年版。
23. (英)萧伯纳著:《圣女贞德》,漓江出版社 2001 年版。
24. (苏联)肖洛霍夫著:《静静的顿河》,人民文学出版社 1988 年版。

后 记

在人类文明的历史长河中,从世界到中国,从远古到现今,一批批先贤哲人为我们留下了难以计数的经典著作,这些作品极大地推动了社会的进步,丰富了人们的精神文化生活,是人类文明的瑰宝。

中共江西省委宣传部组织专家按政治、经济、哲学、法学、文学、历史、艺术、科技八个门类,从古今中外的经典著作中精选了一批有代表性的作品,分别编辑成册,供广大干部学习借鉴。我们相信,广大读者一定可以通过阅读这套书,获取知识,获取智慧,获取力量。

在选编过程中,借鉴选用了国内一些出版社公开出版的经典著作中的篇章,借此机会,特向这些著作的著者、整理者、译者和出版者表示诚挚的谢意。同时欢迎相关著者、译者见到本书后与我们联系,我们将按有关标准及时奉寄稿酬。由于时间紧,加之水平有限,遗珠之处在所难免,请广大读者批评指正。

江西人民出版社
2011 年 11 月

图书在版编目(CIP)数据

读精品　品经典·文学卷/夏汉宁,倪爱珍,黎清选编.—南昌：江西人民出版社,2011.12
(读精品　品经典/刘上洋主编,陈东有副主编)
ISBN 978-7-210-05013-1

Ⅰ.①读… Ⅱ.①夏… ②倪… ③黎… Ⅲ.①文学–推荐书目–世界 Ⅳ.①Z835

中国版本图书馆CIP数据核字(2011)第237255号

读精品　品经典·文学卷

夏汉宁　倪爱珍　黎清　选编
常务编辑：游道勤　余　晖
责任编辑：于子佳
装帧设计：同异文化传媒
出版：江西人民出版社
发行：各地新华书店
地址：江西省南昌市三经路47号附1号(邮编：330006)
网址：www.jxpph.com
E-mail：jxpph@tom.com　web@jxpph.com
2011年12月第1版　2011年12月第1次印刷
开本：787毫米×1092毫米　1/16
印张：15.75
字数：256千字
ISBN 978-7-210-05013-1
赣版权登字—01—2011—306
定价：30.00元
承印厂：南昌市印刷九厂

版权所有　侵权必究

赣人版图书凡属印刷、装订错误,请随时向承印厂调换